文化语言学导论

（增订版）

戴昭铭 著

商务印书馆
The Commercial Press

图书在版编目（CIP）数据

文化语言学导论 / 戴昭铭著. 增订版. —北京：商务印书馆，2023（2024.10 重印）
ISBN 978-7-100-21919-8

Ⅰ.①文…　Ⅱ.①戴…　Ⅲ.①文化语言学　Ⅳ.① H0–05

中国版本图书馆 CIP 数据核字（2022）第 247650 号

文化语言学导论
（增订版）

戴昭铭　著

商　务　印　书　馆　出　版
（北京王府井大街 36 号　邮政编码 100710）
商　务　印　书　馆　发　行
三河市春园印刷有限公司印刷
ISBN 978 - 7 - 100 - 21919 - 8

2023 年 5 月第 1 版　　　开本 880×1230　1/32
2024 年 10 月第 2 次印刷　　印张 13³⁄₈

定价：78.00 元

初 版 序

胡裕树

　　昭铭把他写的《文化语言学导论》样稿寄来请我作序。我惊喜之余，又继之以感慨：昭铭在我这里当研究生时选定的方向是词汇学，毕业后到黑龙江大学工作，在吕冀平先生指导下从事汉语规范问题的研究，发表了不少颇有影响的文章，不料在这期间他又把兴趣转移到文化语言学方面去了，而在词汇学研究方面却似乎未见有所进展——这真可谓"失之东隅，收之桑榆"了。我对文化语言学未做过专门研究，也未发表过什么意见。昭铭向我索序，我想主要还在于看重当年的师生关系，希望能得到首肯。这种心情我们每个人大概都曾有过，所以我能体会得到。接稿之初，对于他的要求我还有所犹豫，然而看稿之后已变得乐于从事了。

　　为什么会有这样的态度变化呢？主要因为本书所阐述的文化语言学理论比较明达宏通，有较强的可接受性。本来，语言是社会文化的一部分，尽管语言有自主独立的系统性，但是文化是一种由众多要素构成的复杂系统，语言同文化（尤其是精神文化）的许多要素之间天然地存在着互相渗透、水乳交融的关系，因而语言和文化之间的交叉性研究早就存在。且不论国外，就说国内，当代语言学前辈罗常培先生在40年代末就发表过一本专著，书名就叫《语言与文化》，吕叔湘先生40年代也写过一篇《南北朝人名与佛教》（发表于80年代）。罗先生还希望通过自己的示范开出中国语言学的一条新路。80年代，游汝杰发扬罗先生的思想，同周振鹤合写了《方言与中国文化》一书，并提出建立中国文化语言学的设想，曾获得广泛的响应。吕叔湘先生在《中国大百科全书·语言文字卷》的总论中也肯定了文化语言学的提法，把它看作语言学和文化学跨学科的研究。吕先生还把上述文章拿出发表，作为文化语言学的"样板"。这样的文化语言学可以作为语言学的新分支学科，人们是乐于接受的。可是后来有人提出文化语言学的新理论，全盘否定中国现代语言学的成绩和价值，认为中国语言学（尤其是语法学）完全背离汉语特点，已经山穷水尽，只有从"人文主义"立场出发使之回归汉语"本体"，才是唯一出路，这种过甚其辞的论断使文化语言学在人们心目中变得有些不可思议和难以接受。文化语言学从此产生了理论和见解的分歧。昭铭把前一种搞法叫"关系论"，把后一种搞法叫"本体论"。他自己是持"关系论"派立场的，但也酌量吸收了"本体论"派的一些合理见解，他的目的是力求把两派理论融会贯通，使文化语言学理论成为一种明智通达的容易被接受的理论。这个目的他是基本达到了。两派的观点在本书中糅为一体，几乎没有接痕。

做学问最容易犯的因而也最需要警惕的毛病是偏执和武断。攻其一点，不及其余，是谓偏执；不是这样，定是那样，是谓武断。偏执和武断容易耸人听闻，却难以经得起推敲。80年代中国学术界盛行反思，学术反思促进了观念更新和学术进步，语言学界也是这样，这是好事。不过语言学界有些人的反思失之于偏执武断，他们所提出的新理论就难免根基不牢。昭铭此书也提出了一套自成体系的新理论，但是他的理论见解就没有上述毛病。他搞研究，能够尽量从各个方面来分析一个问题，避免顾此失彼，避免绝对化。比如关于语言和文化谁决定谁的问题，著名的"萨丕尔-沃尔夫假说"认为语言可以决定文化、决定思维、决定世界观，赞同者力求证明它正确，反对者力求证明它一无足取，昭铭在本书中就不取这种绝对化态度，他一方面论证语言在建构和传承文化中的巨大作用，另一方面又论证文化对语言的巨大影响。他认为"语言和文化谁产生谁、谁决定谁和谁影响谁，实际上不过是一个先有鸡还是先有蛋的问题，不值得、不必要也不可能求得一言以蔽之的解答。本来，从宏观上、整体上看，二者就是你中有我、我中有你，互相渗透、互相发生、互相制约、互相推动的。人们有时为了强调某一方面，就说它决定了另一方面。然而单纯的'甲决定乙'的模式是不能成为通达之论的。重要的是进行全面的考察和论证。不过，就某些局部现象和局部材料而言，说某些语言现象是某些文化原因造成，或某些文化现象是由某些语言手段造成，这样的论证还是可以进行、可以成立的。"又如关于汉语语法的"意合"问题，很多人都谈到或探讨过。本书不仅认为确实存在"意合"现象，而且进一步论证汉语的"意合"是一种"意象融合"。但是承认"意合"现象存在是一回事，据此建立"意合语法"又是一回事。真理再前进一步就会成为谬误。针对文化语言学研究者中有人要把汉语语法搞成"意合语法"的做法，本书指出这个问题"需要慎重对待、深长思之"，并列举理由后指出："不宜把意合现象夸大到不适当的程度，也不宜对意合语法的建立抱有过高的期望。"那么文化语言学对中西方语言差异做比较研究的目的何在呢？"是为了求得对语言结构和语言运用中的文化精神的深刻理解。"从以上引述可以看出，昭铭在论述中的特点是力求全面性，力戒片面性。但是他的全面性不是一种折中主义，而是要在对各种因素的考察中道出问题的实质所在，所以并不缺乏深刻性。有人认为只有片面性才能达到深刻性，这话至少在昭铭这本书里是不适用的。

　　语言和文化这两种现象都是人类社会现象中至为复杂的现象，要谈论这两种复杂现象的方方面面之间的关系，问题就显得更为错综纷繁。本书的宏观结构安排也颇具匠心，合情合理。全书分上下两编，上编为总论，下编为分论。总论的1—3章是文化语言学的本体论和方法论，4—5章是文化语言学的史论。看了上编，可对文化语言学有概括的了解。分论是语言与文化各个主要部门的关系论，依次对语言与思维、哲学、政治、神话宗教、文学艺术、民俗等方面的有关问题进行探讨。无论是总论还是分论，涉及的问题都相当广泛。但是本书却有广泛而不浮泛的优点。对于所论述的题目大都能有相当深的开掘。比如关于语言和哲学问题，本书论析了语言建构哲学的过程，哲学对语言问题的思辨、语言和哲学的互相渗透互相推动的研究；又如关于语言和政治问题，本书抓住政治的本质"权力"问题，谈到"名分"问题，又谈及语言问题的政治化。这些问题的讨论都需要有广博的阅读基础。可见本书作者为了写作此书，在读书上着实下了一番功夫。这是本书虽然篇幅不很大，但内容却显得厚重的原因。特别值得肯定的是，作者不限于书面材料的引证和他人用例的援引，还亲自到农村做实地调查，收集方言中的民俗词语，这种注重第一手资料的做法丰富了本书的内容，也使我们了解了许多闻所未闻的知识。

　　总之，这是一本甚有学术价值的好书。本书的出版，无论对文化语言学本身，还是对中国语言学，都是很有意义的。就文化语言学方面说，在这一学科草创初建的过程中，研究者们所提出的理论设想，平心而论，还失之于粗疏浮泛，其中还有不少似是而非、架空谈玄的东西，本书提出的理论比较严谨系统，可以匡补上述缺失。对于中国语言学界来说，本书的出版可以沟通文化语言学圈内和圈外两部分学者的思想，使圈外的人不仅可以消解掉积存已久的一些疑虑，而且还可以获得许多有益的启迪。另外，由于本书论述深入浅出，引例新鲜有趣，行文流畅自然，语言学界以外的人也会感到亲切可读。本书的写成说明文化语言学在理论上正在走向成熟，也说明昭铭在学术道路上正在走向成熟。看到这些，对我来说是至为快慰的，因此欣然命笔作成此序。

　　愿文化语言学健康成长，并望昭铭在语言研究中做出新的贡献！

1995年3月于复旦大学

再版自序

在这本小书即将再版之际，我首先想到的是李行健先生。在20世纪90年代中国文化语言学既如火如荼又争议迭出之际，作为一个在这一新领域并无建树的后来者，仅仅凭本书书名作为选题，我在时任语文出版社社长的他的办公室里，谈了不过20来分钟的设想，就幸蒙首肯入选，并嘱咐我回去大胆地写，认真地写，及早交稿。"认真"我自问算是做到了，"大胆"由于底气不足，只能算得上差强人意。本书交稿之时他已退休，专心于辞书编纂事业，并于2018年在这一领域获得了终身成就奖。假如当年没有李行健先生的痛快拍板和热心勉励，就不会有此书的出版，更谈不上再版。所以我对李先生一直怀有崇仰感激之情。

中国文化语言学，如果把1985年学兄游汝杰的首倡比作呱呱坠地之声，那么这个中国特色的宁馨儿现在应该是在"而立"和"不惑"之间的中年了。当年一批在"文化语言学中国潮"中，或独立潮头踌躇满志，或摇旗呐喊推波助澜，或避风入港潜心辨言，或壁立观潮品头论足者，如今有的已经作古，多数（包括敝人）也已退休颐养。然而回顾中国文化语言学从跌跌撞撞中起步到貌似成熟的中年，真是感慨良多。其中有两点属意想之外。

一是当年中国文化语言学自认为尽管有些西学渊源，但毕竟土生土长，不仅颇多中学渊源，而且语料多为土产，无论学科名称还是研究旨趣，都是一副中国面孔，于是多数研究者都颇以向世界语言学做了"中国贡献"为自豪。然而不料就在不久后西方也创建了产于当地本土的"文化语言学"，而且似乎还真的并非中国文化语言学影响的产物，反倒是美国帕默尔的文化语言学理论在中国语言学（主要是英语及翻译）界产生了不小的影响。（详见本书上编第五章第三节）

二是当年写作时有弥合"关系论派"和"本体论派"的初衷，并预言两派汇成一体之日，就是中国文化语言学建设完全成功之时。然而事情的发展非如所预期。文化语言学尽管在古今汉语（包括汉字）、汉外对比、语言教学、民族语言等领域具体问题的研究中，其成绩和影响也不能说小，但作为理论学科的中国文化语言学的建设则只能说依然在路上。就是说，中国文化语言学到底要干什么，到底要成为什么样的学科，究竟有哪些能为语言学同行所认可、接受和吸纳的范畴、理论、术语和方法，这些当年的问题依然存在，并未获得实质性的解决。尤其令人失望的是，两派的关系依然如同井水河水。

作为一个当年的参与者和过来人，我对中国文化语言学的未来依然持有信心。其根本原因就如同本书所增补的论及学科生命力问题部分所言，语言、文化及其关系这三个"斯芬克斯之谜"将使有志趣者永远猜测下去，而且中国文化和语言的独特的历史和独具的资质将使中国文化语言学的研究成果永远具有中国特色。作为一个从"文革"后进入学界的"小字辈"而今已然老朽的敝人，借此书再版之机对有兴致继往开来的后辈所寄望的是，不仅要有充分的自信，更需要的是不断地自强。文化语言学所涉及的知识领域和知识结构之广大复杂，我们这一辈研究者由于历史原因已经穷于应付，相信从新时代中成长起来的"后浪"当能自如应对，不过首先对此必须有充分的思想准备、必要的学习规划和知识储备。不然仅凭一时的兴趣和欠缺的功力，只能小本钱做大买卖，不仅贻害自身，恐怕也无补于这一学科。

　　本书修订时，全书的框架和思路保持初版时的样态，仍为总论和分论上下两编，但两编内改为各自计列章次。修订工作总须与时俱进。内容既有一些增补，也有一些删并。删除的是一些过时的内容，下编分论添加了"语言和文化建构""语言和认知"两章，去除了"称谓和文化"的章题和部分节段，把留存的节段合并到"语言和民俗"一章中。这样，总的章数由初版的13章变成了现在的14章。篇幅略有增加。

　　愿中国文化语言学真的具有光明的未来。

2021年10月1日于哈尔滨

目　录

上编　文化语言学总论

下编 文化语言学分论

上　编

文化语言学总论

第一章 文化语言学的文化观和语言观

第一节 文化语言学的文化观

"文化"一词在现代汉语中是一个多义词。作为英语的对译词，有时相当于culture（文化），有时相当于civilization（文明），有时又相当于 education（教育）或 literacy（读写能力）。中国古代虽然也有"文化"一词，但其意义远没有现代汉语中"文化"一词这样复杂，而是仅指同"武力""武功"相对的"以文德行教化"之意。此词最先见于汉代刘向的《说苑·指武》："圣人之治天下也，先文德而后武力。凡武之兴，为不服也；文化不改，然后加诛。夫下愚不移，纯德之所不能化，而后武力加焉。"又如晋代束广微的《补亡诗·由仪》："文化内辑，武功外悠。"《文选》李善注谓："言以文化辑和于内，用武德加于外远也。"古今汉语中"文化"一词意义差别的主要原因是词源不同：古代汉语的"文化"是汉语的固有词，它在古代被日语用"形借法"借去后，音读为ぶんか，到近代又在日语中用对译词从英语中获得了culture的词义。后来，携带culture词义的"文化"又被现代汉语用"形借法"借了回来。这样一来，现代汉语的"文化"同近代日语的"文化"以及英语的culture倒有直接的词源关系，而同古代汉语的"文化"则只有间接的词源关系了。

至于"文化"一词在汉语中除culture以外的意义，则是从日本借入后在使用中滋生出来的。图示如下：

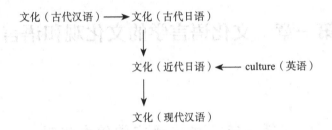

中国文化语言学是20世纪80年代在中国兴起的以研究语言和文化的关系为主旨的语言学分支学科。"文化语言学"这一术语中的"文化"所对应的就是英语的culture。19世纪以来欧美各国的一些著名学者在研究人类文化（culture）的基础上建立了一门内涵丰富而影响广泛的文化学（culturologe，或称文化人类学cultural anthropology）[①]。在文化学或文化人类学中，"文化"一词通常指人类社会之区别于其他动物的全部活动方式以及活动的产品。就这一概念的核心内涵而言，作为一个术语，它的意义似乎并不含糊。然而在实际研究中，专家们给"文化"所下的定义可以说言人人殊。1952年，美国著名的人类学家克鲁伯和克拉克洪合著的《文化：关于概念和定义的探讨》一书搜罗了西方近现代学者161种关于"文化"的定义，并进行了分类和研究[②]。现在已经又过去了半个多世纪，关于"文化"定义的数量和种类一定更为可观。不过本书并不拟对这些纷繁的文化定义做具体的讨论，只是想指出一点：在众

---

① 文化学和文化人类学的异同，非本书讨论范围，姑且置而不论。
② 据申晓敏《人类学视野中区别于日常生活的文化探究》，《现代交际》2020年第2期。

多的关于文化的定义中，著名的英国文化人类学家泰勒（Tylor,
Sir Edward Burnett, 1832—1917）和马林诺夫斯基（Malinowski,
Bronislaw Kaspar, 1884—1942）两人的定义比较受人推崇，也较易
把握。泰勒认为文化是一种"包括全部的知识、信仰、艺术、道德、
法律、风俗以及作为社会成员的人所掌握和接受的任何其他的才能
和习惯的复合体。"[①]马林诺夫斯基把文化看作一种具有满足人类某种
生存生活需要的功能性的"社会制度"，是"一群利用物质工具而固
定生活于某一环境中的人们所推行的一套有组织的风俗与活动的体
系。"这两个定义中，前者着眼于文化的整合性和精神性，后者着眼
于文化的功能性和制度性。此外还有两位学者的文化定义值得一提：
本尼迪克特（Benedict, Ruth Fulton, 1887—1948）认为文化"是通过
某个民族的活动而表现出来的一种思维和行动方式，一种使这个民
族不同于其他任何民族的方式。"这一定义侧重于文化的民族性。弗
洛伊德（Freud, Sigmund, 1856—1939）则把文化和文明统一起来理
解，看作是同一事物的两个方面。他说："人类文化——我所说的是
人类生活赖以超脱其动物性并区别于动物生活的一切（我不同意把
文化和文明加以区分）"[②]。他所强调的是文化的超自然性。

　　一般认为，"文化"作为一个专门术语，可以有广义和狭义两种
理解。狭义的理解着眼于精神方面，指社会的意识形态、风俗习惯
以及与之相适应的社会制度与社会组织。但是，精神或意识并不是
能够脱离人类物质生产的社会实践凭空产生和独立存在的，而是人

---

　　① 见爱德华·泰勒《原始文化》（连树声重译本），广西师范大学出版社2005
年出版，第1页。
　　② 转引自〔法〕维克多·埃尔著《文化概念》（中译本），上海人民出版社1988
年，第3页。

类在改造自然（包括作为自然的一部分的"自然人"本身）的社会实践中产生出来的。人类在这一社会实践中既创造了物质财富，改善了自身赖以生存生活的客观物质条件，也创造了精神财富，形成了人类独有的意识形态、思维能力和生活方式，使自身从"自然人"状态下摆脱出来并获得不断的进步。在使人类生活超脱动物性并区别于动物生活的一切因素中，精神方面和物质方面始终是纠结为一体、互为因果、密不可分的。因此，从广义方面理解，"文化"应当包括精神和物质两个方面，即指人类历史中所创造的物质财富和精神财富的总和。比如远古的原始社会并未给我们留下文字形态的东西，但我们在谈到"原始文化"时，不仅指当时遗留至今而被发掘出来的石器、陶器、骨器、雕塑等物质形态的东西，也指体现在这些器物上的原始的艺术、宗教、神话、习俗等观念形态的东西。同样，当我们提到"资本主义文化"时，不仅指能够体现资产阶级意识形态的思想理论以及相应的社会体制，也包括从工业革命以来由于巨大的技术进步而创造的物质文明。不过在通常情况下，一提到"文化"，人们首先想到的往往是它的狭义方面，即文化的精神形态方面。文化语言学所使用的"文化"这一术语的概念，其内涵就是精神形态和制度形态的文化，大致相当于上述泰勒和马林诺夫斯基的两个定义的综合理解。

基于上述理解，我们认为可以对文化的基本性质做如下的描述：

1. **超自然性**。culture一词，其本原的意义是指"种植、栽培、养殖"一类行为。这种行为是人类对自然的改变、改造，相对于不具有这种行为的动物而言，显示出了人类独有的超自然性。西方近现代文化人类学的核心概念culture（文化）的内涵和外延无论怎样丰富复杂，都以culture一词初始意义中所包含的超自然性为指归。人类文化既然是超自然的，那么反过来也可以说，凡是自然发生的，如日月运行、春华秋实、生老病死应该都不是文化。然而人类对自然的各种认知、情感以及掌控自然的能力，则又是文化了。文化的这种超自然性正是人类独创本性的表现，是人类生活和存在的一种特有方式。因此可以说文化和人是同生共长的东西，是一枚硬币的两面，文化是人性的表现，文化性是人类的根本属性。没有人类，不可能有文化；反之，没有文化，不可能有人类。人类的祖先在使自己脱离动物界而建立人类社会的过程中创造了文化，才使自己终于成为超越于动物的人。人类身上至今仍然带有作为自然物的动物的一些基本的自然的属性，而某些动物，如蜜蜂、蚂蚁、猿猴等，也可以有类似人类社会的"组织"。但是正因为人的根本属性是文化性，人类生活和行为的一切方面莫不要带上或终于带上文化的印记，比如饮食和繁殖这类本来具有动物属性的自然行为，而一经在人类身上表现出来，就带上了人性，具有了文化性，成为文化现象了。饮食文化、性文化、婚姻和生殖文化就是人类在满足自身基本的生物需要的基础上创造出来的独有的文化，其他动物则不具有这样的文化。即便像蜜蜂、蚂蚁、猿猴等群体中拥有等级分明、秩序井然的"社会组织"、团结凝聚的族群精神和辛勤劳作能力与习惯，也不能算作是"蜜蜂文化""蚂蚁文化""猿猴文化"。总之，人有文化而其他动物没有文化，所谓文化就一定是指人类的文化，不可能有动物的文化。人的文化性和文化的人性是具有本体论性质的命题，而文化的人性也就是它的超自然性。

2. **符号性**。任何文化都表现为一些象征符号或符号系统，也表现为人在创造和使用这些符号过程中的思维和行为的方式。人是一种"符号的动物","符号化的思维和符号化的行为是人类生活中最富于代表性的特征,并且人类文化的全部发展都依赖于这些条件"[①]。人类创造文化的过程,就是一个不断发明和运用符号的过程。人类创造了文化世界,其实质是为自己创造了一个"符号的宇宙"。在人类的文化创造中,人类不断把对世界的认识、对事物和现象的意义和价值的理解赋予一定的具体可感的形式或行为方式,从而使这些特定的形式或行为方式产生一定的象征意义,构成文化符号,成为人们在生存生活中必须遵循的习俗或法则。于是人们就生活在这些习俗或法则的规范之中,生活在自己创造出的充满文化符号的世界之中,一方面承受着文化的制约,同时又通过对文化制约的承受而表现其人生的意义和价值。比如在古代中国封建等级制度的规范中,关于服装的颜色是有等级规定的:帝王服装为黄色、高级官员和贵族服装为朱红或紫色、中下层官员为青绿色、衙门差役为黑色、平民为白色、囚犯为赭色[②]。于是,服装颜色就成了特定身份的象征符号。在平等思想普及、等级观念淡薄的今天,服装颜色的等级象征意义固然已不复存在,但在服饰的色彩或式样与年龄、性别、身份、行业、环境、习俗力求协调一致的讲究和追求中,人们又给色彩和式样赋予了丰富而繁缛的审美意义;而在某些必须标明的社会角色(如性别、军警及安保人员等)身上,服装颜色和式样仍具有身份象征的符号作用。再如我们在婚礼、葬仪以及各种庆典中司空见惯的一切,无论是服饰、道具,还是种种程式,也都无不具有符号性。正因为文化有符号性,所以对于文化现象的理解和分析,必须借助

---

① 卡西尔著《人论》,甘阳译,上海译文出版社1985年,第35页。
② 这里所言的规定是就一般封建时代而论,某些朝代与此略异,未能详论。

于符号学的原理和方法。

3. **整合性**。文化是一个由多方面要素综合而成的复杂的整体，是一定区域内的一定文化群体（通常表现为民族）为满足生存需要而创造的一整套生活、思想、行为的模式。在这个整体模式中，各组成要素互相补充、互相融合、互相渗透，共同发挥塑造民族特征和民族精神的功能。同时整个民族文化又有一个或少数几个由价值选择结果为出发点的"文化内核"，这样的文化内核就像遗传因子一样无所不在地渗入该民族的所有文化细胞之中，发挥着整合文化的潜在作用，从而使整个文化产生一种保守性、可传承性、内聚性、排异性和对外来文化要素的同化力。文化的整合性是一种文化得以自我完善和形成独特面貌的动力。它可以保证文化在随时间流程的变迁中在一定限度内维持稳定的秩序。比如在中国延续两千余年的传统文化中，建立在血缘根基上的宗法思想，融自然哲学、政治哲学和伦理哲学为一体的"天人合一"世界观，和以经邦济世为目的的实用理性等精神元素作为中国文化的"内核"，一直在文化传统的形成中发挥着"整合"作用。经过这种整合而形成的中国文化，是一个迥异于欧美文化的独特模式。尽管百年以来西方文化一再冲击，所改变的也仅是它的某些外在形式，它所塑造的国民性格、思维方式以及心理特征一直递相延续而未能动摇。任何文化都是一个相对稳定的整体模式，无论是大传统文化还是小传统文化莫不如此。[①]

4. **可变性**。文化的整合性并不能保证文化在历史的长河中恒久

---

① 大传统指一个社会中占优势的文化模式，尤其指体现为都市文明的文化模式。小传统指复杂社会中具有社区或地域性特色的文化模式。

不变。既然文化是一种为了满足人类生存生活需要而采取的手段，那么当生存生活条件有了变化，作为观念形态的文化必然要发生变化。这是文化变化的内在原因或根本原因。在人类文化史中，重大的发明和发现（如文字、造纸术、印刷术、蒸汽机和电器的发明，地理大发现、天体运行规律、物质不灭和能量守恒定律等的发现）都曾给文化的变迁以巨大的推动力。从一种文化的外部而言，文化传播、文化碰撞可能造成这种文化内部要素和结构的量的变化，也可能促使这种文化发生质的变化，产生进化、退化、没落、重组或转移等结果。比如佛教传入中国，曾经使中国传统文化的结构和面貌发生过深刻变化。中国的儒教、汉字在东南亚不少国家的文化中也曾发生过重大影响。而欧洲文化进入美洲，则导致了美洲本土文化的大量萎缩甚至部分的消亡。在现当代，电子计算机和互联网的发明和迅速普及，业已给世界文化造成了前所未有的巨大而深刻的变化。而芯片技术和人工智能技术的迅速发展，会给整个人类社会文化带来怎样的变革，甚至连相关的科学家都难以做出准确的预测。

5. **民族性和区域性**。文化不可能凭空产生和存在，必须植根于人类社会，而人类社会总是以相对集中聚居并有共同生活历史的族群为区分单位的，因此，一定的文化总是在一定民族的机体上生长起来的，民族群体是民族文化的土壤和载体，文化的疆界通常总是和民族的疆界相一致，民族的特征除了体质特征之外就是文化的特征，所谓民族性主要也是指文化上的特性。比如蒙古族和我国北方汉人居地接缘，但互相间的文化差别却很明显。再比如，同为上古文明，古希腊、古印度、古埃及和古中国的文化各有独特性；同为当代发达国家，日本和欧美之间、欧美各国之间在文化上仍存在着差异。而当一个人口众多的民族分布在广大的地域上时，在文化的各个层次的细节上保持完全的一致性势必不可能，于是民族文化在地域性渐变基础上往往形成一些互有差异的次文化，形成大传统下具有各自特色的小传统。小传统具有区域性，是大传统的组成部分，同时又受着大传统的支配和统摄。于是在民族文化的大范围内常有区域性文化同时并存。比如同为中国上古文化，就有中原文化、齐鲁文化、楚文化和吴越文化的区别。这种区别至今仍有一定程度的保留。再如中国民间曲艺，也是由具有地方代表性的剧种组成。北京的相声、东北的二人转、浙江的越剧、安徽的黄梅戏、广东的粤剧、西北的秦腔、四川的川剧、河南的梆子、山东的大鼓书等，莫不各具风姿，绝不雷同。就连武术特点也有"南拳北腿"之说。文化的区域性与民族性并不抵触，区域性不仅不会损害民族文化的内在一致性，相反还能丰富民族性的内涵。不过，文化的民族性和区域性并不等同于封闭性，不同民族或地区的文化的某些方面也可能有跨越性的传播。比如，基督教、佛教和伊斯兰教最初起源的族群和地域都不很大，现在已经成为世界性的宗教。

　　以上是文化语言学对于文化问题的基本看法。文化语言学认为，凡是上述关于文化的基本性质，语言也都莫不具备，因此语言也是一种文化现象，是文化的一部分。但是正像作为文化的构成部分的法律和宗教，在研究中可以把它们从文化中独立出来，分别就法律或宗教与文化的关系进行研究，我们同样也可以把语言从文化中独立出来，研究它与文化的关系。文化语言学的语言观，就是从对语言和文化的关系的总体考察中确立的。

第二节 文化语言学的语言观

文化语言学并不一般地否定其他语言学流派的语言观。比如说，传统语言学把语言看作人类交流思想的工具，结构主义语言学或者把语言看作由能指和所指构成的符号所结合而成的形式体系，或者把语言看成由刺激和反应构成的人类行为模式，转换生成语言学把语言看成人类的天赋机制。文化语言学认为这些语言观都是从不同角度对语言的某一方面本质的揭示，它们对于建立各自学派的语言理论是适合的，但是都未能触及和揭示语言的文化属性。文化语言学从文化人类学的角度审视语言，在广阔的人类文化背景中研究语言，对语言的本质属性有与其他语言学流派不同的见解。文化语言学的语言观涉及许多根本性的命题，这些命题主要有：语言与世界观的关系、语言与文化的关系、语言差异与文化差异的关系等。

世界是什么？不同的哲学家和哲学流派曾有种种不同的说法。有的说世界是神的意志的体现，有的说世界是感觉的复合，有的说世界是绝对精神的体现。以上这些说法被归入唯心主义的范围。唯物主义认为世界是一种物质存在，具有物质性。此外还有的在唯物主义和唯心主义二者之间折中，认为世界是由物质和精神二者构成的。文化语言学不是哲学流派，它无意把自己归入上述哲学派别中的任何一派，也并不是要提出解释世界的一种新哲学，而是要提出自己对语言和世界关系的解答，这个解答就是：世界是语言的世界，具有语言性。或者用一句形象化的说法：世界是语言符号构成的万花筒。

说世界是语言的世界，并不意味着否认世界是物质性的。世界是物质存在的命题，是一个本体论的命题。物质世界是相对于人的精神世界而言的独立存在，这是毫无疑义的。但是，这一命题并没有回答人是怎样认识和把握世界的。从发生认识论的角度看，无论是群体认知还是个体认知，人和作为认识客体的世界构成两极对立的关系。尽管动物没有精神世界，但是在"面对世界"这一点上，二者的状况有相似性。然而由于动物没有语言，动物对于外在世界只能被动地感知，人有语言，人一生下来就生活在一个语言世界之中，人在感知、接受和认识、把握外在世界时，并不是像动物那样直接面对外在世界，而必须通过语言这一中介。人、语言和世界构成的实际上是一种三极关系（如下左图）。或者说，人和世界的两极关系是间接关系，其间还存在一个中介系统——语言符号系统。这个系统构成了既相对于物质世界，也相对于人的语言世界，如下右图。

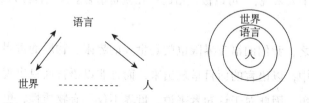

　　语言是人创造的，是一定民族的精神创造活动的结果。人对外在物质世界的感知和认识、人在从事改造物质世界的实践活动（生产活动和社会文化活动）时的体验、感受和经验，莫不反映在语言世界中。语言世界是人所建立的蕴含着人的全部精神创造的关于物质世界的镜像。正因为人和物质世界之间还有一个语言世界，人就必须通过语言世界来认识和把握物质世界。人之所以为人，就是因为人有语言符号，符号化的思维和符号化的行为是人类生活中最富

于代表性的特征。当一个小孩问"这是什么"，大人回答"这是大象"，另一个小孩问"那个人是谁"，大人回答"是王叔叔"，孩子就通过"大象""王叔叔"等词语认识和把握了他原先不认识的对象。这是最简单的事例。复杂现象的原理也是一样。当人们发现了一种新事物、新现象时，或形成了一种新概念时，便给它一个名称。命名活动是人占有（认识和把握）该事物（现象、概念）的行为标志，而后来者总是通过先期的命名来认识和把握该事物（现象、概念）的。"正是命名过程改变了甚至连动物也都具有的感官印象世界，使其变成了一个心理的世界、一个观念和意义的世界。全部理论认知都是从一个语言在此之前就已赋予了形式的世界出发的；科学家、历史学家以至哲学家无一不是按照语言呈现给他的样子而与其客体对象生活在一起的。"①换句话说，客观物质世界（存在）在人面前采取了语言的形式，它提供的是经过语言"改制"过的样本。因此对于人来说，"可以被领悟的存在就是语言。"②"语言乃是存在之家园。"③

总之，我们的语言界限也就是世界的界限。物质的世界存在于语言之中，以语言的面目呈现出来，而且非以语言面目出现就不能被人领悟，因此对于认知者来说，世界不仅具有物质性，更具有语言性。既然语言是人类出入于物质世界的根本通道，那么认识到世界的语言性也许比仅仅认识到世界的物质性更切近问题的本质。这

---

① 见卡西尔著、于晓等译《语言与神话》，生活·读书·新知三联书店1988年，第55页。

② 伽达默尔语。转引自甘阳《从"理性的批判"到"文化的批判"》，见卡西尔《语言与神话》中译本（代序），生活·读书·新知三联书店1988年，第19、21页。

③ 出自〔德〕马丁·海德格尔《关于人道主义的书信》（1946），转引自《外语教学与研究》1990年第1期何光沪《语言乃是存在之家园》。

就是提出"世界的语言性"这一命题的意蕴所在。

在确立了"世界的语言性"这一命题之后，我们就可以来讨论语言和世界观的关系了。唯物主义认识论的一条基本原理是"存在决定意识"，如前所说，既然独立于我们人的主观世界之外的，除了物质世界还有一个语言世界，那么，所谓"存在"就应当理解为世界的物质存在再加上语言存在。人一生下来就既生活在物质世界中，也生活在语言世界中。这两种世界的存在都对人的思想意识的发生、世界观的形成发生作用。然而，由于物质世界同人的关系是间接的，它必须借助于语言符号才能进入人的意识，构成人的主观世界，所以有时常会出现这样的情形：客观世界是否有认识论上的意义，并不取决于是否有物质"存在"，而取决于是否有相应的语言符号"存在"。比如距离地球亿万光年的某个天体固然是一种物质"存在"，但是假如尚未被人类认知，未能编入人类的概念体系，没有赋予一定形式的语言符号，就是说，尚未进入我们的语言世界，那么这样的"存在"也就不能进入我们的主观世界，成为我们世界观的一部分。相反，某些根据科学原理猜想或推断出的"存在"，尽管并非现有观念意义上的"物质存在"，但由于已经建立了科学概念和语言描述，业已成为科学家语言世界的一部分，即便尚未获得"物证"，也仍然可以构成我们的科学世界观。比如"反物质"（anti matter）、"暗能量"（dark energy）等就是这样性质的语言符号[①]。此外还有一种情况是，客观世界中并不存在的许多事物、现象和事件，如上帝、神仙、鬼怪及有关故事，天堂地狱的传说，谎言和谣言，文艺作品中虚构的人物和情节以及某些似是而非的歪理邪说等，由于已经构

---

① 参见百度百科"反物质"和"暗能量"条目。

成了概念（尽管是虚假概念）和叙说，成了人类语言世界的一部分，却很容易进入人的主观世界，使人深信不疑，成为其世界观的构成因素。这种现象发生的根本原因，就是在人们认识世界的过程中，除了以实践为基础、以客体本身为直接起点外，还有一个重要起点就是语言符号[①]。作为有生命的个体的人，其生存和活动受时间和空间的限制，不可能事事都亲自实践和体验，其认识和知识的很大一部分必然要取自包围着他的语言符号（包括口语和书面语）的世界。尽管从总体上和根本上说，人在客观现实中的实践是认识的出发点和检验途径，但是就大多数个体的人来说，通过语言符号得来的观念、认识和知识在数量上总是要大大超过他亲自的实践经验。在这个意义上我们可以看出语言符号对于思想塑造和世界观形成的不可忽视的作用。

至于语言和文化的关系问题，我们觉得可以从两个方面来谈：一方面，语言是人类文化的重要组成部分，是人类文化得以建构和传承的形式和手段；另一方面，文化又无时无地不对语言有制约作用和决定性影响。

语言日常的功用是交际，在交际中它起着传达和沟通的作用。一个中国孩子习得了汉语，仿佛像他学会了用筷子吃饭；如果他后来又学会了英语或俄语，就仿佛他把筷子换成了刀叉。语言就仿佛是这样一种工具，人们凭借着它得以达成交际的目的。所以一般而言，语言是交际工具的说法尽管不很贴切，但还是有助于对语言功能的理解。不过，这一说法并没有从文化人类学角度考察语言，因此并不能彻底说明作为交际工具的人类语言同动物交际手段的根本

[①]　参见肖峰《试论以语言符号为直接起点的认识》，《哲学研究》1988年第6期。

性质的不同。美国语言学家霍凯特（Charles F. Hockett）从人类语言和动物交际的根本区别角度入手进行考察，力图说明人类语言区别于动物交际手段的根本特征，他列出了人类语言具有的13个特征加以分析说明。这些特征包括：1.声耳渠道，2.四散传播与定向接收，3.迅速消逝，4.互换性，5整体反馈，6.专门化，7.语义性，8.任意性，9.分离性，10.替代性，11.滋生力，12.传统传导，13.模式二重性。其中前9种是动物交际系统（如类人猿的叫喊声）所能有的特征，只有后4种才是人类语言区别于动物交际手段的重要特征[①]。但是由于这4种特征主要是作为交际工具的人类语言在构成、传递、滋生和使用等方面的特征，它们仍然未能说明人类语言在属性即本质上与动物交际手段的根本区别。看来，仅仅从交际工具角度无助于语言的根本属性的揭示，也无助于对语言和文化的关系的理解。

　　语言的根本属性植根于人的本性之中。人是文化的动物，人之不同于动物的根本点在于人有文化，动物没有文化。文化是人创造出来的，人只有在创造文化的活动中才能成为真正意义上的人。人用自己的创造性活动为自己构造了一个文化世界，人就生活在这个文化世界之中，并继续不断地从事着文化创造。如前所述，文化的重要性质之一是符号性，文化世界实际上是一个符号世界，人类的文化创造实际上是一个不断创造符号的活动。在人所创造的所有符号系统中，语言符号无疑是最重要的一种符号系统。在一定意义上说，人之有文化与人之有符号、人之有语言，是从不同角度对人之本性的揭示。文化世界、符号世界和语言世界三者所指固然并非完

----

　　① 见王士元主编《语言和人类交际》（中译本），广西教育出版社1987年，第3—8页。

全同一，但就语言在构成文化和符号中的作用而言，它无疑是文化世界和符号世界的核心部分。语言在人类文化中的重要性，不仅表现在远古时代它使人类祖先得以摆脱动物界和建立人类社会中的重大作用，而且表现在人类社会建立以后，人类文化的许多重要部门，如神话、宗教、文学艺术、科学技术等，其建构和传承仍然少不了语言。文化人类学家对语言的性质、地位和作用表述过不少精辟的见解。马林诺夫斯基认为："语言是文化整体的一部分，但它并不是一个工具的体系，而是一套发音的风俗及精神文化的一部分。"①泰勒在他的《人类学——人及其文化研究》一书中，用了整整三章来讨论语言，他把语言的发生和文化或文明结合起来考察，认为"在前历史时期中，发生了人类在地球上的初次扩散和大种族的发展，产生了语言，确立了大的语系，文化发展到古代世界东方民族的水平——他们是现代文明生活的先驱者和奠基者。"②美国著名的文化人类学家L. A. 怀特（Leslie A. White）的这段话，对于语言建构文化的功能可谓发挥得淋漓尽致：

　　　　全部文化或文明都依赖于符号。正是使用符号的能力使文化得以产生，也正是对符号的运用使文化延续成为可能。没有符号就不可能有文化，人也只能是一种动物，而不是人类。

　　　　音节清晰的语言是符号表达之最重要的形式。把语言从文化中抽掉，还会剩下什么东西呢？让我们来考察一下。

　　　　没有音节清晰的语言，我们就不会有人类的社会组织。

---

① 马林诺夫斯基《文化论》（中译本），中国民间文艺出版社1987年，第7页。
② 泰勒《人类学——人及其文化研究》（中译本），上海文艺出版社1993年，第30页。

我们可能有家庭，但这种组织形式不是人所特有的，家庭本身并不专属于人类。没有语言，我们就不会有乱伦禁制，就没有规定族内婚与族外婚，多偶婚制与单偶婚制的各种规范。没有语言，我们又怎能限制交表婚，禁止平表婚呢？没有语言，禁止同时占有众多配偶而允许续娶与再婚的规范，又怎么能够存在呢？

　　没有语言，我们就不会有政治、经济、宗教和军事的组织；没有礼仪和道德规范；没有法律；没有科学、神学和文学；除了猿猴水平的嬉戏外，它不会有游戏和音乐。没有音节清晰的语言，礼仪和礼仪用品就毫无意义。实际上，没有音节清晰的语言，这就差不多等于丧失了使用工具的能力，我们就将像现在在高等类人猿中发现的情况那样，只是偶然地和无意义地动用一下工具；因为，正是音节清晰的语言，才使类人猿那种偶然动用工具的活动，转变为人类之具有进步性和累加性的使用工具的活动。[①]

正因为语言在人类文化体系中的地位和作用如此重要，所以我们甚至可以认为，语言不仅是文化的一种形式而已，它其实就是一种"元文化"。语言的这种元文化性质，使从文化角度研究语言的文化语言学得以建立在深厚的根基之上。

　　然而，以上所论仅仅涉及语言对文化的影响作用，还未涉及文化对语言的影响作用。语言的地位无论怎样重要，它毕竟只是精神

[①]　L. A. 怀特《文化的科学》（中译本），山东人民出版社1988年，第33—34页。

文化的一部分。语言不仅不能包括全部精神文化，也不能包括物质文化，更不能包括人类的文化活动史。文化的范畴显然要比语言大得多。那么，文化对语言有无影响作用呢？对这个问题我们不仅可以做肯定的回答，而且还可以说，语言在其产生、发展和变化中，一直受到文化的制约和影响。

从语言产生的过程来看，正是人类的文化创造活动产生了语言。人类起源的历史，就是人类的创造性劳动能力形成的历史。创造性的劳动是作为"文化动物"的人的行为与一般动物行为相区别的根本点，而语言正是在这一劳动过程中产生的。原始人的群体劳动使语言的使用成为需要。改造自然的劳动使原始人对自然获得了新的观念，使人的思维得以发生，使语言构造所需要的意义材料开始形成；直立行走改造了人的发音器官，使语言构造所需要的众多分音节的语音材料得以形成。当某些特定的音节与某些特定的意义在经常的使用中分别成为固定的结合单位，我们的祖先就创造出了第一批简单的词语。语言起源过程同类人猿"人化"过程是一致的。人类起源过程所创造的文化通常称"原始文化"。没有原始文化的创造，就不可能有原始的语言。

语言起源很可能不是在一时一地发生的。从现有的资料看，最大的可能是，分散在地球广大范围内的人类祖先的众多远古群落，都先后不齐地产生了各种各样的语言。这些语言在其后的发展变化中，都几乎无一例外地受到文化变迁的影响和制约。语言的分化和统一通常与社会文化的分化和统一在步调和范围上相一致，语言的传播通常是文化远征的结果。语言结构系统的演变和功能系统的改善也都可以从人类文化的进步中找到根源。总之，文化对语言的影响无疑是巨大的。

那么，是否又可以说，是语言受文化的决定、语言是文化的产物呢？

我们认为，语言和文化谁产生谁、谁决定谁和谁影响谁，实际上不过是一个先有鸡还是先有蛋的问题，不值得、不必要也不可能求得一言以蔽之的解答。本来，从宏观上、整体上看，二者就是你中有我，我中有你，互相渗透，互为因果，互相发生，互相制约，互相推动的。人们有时为了强调某一方面，就说它决定了另一方面。然而单纯的"甲决定乙"的模式是不能成为通达之论的。重要的是进行全面的考察和论证。不过，就某些局部现象和局部材料而言，说某些语言现象是某些文化原因造成，或某些文化现象是由某些语言手段造成，这样的论证还是可以进行、可以成立的。

既然语言和文化的关系如此密切，那么语言差异和文化差异之间可能存在某种联系，就应该说是一个合乎逻辑的推断。在这个问题上，沃尔夫关于霍皮语和欧洲语言的对比研究是一个很好的例证。沃尔夫把欧洲语言看作一个均质的群，称为SAE（Standard Average European）。他详细地考察了SAE语言与霍皮语中关于"时间""空间""物质"等概念与语言结构的关系，考察了文化的和行为的规范与语言类型之间的关系，认为霍皮语和SAE语言有天壤之别，其差异不是语音、词汇、语法、语调等方面的不同，不是外形的不同，而是从不同思维出发的"质"的差异。SAE语中动词三种时的体系给我们有关时间的全部思维增加了色彩。这一体系跟那个使持续性的主观认识客体化的更为广泛的格式融合在一起，这一格式也体现在语言的其他成素——用于一般静词、具有时间意义的静词、复数和可数范畴的二项式——之中。客体化的结果使我们能够在心里"把各种时间排成一列"。把时间看成是某种序列的认识跟三个时的体系是协调一致的。霍皮语在这方面截然不同。动词没有诸如我们的那些"时间",但是,动词有确认(肯定)形式,有体态,有把句子联起来的形式(式)。所有这些形式使语言具有很大的准确性。霍皮语由于不像英语那样在语法结构上区别过去、现在、将来三种时间,也不能将时间客体化,因此也就不能把时间作为一个想象的单位在语言中表现复数。霍皮语没有"他们住了10天"这种说法,而要说成"他们住着直到第11天"或"他们在第10天后离开"。欧洲诸语言区分个体名词和物质名词,而在霍皮语里一切名词都是个体的。欧洲语言把"物质""实体"和"形式"相对立,霍皮语却没有这种对立。又如,英语区分动词和名词的观念和标准也不能应用于霍皮语。在霍皮语里,表示短暂性事物的都是动词。英语名词lighting(闪电)、wave(波浪)、flame(火焰)、metor(流星)所表示的概念,在霍皮语里都要用动词来表达。沃尔夫认为,SAE语言和霍皮语在语言形式上的差异是同文化规范上的差异相联系的。[①]

　　著名的日本东方学者中村元在他所著的《东方民族的思维方法》中,把语言、思维、文化联系起来考察,得出了许多精辟的见解。比如在谈到日本到最近还没有发展出用纯粹的和语来表述的哲学时,认为原因在于纯粹的和语不像梵语或希腊语或德语那样适合于哲学的思索。"最大的障碍看来在于日语没有完全确立起来的抽象名词构成法。日语不存在动词不定式,不定式的特色就是表述抽象的思想,一种不定的状态,一种'关系'而不是一件'事物'。"此外,日本人没有把形容词转化为相应的抽象名词的确定构词法。在句法中,

---

　　① 参见〔美〕本杰明・李・沃尔夫著、高一虹等译《论语言、思维和现实》书中所收《习惯性思维、行为与语言的关系》(申小龙译)一文,湖南教育出版社2001年,第119—146页。

日语缺少关系代词，从而使人们用日语进行严密的思考就显得很不方便。他认为，由于这些不足之处，人们很难用日语进行正确的、科学的表述，这妨碍了日本人逻辑的、科学的思维能力的发展。①

那么，语言结构的差异同世界观的差异究竟有没有关系呢？这里的"语言结构"主要指表现在语言形式（词语形式、语法形式）上的概念结构和语法结构。这种差异最明显地表现在民族语言之间。如前所述，作为客体存在的语言，是拥有该语言的人在长期的文化创造活动中对于客观物质世界的反映。在这个意义上语言是世界的镜像。但是，语言的使用是一种智力活动，它体现了人在认识世界和改造世界过程中的思维过程。严格地说来，任何语言对世界的反映都不是简单的反映，而是人们对世界进行智力改造后所做出的语言呈现。既然作为文化内核的思维的方式是有民族差异的，那么反映思维成果并呈现在语言中的"世界镜像"也就不可能没有民族差异。由于各民族关于世界的镜像都保留在各自的语言体系中，同整个语言结构融成一体，那么对于个体的人来说，他一生下来就生活在一定的母语世界里，在逐渐习得母语的同时，也就逐渐获得了融合在母语中的"世界镜像"，形成了与操本族语的人相一致而与操其他语言的人有所区别的世界观。这就是我们关于语言的差异与世界观的差异的关系的最基本的理解。

文化语言学语言观的确立，对于文化语言学理论体系的建设和文化语言学方法论的确立具有根本性的意义。关于语言的本质问题，中国文化语言学与西方现代语言学有着根本不同的理解。导源于索

---

① 〔日〕中村元著，林太、马小鹤译《东方民族的思维方法》（中译本），浙江人民出版社1989年，第320—322页。

绪尔结构主义的西方现代语言学，尽管流派纷呈，但其共同点是都把语言看成一个自足的封闭的形式体系，似乎语言只是一个已做完的"功"，我们只需对它进行静态共时的结构分析就可达到语言研究的目的。这样的语言观及其派生的方法论是以牺牲了对语言另一方面的重要本质即文化属性的理解为代价的。它在付出这一代价的同时，又切断了与其他人文学科之间天然存在的密切联系，使得语言学科在整个人文学科体系中日益孤立。文化语言学不把语言看成自足封闭的形式体系，认为语言绝非一种"功"，而是一种"能"，语言的一切都是动的，而不是静的。就语言与文化的关系说，语言具有建构和传承文化的功能；就语言与思维、思想的关系说，语言有形成思维、表达思想的功能。语言中充满了民族的文化精神和文化心理，是一个民族世界观的体现。语言的变化与文化的变化是互为因果的共变关系。分析和研究语言，就是要分析和研究语言作为文化符号的功能，分析和研究特定的语言结构的独特的表达思想的功能，分析和研究语言中所体现的特定民族的文化哲学、文化思维、文化风俗、文化心理和文化史实。即使是分析一般的所谓纯语言现象，也并不是进行孤立静止的纯语言分析，而是把语言现象同文化现象结合起来考察，或者把语言现象作为文化现象来考察。因此，文化语言学的研究不仅可以大大拓展语言学的研究领域，揭示出其他语言学流派未能触及的语言的文化内涵，并且可以在语言学和其他人文学科之间建立起一座新的桥梁。

文化语言学的语言观对于建立具有中国特色的汉语语言学也具有根本性的意义。百年来的中国现代语言学无疑是有成就的。这个成就归结到一点，就是发现并揭示了汉语与西方语言在结构规律方面的某些共同性。这些共同性的存在是语言普遍现象（语言共性）

存在的证明。但是，由于过于偏重袭用西方语言学的理论框架，在方法论上带有严重的模仿倾向，使得我们在描写和分析汉语时，所看到的多是汉语与西方语言的"同"的方面，而忽视或放弃了与西方语言的"异"的方面。在这样的方法论基础上建立起来的中国现代语言学，特别是其中的汉语语法学，同汉语的实际状况总难免貌合神离。直到今天，汉语语法理论中的一些基本范畴，如语素、词、词组（短语）、单复句、自由和黏着、词类、主宾语等，在概念和理论上都没能得到很好的说明，至于把这些范畴应用到语言分析中时更是进退维谷，难以自圆其说。辩证唯物论的认识论认为，任何事物都是共性与个性的统一，就解决某一具体事物的具体问题而言，认识该事物的个性、特殊性往往比认识同类事物的共性、普遍性更有实践的价值。中国文化语言学坚持认为语言的差异反映着文化差异、思维差异和世界观的差异。其中尤其是语法结构的差异同不同民族的思维方法上的倾向性特点的联系更为密切。因此在研究和分析汉民族语言的结构规律时，参照和借鉴其他语种的理论范畴固然有必要，但不能流于模仿和代替。只有一切从汉民族语言的具体事实出发，从汉语本身的具体分析中提取理论范畴，才能建立起真正符合汉语特点的本体论意义上的汉语语言学。因此，中国文化语言学的建立和深入发展，无疑可以深入揭示汉语中深藏的而又独具的文化特质，使处于歧路彷徨中的汉语研究获得新的动力和新的生长点，并从而建立起真正符合汉语特点的具有中国特色的汉语语言学。

第二章　文化语言学的对象、任务和性质

　　对于文化语言学的对象、任务和性质等问题的探讨，关系到我们要建设什么样的文化语言学的问题。或者换句话说，关系到文化语言学是什么样的语言学的问题。由于文化语言学兴起的历史较短，先此已有人类语言学、民族语言学和社会语言学存在，文化语言学同它们在研究范围上有部分的重叠交叉，难以划清界限；又由于语言和文化内涵的丰富和外延的广大，几乎可以涵盖人类活动的一切领域，而人类的一切行为几乎莫不具有文化性，又几乎莫不与语言有关，于是就使人产生这样一种印象：只有从文化角度切入的语言研究才是真有价值的语言研究，而文化语言学可以包括其他相关的语言学科。比如，申小龙在《汉语人文精神论》一书中提出要使文化语言学成为"一个包括社会语言学、民族语言学、心理语言学、语言民族学、语言人类学在内的""大学科"；又如邢福义、周光庆主编的《文化语言学》也认为："文化语言学是具有最广泛的综合性的一门学科，它包括了早期的人类语言学、社会语言学、民族语言学的内容，而后者则可看作文化语言学的分支。这些分支学科从不同的角度研究语言与文化。"此外，高长江在他的《文化语言学》一

书中也提出："社会语言学、人类语言学、文化语言学三者是同一学科，但不是并列学科，彼此有总属之别。社会语言学和人类语言学是文化语言学下面的两个分支学科。"以上各家在文化语言学总题下开列出的分支学科有多有少，但共同特点都是把文化语言学置于总体学科和上位学科的地位。笔者认为这种做法可能引起的问题是：一，一门学科在比其他学科更为年轻、成绩和影响也还不及其他学科的情况下，就宣称自己有统领其他学科的资格，不仅在逻辑上和理论上难以理顺，而且在客观上会造成抢占地位、反客为主的印象，这个资格和地位能否为其他学科所承认就成了问题，至少在目前是个有争议的话题，可能导致毫无意义的纷争；二，把文化语言学置于总体学科或包括其他学科的"大学科"的地位，涵盖的领域过于宽泛，就难以确定自己独具的研究对象和研究任务，其结果所得到的将不是一个体系严整的新学科，而是一些自成体系的原有学科的集合，这些相对独立的学科的统一和协调以及它们与文化语言学关系的处理都将可能成为纠缠不休、徒滋纷扰的难题。有鉴于此，我觉得可以先不论文化语言学与其他相关学科有多少重叠交叉的研究领域，而看看自己能否提出与其他相关学科有所区别而又相对集中相对明确的研究对象和研究任务，并在此基础上确定文化语言学的学科性质。

第一节　文化语言学的对象

文化语言学是从文化学角度对语言的研究。它把语言看作民族文化的模式和构成民族文化的符号系统。其旨趣在于揭示隐藏在语言形式、语言结构、语言运用和语言变化背后的文化内蕴。文化语言学认为，人类的文化世界也就是语言世界，语言与文化有一种"互塑互动"的作用，要想透彻了解语言的文化属性、语言的文化功能以及文化对语言的影响，就必须深刻揭示语言和文化的关系。因此，语言和文化的关系就是文化语言学研究始终关注的焦点，也是文化语言学的研究对象。语言和文化的关系至为复杂，可以从许多方面观察和论述，而从文化语言学角度而言，似乎可以概括为以下三个方面：

一、语言作为文化符号的建构功能

语言是一种具有工具效能的知识体系，也是人类特有的能力和习惯。就民族文化而言，民族语言则是它最基本最重要的表现形式之一。在一定意义上可以说，民族语言就是民族文化的模式体现，是民族文化的天然"图腾"。习得一种语言就意味着习得一种文化，要想了解一种文化就必须学习表现这种文化的语言。语言对于文化的建构和传承是以符号的体系形式整体发挥作用的，这使二者具有"相依为命"的关系，一种语言的发生、扩布、流传总是与相应的文化的发生、扩布和流传在时间和空间上相一致，一种语言的式微和消亡也意味着一种文化的式微与消亡。

文化是由许多要素经过整合而成的复杂整体，在这个整体中体现各要素的"文化内核"并对该领域的文化建构起着关键作用的是一些特别的语词，这些语词集中概括了相应文化领域的思想范畴、认识成果、意义体系和价值观念，我们称之为"文化符号"。比如中国古典哲学中的"道""气""阴阳""五行"，中国传统伦理生活中的"忠""孝""节""仁""义""君臣""上下""尊卑""主奴"，以及体现中国汉族婚姻制度和宗亲关系的称谓词"夫妻""子女""父母""伯叔""舅姑""侄甥"等，就是这样一些文化符号。它们既是一定社会文化思维、文化体制的体现，又制约和规范着相应的文化观念、文化心理乃至一切文化活动，使文化成为一种模式。德国著名的哲学家莱布尼茨说："人首先学的是符号，其次是观念，再其次才是真理本身。"这句话精辟地说出了文化符号在形成人们的思想观念和自觉行为（按"真理"而行动）中的指令作用。各种语言都有数量可观的这一类文化符号。由于语言具有代代相传的继承性和维护规范的保守性，其中的文化符号也就代复一代地发挥着传承文化的指令作用，乃至人们心目中普遍存在着一种源远流长的"文化道统"观念，似乎天地人间古往今来永远就应该是这个样子，一切变革文化道统的想法都是异想天开。这就是由语言的继承性和保守性导致的文化的继承性和保守性。"天不变，道亦不变"的话，虽然是从维护道统的立场上说的，但是从另一角度看，它确实说出了变革文化传统的巨大困难。这种困难除了维护旧道统的政治力量和习惯势力相对强大的原因外，从文化语言学的角度而言，就是因为变革语言中的文化符号是一件困难的事。语言本身就是一种文化力量和文化模式，人们自幼习得了这种语言，也就把其中包含一切文化观念、文化价值、文化准则、文化习俗的文化符号深深地融进了自己的思想行为之中。在新旧文化交替的时代，激进的革命者要想变革文化传统，首先想到的就是革除这些旧文化符号，换上一套新的文化符号。但是要想把这些因祖代相传、自幼习得而变得根深蒂固、天经地义、已经成为人们的生活法则的文化符号从人们的思想意识中革除，或者改变其中一部分的价值，在保守的人们看来，那简直无异于挖祖坟一样大逆不道。于是新旧势力之间的斗争，常常集中表现为攻击和捍卫某些文化符号的斗争。由此可见，语言本身具有一种建构和保有文化传统的作用，我们把这种作用称之为"语言作为文化符号的建构功能"。这种功能是语言和文化最根本的关系，也是文化语言学最主要的研究对象。

二、语言及其使用中的文化内涵

关于语言和文化的关系，有一种说法是"语言是文化的载体"。这种说法虽然不够确切，但是把语言想象成可以承载文化的容器，有可取之处。事实上，除了美术、音乐等纯粹诉诸视听的艺术文化以外，占人类文化最重要部分的精神文化和思想文化都是用语言及其记录形式（文字）来表述的。从这个角度看，语言对文化岂止是载体关系，简直就是"你中有我我中有你"的"同体"关系。所谓"文化内涵"就是指包含在各语言单位（含文字单位）及其使用中的思维方式、价值取向、思想观念、文化知识、风俗习惯等。总之，语言单位及其结构从发生、形成、变化、发展乃至隐退或消亡的可以从文化方面予以说明的"所以然"，就是语言的"文化内涵"。固然，语言单位及其构造中的这种文化"所以然"未必所在皆有、俯拾即是。然而能否从语言现象中发掘出有价值的"文化内涵"，关键则在于研究者有无相应的"文化法眼"。持形式主义语言观的研究者，固然无视且不屑于发掘语言中的"文化内涵"，即便是持文化语言学语言观的研究者，想要发现并把这种"文化内涵"揭示得恰到好处，也并非易事。比如汉语中自古就有很多以"五"标首的复合词，有些沿用至今，如"五色""五音""五声""五香""五味""五情""五藏（zàng）""五内""五谷""五畜""五彩""五常""五劳""五服""五伦"等，而还有很多早已隐退不用。这些词语很容易使人联想到中国上古时代几乎作为一种思维和认知方式的"五行文化"。可是"五行"思想发端于春秋，流行于战国，定尊于秦汉，一度成为融自然哲学和社会哲学为一体的"道统"，固然有帝王时代思想家维护皇权的动因，然而如果排除了它在漫长的发展历史中被掺入的政治因素，那么这种真正具有中国特色的"五行文化"的源头其实是殷商时代既朴素又神圣的"东南西北中"的"五方"观念，以及西周时代盛行的万物生于"土金木水火"的"五材"观念[①]。一种看似简单的以"五×"为结构模式的词语的文化内涵，需要溯源至上古经典，甚至殷商甲骨[②]。再如，"元宵"是传统节日名称，即农历正月十五夜晚，但"元宵"又是食品名称，指一种带馅儿的糯米汤圆。为什么这种糯米汤圆叫"元宵"呢？原来汉族风俗元宵节吃这种特别的食品。这种食品名称的来由就是它的文化内涵。至于人们平时张口即来的"生老病死""半斤八两""心心相印""单枪匹马""无风起浪"这样平易明白的成语，如果不是有人研究过，一般人怎么也想不到它们出自佛教经典，曾经与深奥的佛教教义相关[③]。极而言之，连骂人话也有"文化内涵"。假如甲乙对骂，甲说："你小子真不是东西！"乙怼回去说："你小子是东西！"为什么"不是东西"和"是东西"字面上似乎意思相反的词组都是骂人话呢？这只有用中国传统文化思想才能解释清楚：原来在中国古人的世界观中，"天""地""人"一分为三，称为"三才"，人为天地之心、万物之灵，最为高贵，人以外都可称"物"（东西），唯独人不是"物"

---

① 参见庞朴《阴阳五行探源》，收载于《稂莠集——中国文化与哲学论集》，上海人民出版社1988年；戴昭铭《数词"五"的文化符号功能》，收载于余志鸿主编《现代语言学——全方位的探索》（论文集），延边大学出版社1990年。

② 以"五×"为结构模式的词语甚多，只有一部分与五行文化相关，需要考辨。

③ 参见朱瑞玫编著《成语与佛教》，北京经济学院出版社1989年出版。

（东西）。甲指斥对方"不是东西"，意谓连个"物"都不够格，更不是人；乙回敬对方"是东西"，意谓你不过仅是个"物"（东西）而已，也不是人。汉语历史悠久，骂人话的文化根源竟然可以追溯到《易经》里去[1]，还真不是牵强附会。

三、语言中的民族文化精神和民族文化心理

在构成民族文化的诸多要素中，最能体现民族特性和民族本色的就是民族语言。起源于某一民族的神话、宗教和艺术，可以随着文化的交流传播而跨越民族的界限；政治、法律和文学也可以通过借鉴利用而带上跨民族的色彩；至于科学技术的全人类通用性则更是显而易见的事实。唯独语言，由于始终植根于与之同生共长的民族大众之中，就同该民族产生了血肉相依的关系。严格意义的民族概念的界定往往不能没有语言的因素。正因为语言与民族的这种密切关联，民族文化精神的一切因子无不像血液一样渗透到民族语言的每一个方面，我们也就可以通过对民族语言的分析来认识民族文化精神的特征。

和侧重于思想内容的"文化内涵"不同的是，"民族文化精神"指一个民族特有的共同性的思维倾向、道德观念、价值追求和审美情趣，是使一个民族明显地有别于他民族的特性。民族文化精神经一代又一代的不断传承，会积淀为共同的民族文化心理。"人同此心，心同此理"即此之谓。然则中国幅员广大，历史悠久，民族并非单一，改朝换代频繁，文化接触多样，近现代又经过长久的"西

---

① "三才"一词源出《易·说卦》"是以立天之道，曰阴与阳；立地之道，曰柔与刚；立人之道，曰仁与义；兼三才而两之，故《易》六画而成卦。"

学东渐"和广泛的社会革命，自古到今一脉相承的民族文化精神是否还依然存在呢？我们认为，文化精神不像飘浮在半空中的云霓，而是扎根于大地的草木。自夏商周发轫的华夏文明，至今已表现为植根在中华民族中的文化精神。这种精神与语言及其使用互为表里，密不可分。略举数端如：

1. "大一统"

"一统江山""分久必合"，不仅是统治者的梦想，也是草根民众的愿望。"天下之动贞夫一者也。"（《易·系辞传》）"天子必执一，……一则治，两则乱。"（《吕氏春秋·执一》）"在西汉形成了大一统思维方式后，它已经成了中华民族的精神，……使全国人的思想有一种趋同性，趋同于儒家思想……使中华民族无论历经千灾万难，都不至于瓦解……能以统一的大国屹立于世界民族之林。"[①]大一统思维在当代的表现，就是"一个中国"。（至于大一统的弊端，如中央集权过度，专制主义根深，民主意识委顿，那是政治问题，与文化精神是两回事。）

2. 从"尊王攘夷"到"官本位"和"多元包容"

周王是天下诸侯的共主，春秋时齐桓公提倡的"尊王攘夷"有加强华夏民族凝聚力护卫华夏文明的作用。然而自从秦汉开启了中央集权的皇朝体制后，"尊王"变成了皇帝一人的专权和自上而下层层压制的"官本位"体制，全社会形成了以官职高低、权位尊卑来衡量人生价值的社会心理和敬官、畏官的社会风气，平等观念和人格尊严难以建立。演变至今，在公共交际场合，革命年代标志平等

---

① 周桂钿《大一统思维方式的由来、发展与作用》，收载于张岱年、成中英等著《中国思维偏向》，中国社会科学出版社1991年第1版，第50—61页。

的称谓"同志"已被排挤出位，取而代之的是公开任命的各种官职称谓①。还有20世纪初从俄语词Руководить意译而成的汉语动词"领导"，在现今的大陆汉语中已经成为一个"泛尊称"的名词。②

"夷夏之辨"在中国历史上一直是兼有政治、种族、文化正当性的重要问题。"普天之下莫非王土，率土之滨莫非王臣"，所名状的不仅是3000多年前代表东方文明的大国周王朝的荣耀，也是其治下千百万华夏臣民的豪情。"华""夏"本为中土之称，借指为居于中土的民族及其文化。对于居于中土之外非华夏的"蛮""夷""戎""狄"，上古时"政治正确"的做法是须在其名称的字形命意上表现出如对禽兽异类般的蔑视，甚至还在经典语言中做出相关内涵的描述③。当蛮夷和华夏界限混淆时，正确的做法是"用夏变夷"而不得"变于夷"（《孟子·滕文公上》）。汉代兴起，"夷夏"变成了"胡汉"，"北狄"变成了"胡虏"。夷夏之争的关键在于谁据有中土（中国），夷夏之辨的焦点更在于谁有资格承续华夏文化的道统（孔教）。于是在中土的朝代兴替中夷夏也在转化。"孔子之作《春秋》也，诸侯用夷礼则夷之，夷而进于中国则中国之。"（韩愈《原道》）然而中国大历史的逻辑是，从上古的蛮夷猾夏，中古的五胡乱华，到晚近的满清入关，多少妄图使中土华夏"变于夷"的

---

① 在使用官职称谓时还有些"潜规则"，如对副职须隐去"副"字、股级和科级相对卑下，不如不称等，比较微妙。

② 关于"领导""南巡"的语义变化与社会文化关系的分析，详见拙文（2014）。

③ 如《说文解字·羊部》："羌，西戎羊种也，从羊儿，羊亦声。南方蛮闽，从虫；北方狄，从犬；东方貉，从豸；西方羌，从羊。"《礼记·王制》："东方曰夷，披发文身，有不火食者矣。南方曰蛮，雕题交趾，有不火食者矣。西方曰戎，被发衣皮，有不粒食者矣。北方曰狄，衣羽毛穴居，有不粒食者矣。"

外族及其文化，最终都难免"变于夏"或被"汉化"。在这一变化过程中，华夏民族像滚雪球一样，由黄河中游的几百万人变成东亚大陆960万平方公里上以汉族为主体的56个民族组成的14亿人的中华民族，中华文化成为世界上最具有包容精神的多元一体文化，而汉语也成了世界上使用人口最多的语言。

3. 家族本位，血缘宗亲至上

重视家族和血亲是人类的生物共性的表现。但是中国传统文化对家族和血亲的推重曾达到宗教般的终极关怀的高度。孙中山说"中国人最崇拜的是家族主义和宗族主义"①。这种"家族主义"的核心观念即孔子创立的"家族伦理"。关于人生的意义，它不主张个体灵魂的转世或升天的永恒，且回避关于人死后的去向问题："未知生，焉知死？"（《论语·先进》）但通过强调血亲家族的永在的价值，树立了独特的"永生"思想：由于可以知见的是家族是绵延生命的现实机构，所以人如能在死前留下自己亲生的后代，就完成了以自己生命延续祖宗生命的使命。杨懋春（2006）认为这样的"家族主义"有"生物性""社会性""文化性""道义性"等四重意义。这些意义贯串在许多记述日常生活的故事中，其中有些故事凝聚为表现相关观念的词语。为什么要说"婚姻大事"？因为事关"传宗接代"。为什么说"不孝有三，无后为大"？因为"不娶无子，绝先祖祀"②。"绝户"是家族最大的不幸，"断子绝孙"是对他人最恶毒的诅咒。而"多子多福""儿孙满堂""子孙绕膝""瓜瓞绵绵""阖家欢聚""五代同堂"这些成语描述的都是家族"人丁兴旺"的祥和

---

① 见孙中山《三民主义》，东方出版社2014年第1版，第3页。
② 见杨伯峻《孟子译注》（上）引赵崎注，中华书局1960年第1版，第182页。

理想。为什么上述有些词语有"子"无"女"呢？因为在父系社会中，宗族姓氏由男子继承，只有男子的姓名才能进入宗族延续的标志"宗谱"，"重男轻女"原来是具有宗法合理性的。家族是社会的单元，社会是家族的联结，人生须既有益于又获报于家族与社会，于是"成家"还必须"立业"。"有家有业""三十而立"较为合理，"谨守祖宗家业"，不当"败家子"是最低目标。而要使"祖坟冒青烟"，还须有更高的社会建树。在传统社会体制中，"士农工商"四者"士"居首位，于是"万般皆下品，惟有读书高"成为社会风气，最高目标是"朝为田舍郎，暮登天子堂"，"金榜题名"后，再"建功立德"，达到"显亲扬名""光宗耀祖"的境界。至此，"子孙在纪念家族中死了的先人时，其所怀念者不仅是他们以往生物性的存在而已，更重要者是他们在世时的慈爱心肠、善良行为、丰功伟业、美名令誉等。"[①]孙中山当年发动革命，曾痛感极端的家族主义致使中国人"一片散沙"，所以竭力要唤醒中国人的民族觉悟，"要提倡民族主义，用民族精神来救国"[②]。百年过去，中国的民族主义已经胜利，但家族宗亲观念依然根深蒂固。

民族文化精神内容广泛，上述3个方面只是举例。比如孙中山在《三民主义》民族主义第六讲中专门讲述并倡导的"忠孝、仁爱、信义、和平"，他认为就既是"中国的固有道德"，又是当时迫切需要"恢复"的"民族的精神"[③]。不过这方面的内容在本书归属"文化

---

① 见杨懋春《中国的家族主义与国民性格》，收载于李亦园、杨国枢主编《中国人的性格》，江苏教育出版社2006年，第115页。

② 见孙中山《三民主义》民族主义第一讲，东方出版社2014年第1版，第2—15页。

③ 孙中山《三民主义》民族主义第六讲，东方出版社2014年第1版，第62—75页。

符号"范畴，为免重复，此处姑略。

四、语言和文化的"共变"关系

以上是就语言和文化的继承性和保守性一面而言的。另一方面，语言和文化又有可变性的一面。社会的发展变化，归根到底是社会文化的发展变化，语言既然是文化的主要表现手段，文化的发展变化就不可能不在语言中有所表现。比如同样对"天""地"这两个词语，我们今人的科学理解同古人的朴素理解就大不一样。这是文化进步导致词语理解的深化现象。又如上述的上古时代曾兴盛数百年的以"五×"为词语模式，后世随着五行文化的逐渐式微，已基本失去造词功能，而现当代以此模式造出的少量新词，如"五爱""五洲""五星""五粮液"等，其构造理据已未必与五行思想相关。鸦片战争以后，西方文化和器物大量进入中国，原来汉语复合词中以"胡×""番×"等指称外来事物的构词模式迅速被换成了造词功能更强的"洋×"，于是形成了一个很大的词群[①]：

洋人　洋货　洋行　洋油　洋灯　洋火　洋布　洋服　洋装
洋房

洋狗　洋马　洋车　洋皂　洋烟　洋酒　洋面　洋枪　洋炮
洋铳

洋蜡　洋灰　洋菊　洋芹　洋葱　洋纸　洋纱　洋绉　洋井
洋琴　洋伞　洋银　洋金　洋钱　洋画　洋药

---

① 以下这些词见收于商务印书馆由1947年版《国语辞典》删节而成的《漢語詞典》，1957年3月第1版。其中字体原为简化前的"繁体"。

　　洋红　　洋靛　　洋文　　洋务　　洋式　　洋情　　洋胰子　　洋袜子
洋版儿书　　洋娃娃

　　这类词语在一定程度上彰显着所指事物当时的新奇时尚，同时也映照出相关本地事物的土气落后。新中国成立后，这类词语有些被视为"殖民地遗迹"而逐渐退隐或被替换，在日常交际中已经很难听见，只有"洋葱""洋娃娃"等少量词语还在使用。

　　以上事例是说文化的变化影响到了语言的变化。那么有没有反向的事例，说明语言的变化足以影响文化的变化呢？中国诗歌在中古的齐梁时代产生"永明体"（新体诗）并发展成后来的格律诗词，可谓典型的事例。汉语上古诗歌但求押韵而不讲格律，至于韵律的调谐主要靠"被之管弦"时作者的感觉。这一方面是由于上古汉语的声调与中古的不同，另一方面是声调用于格律的规则尚未掌握。但"由上古到中古，声调的变化是相当大的。一方面是声调性质本身的变化，由音高和音长并重变为以音高为主；另一方面是调类的变化，长入一类的声调消失了，转为去声，和那些来自平上两声的字合流了。"①中古的平上去入四声在语言中是自然形成的，而发现它们并把它们利用来构造诗歌格律，则是当时周颙、沈约、王融、谢朓等文人的自觉行为。语音的变化在先，是充分条件，人为地规定出一套五言诗创作的"声律论"在后，构成必要条件。齐梁时代五言新体诗成果繁荣，作为传统被继承发扬，又促成了唐宋时代格律诗词的先后繁荣。

　　另外，从文化接触方面看，民族文化交流的先导也是语言，没

---

　　①　王力《汉语史稿》上册，中华书局1980年6月新1版，第104页。

有语言和语言之间的翻译就无法进行文化交流。语言的翻译实际上是语言符号形式的转换和意义的借入。在这种转换和借入过程中也为译语一方带来了外族文化。各民族语言在同其他民族的文化交流中不仅吸收了大量的外来词，也吸收了不少外语的语法成分和语法手段，有时文化的接触还会导致语言面貌的变化。某些受外来文化影响较深的民族甚至连文字的书写形式也一并借入（如历史上的日本、朝鲜、越南）。总之，语言的变化与文化的变化关系极为密切，其间存在着一种"共变"关系。这种关系也是文化语言学的研究对象之一。

综上所述，文化语言学所要研究的是语言和文化的关系。文化可以分为历史文化和现时文化。历史文化是人们往昔的文化活动的陈迹，现时文化是人们今日所从事文化活动的状态。然而由于文化是属于意识形态范畴的东西，而人们的文化活动又是一个代代相传，连续不断的过程，历史文化和现时文化之间不可能存在判然分明的鸿沟。历史文化是现时文化的渊源，现时文化又是全部历史文化在今日的投影。任何民族的文化的发展都不仅不可能摆脱历史文化的影响，而且还必定要以对历史文化遗产的回顾、评判和继承为根据和前提。在古今各个文化阶段中连绵不断、一脉相承的成分，就构成了这一民族的文化传统。语言是一种精神产品，是人类心智活动的成果，它也和文化的其他形式一样，既有历史的连续性和继承性，又有变化发展的一面，这种变化发展的结果形成了古今语言间的明显差异。文化语言学不仅要探讨现代语言和现时文化的关系，还要探讨古代语言和历史文化的关系，不仅要研究现代语言和历史文化的关系，也要研究语言的变化同文化的变化的关系。然而文化语言学对于已成为历史陈迹的古代文化的某些方面的发掘，既不是要

"发思古之幽情"，也不是为了猎奇览胜，而是出于建设独具特色的文化语言学的需要。

第二节　文化语言学的任务

一、通过解析汉语中的文化符号重建文化自信

历史进入20世纪80年代以后，无论是客观形势还是人们的主观认识都发生了重大的变化。以信息技术革命为标志的现代科技的飞速发展，使人们普遍地感到地球在变小，时间和空间在缩短。随着东西方冷战的结束，世界的有识之士一度曾经认识到过去那种把自己的意志强加于人的做法的错误，认识到重要的问题在于彼此间的尊重和谅解。一个建设多元一体化的多边合作与多边竞争的人类社会的新时代似乎正在到来。在科学研究领域，过去那种分门别类孤军深入式的研究已经随着不同学科间的交叉渗透出现了综合研究的新趋势，一门综合研究人文科学和自然科学、综合研究人类生存环境、生活状态和思维行为方式的科学"文化科学"成了热门科学。文化科学是研究人本身的科学，是研究人何以成为人的科学，研究不同生存环境和生活状态中的人的思维方式、行为方式的科学。随着文化科学研究的深入，人们甚至发现，人类社会以往以及至今的各种问题，包括政治问题和经济问题，都可以归结为文化问题，而未来世界新社会的建设，归根结底仍是新文化的建设。

然而，未来世界新文化的建设方案究竟应该怎样为宜？人们的理性和感情、理念和行为似乎不仅自相矛盾，而且实际上已经混乱

不堪。一方面，联合国一直在孜孜不倦地从事着世界语言和文化多样性的促进和保护工作，而另一方面，25年前美国著名学者萨缪尔·亨廷顿在其名著《文明的冲突》中的大部分预言正在演变为现实[①]，而一些极端的民族主义者甚至仍在以"灭此朝食"的态度和行为对待异类文化。当世界尚然处于"文化丛林"状态而各国人民都以文化来界定自己之时，我们中国人何以自处？100多年前"新文化运动"中"打倒孔家店"的文化激进主义和历史虚无主义固然已为有识之士指出其过犹不及，而仅因亨廷顿说过"独自发源，没有父辈的""苏美尔–阿卡德文明、埃及文明、爱琴文明、印度河文明"等"四个文明都在数千年前就已经湮没在历史的长河中，只有中华文明至今鲜活"，就盲目自尊起来，也有些浅薄。关键在于我们应该树立怎样的文化自信，才足以解释这样一种现象：为什么中华文明数次经受北方游牧民族甚至狩猎民族的入侵，不仅没有湮灭，反而浴火重生，继而同化了入侵者，变得更加壮大？有一种解释是：入侵者最终都放弃了自己的语言，使用了汉语。然而语言的替换只是现象，问题在于为什么要放弃和替换？"语言的背后是有东西的，而且语言不能离开文化而存在。"萨丕尔《语言论》中的这句名言可以作为答案。放弃语言就是放弃了自己的文化，认同了对方的文化。那么汉语和汉文化里究竟有些什么东西，一方面能够在数千年的传承中历久弥新，同时又能使敌对的入侵者甘心认同？笼统地说，是汉语典籍中所表述的文化思想；精确地说，是凝聚着汉文化思想的文化符号。在读书人占极少数的古代社会，一个

---

① 参见那狼容若《20年后重温亨廷顿关于文明冲突的预言》，http://m.kdnet.net/share-13228767.html?sform=club/。关于亨廷顿的预言详情可见新华出版社2013年出版的中译本《文明的冲突》。

普通百姓或许并未读过"四书五经"，但他绝对懂得并且崇奉包含在"四书五经"中并主导着整个汉人社会的"核心价值观"：仁、义、礼、智、信、孝、悌、敬、忠、勇、善、慈等。正是这些极难准确译成外语的文化符号形成的文化基因代代相传并铸就了中华民族极具魅力的性格和民风，使那些仗着铁蹄和弓箭进入中国的野蛮人积久而难免自惭形秽，以至于是主动乐意地实行汉化还是形格势禁时被迫汉化不过是早晚的事。正如马克思所说："野蛮的征服者总是被那些他们所征服的民族的较高文明所征服。"看来这是一条历史规律。然而可悲的是，代表"较高文明"的儒家思想连同其代表人物孔子作为中国近代落后挨打的替罪羊被批判贬低了100多年之后，自上古以来一直以华夏文明为傲的中国人的文化自信也被一并批掉了。在一直把孔夫子与耶稣、释迦牟尼、穆罕默德相提并论的西方思想界，对孔夫子及其所代表的思想文化在中国被如此对待感到很难理解。当前中国正在重拾文化自信，首先应该拨乱反正，把中华传统文化的核心优秀成分予以重新阐释。比如，"忠"作为一个文化符号，在中国传统优秀道德文化体系建构中作用巨大，以致2015年在男孩起名用字频次中仍在前18字位上①。但由于历史的原因，人们对于"忠德"总难免有"忠君"的片面理解，影响了对其现实价值的评判。郭立珍（2011）通过对相传为东汉马融所作的《忠经》重新剖析，不仅纠正了以往的片面理解，而且对其构成的忠诚文化体系进行了现代阐释，最后提出了从中国传统道德文化中吸取营养，建立和完善现代忠诚文化体系的必要。像郭文这样对汉

---

① 见《猎名网》文章《使用率最高的名字常用字》，http://m.liemingwang.com/xinwen/1336.html。

语中的文化符号进行发掘、整理和解析后，我们将会发现原来我们的文化传统中还有这么多好东西，我们若能发扬光大并加以现代化的重构，就可以实现伟大的文化复兴。

不过话说回来，任何事物都有两重性。中华传统文化也是精华与糟粕并存，我们也不能认为语言中的文化符号都只有正面价值。恰当的做法是，用历史主义的原则，综合现代多门科学的理论和方法，对各个文化符号的源流和功能做深入考察剖析之后，是其所当是，而非其所当非。比如通过研究我们发现，"一""二（两）""三""五""九"等文化符号，在"天人合一"的数理观念的作用下，借助于汉民族某些文化代表人独特的阐释活动，建构出了独具一格的汉族文化，然而这种文化中的某些消极成分，尤其是一种非科学的穿凿附会的思维方式，至今仍根深蒂固地积淀在我们民族的心理结构和思想观念之中，同中国的现代化建设格格不入。据此推出的结论是：清除传统文化的消极影响，摒弃穿凿附会的思维方式，培养科学的思维方式，是中国现代化的必要条件。[①]只有这样，我们重建的文化自信才具有坚实的认知基础。

二、重建汉语言文字学与中国文化的血肉关联

中国传统语言文字学，历史上称为"小学"。作为一门学科的名称，由儿童发蒙机构"小学"之名借喻而成，其理据透露出这一学科与中国传统文化深厚而密切的关联。上古时代贵族儿童入小学，学的是"礼、乐、射、御、书、数"等"六艺"。其中"礼"为进退

---

① 参看拙文《"数"在中国传统文化中的符号功能》，《学习与探索》1989年第1期。

揖让之礼仪，非后世深奥难明的《礼经》；"书"亦非后人谓为佶屈聱牙的《尚书》，而是汉字构造之"六书"①。"六书"为识字之初阶，更是进学通经致仕之门径。故《汉书·艺文志》首开将"小学"类书籍置于"六艺"之内，地位同于经书。"小学"与中国传统文化的血肉关联在于：首先，在对语言文字的属性上，不持工具观或符号系统观，而持"文道一统观"，认为语言是人性的一部分，"心生而言立，言立而文明"（刘勰《文心雕龙·原道》），文字是"经艺之本，王政之始……本立而道生"（许慎《说文解字叙》）。其次，"小学"的研究材料，或取自文化典籍（如《尔雅》《说文解字》），或采自现实生活（如扬雄《方言》），从不向壁虚构，杜撰编造。其三，"小学"的功用，与中国古人的文化生活契合密切，毫无隔阂或脱节。从最初的"三苍"一类童蒙识字课本，到后来的以《尔雅》为代表的训诂学著作，和以《说文解字》为代表的文字学著作，都是滋养一代又一代莘莘学子成长为士大夫阶级的精神食粮，没有哪个读书人敢于掉以轻心。即便是今人看似"不食人间烟火"的"绝学"音韵学，据当代日本学者平田昌司研究后认为，其产生和发展既是中国古代的文化制度科举考试推动的结果，同时也满足了万千学子的文化需求②。可以说，"小学"是中国传统文人的童子功、基本功，中国传统文人从灵魂到血肉都充盈着"小学"的涵养。这种情况一

---

① 许慎《说文解字叙》："周礼八岁入小学，保氏教国子，先以六书。"见段玉裁《说文解字注》，上海古籍出版社1981年影印版，第755页。

② 〔日〕平田昌司著《文化制度和汉语史》，北京大学出版社2016年出版。作者尽管并未参与中国文化语言学的讨论，但此著却完全符合文化语言学关系论派的研究模式，其中主要讨论唐宋以降科举制度与中古以后汉语标准音的确定以及韵书编纂之间的关系。

直持续到周作人一代[①]。

清末兴西学、废科举、办学堂，作为传统文人基础知识和基本能力传授的"小学"，其内容逐渐被西来的"声光化电"知识所排挤，在基础教育阶段改为以培养读写能力为目的的、仅有工具性质的、与各门功课并列的"国文"（后称"国语"或"语文"），在学科体系中则成为与各门西学并列的"中学"门类之一，名称也改为"语言文字学"[②]。然而遗憾的是，名称现代化后的中国语言文字学，却宿命般地带上了西方性，与中国文化的本土性玩起了貌合神离的游戏。其结果是时至今日，汉语言文字学却成了众多人文学科中最不被看重、地位尴尬甚至学科属性都不甚明确的学科。改变这种状况的重要途径之一就在于，使学科研究回归与中国文化血肉关联的传统，把所研究的内容与中国文化的各个部门的内容相结合，从自身角度提供对方所需要的独特成果。

为达到这一目标，文化语言学可以把"语言和文化的关系"这个总题目划分为若干个小题目，比如：语言和思维，语言和认知，语言和哲学，语言和政治，语言和神话及宗教，语言和文学艺术，语言和民俗，姓名、地名和文化史，语言和文化接触，语言与亚文化社会，语言和性别文化，事物名称和文化心理及文化史，婉辞、讳饰、敬语、客套、谀辞等特殊交际用语同文化心理，等等，以便对语言同各个文化领域的关系逐一进行探讨。当然，也可以从其他

---

① 参见周作人《谈〈字学举隅〉》，钟叔河编订《周作人散文全集》第7卷，广西师范大学出版社2009年，第405页。

② 把"小学"改名为"语言文字学"的主张，始于章炳麟1906年发表于《国粹学报》的文章《论语言文字之学》。参见濮之珍《中国语言学史》上海古籍出版社1987年第1版，第476—477页。

角度划分出与上述不同的一组项目。不过上述这些项目大体上可以包括人们心目中"语言和文化的关系"这一概念的范围。

三、建立本体论意义上的汉语语法学体系

上述所言还都是同语言体系本身有关的外部问题。然而这并不意味着文化语言学无需致力于对语言体系本身即语言内部结构的研究。恰恰相反，中国的文化语言学的重要任务之一，正是要站在本体论的立场上，用民族文化的思维特征观照民族语言，概括出符合本民族语言特点的范畴体系，用以描述本民族语言的结构特征，从而全面揭示同民族文化特征相一致的民族语言的结构规律，建立起本体论上的汉语语言学新体系。而在汉语语言学的各部门中，语法学体系的重建问题显得尤为迫切。

提出重建语法学体系任务，是基于这样的背景认识：在清末民初"西学东渐"过程中，由于传统"小学"没有语法学，新建的汉语语法学由模仿拉丁语法（《马氏文通》）和英语语法（《新著国语文法》）起步；与语音、文字、词汇、语义、修辞等部门相比，现代汉语语法学和中国文化精神的脱离程度最为严重。百年过去，语法学已经是汉语言文字学各分支学科中的龙头老大，然而所累积而又几乎无解的问题也最多。其中最大的也是最根本的问题是"没大用处"。"没大用处"的主要表现有两个方面：在"教学语法"层次，作为培养读写能力为目标的语文课中，从中小学到大学，都轻视甚至淡化语法教学；在所谓"科学语法"层次，无论哪一派系，何种理论和方法，都没能对汉语语法规律做出成功的描写或解释，从而获得广泛共识。不过唯一有共识的一点是，以《马氏文通》为起点的近百年来建立在对西方语法的生硬模仿基础之上的汉语语法学基

本上不符合汉语语法特点。

　　与汉语语法研究从百年教训中得到的这一共识不谋而合的是，伯纳德·科姆里（Bernard Comrie）在广泛深入探讨了关于语言共性和语言类型问题研究的状况后的结论为："简单地搬用一种处理英语句法相当好的模式往往只是造成对那些其他语言句法性质的歪曲。"①汉语语法研究这种由模仿论向本体论的转移在客观上正好同西方句法理论研究方法论的转变遥相呼应："从本世纪80年代起，无论从形式语法、语言类型还是功能语法的研究方面看都开始出现重大转折，不再依循以英语为中心的观点。人们已经认识到不同的语言在一些对一般语法理论很重要的方面都有差异，而且任何一种语言，如果不能鉴别它在这些方面跟其他人类语言的异同，就不可能对它的结构有完整的认识，不管它是英语、汉语还是其他什么语言。"②值得重视的是，在中国主流语法学界，最近似乎也已经开始了类似上述的反思。其中著名语法学家袁毓林对中国当代语法学"过度附魅"（按指过度附会西方形式语言学）的做法提出了足以振聋发聩的质疑："我们在茅屋里说话，为什么要为语言建造一座宫殿？"他认为，现代语言学竭力堆砌诸如空语类或轻动词、语壳结构或DP结构等假设概念和相应的理论，大肆为语言修筑宫殿，这种附魅行为主要归咎于它坚信并力求体现两个教条：意义的组合性原理和句法－语义同态原理。结果使"浑朴鲜活的语言在这种日益理性的语言学中几近终结"。在对形式语言学脱离实际、向壁虚构、玩弄概念的"操作性仿真"（simulation）行为做了无情的剖析后，作者宣告"似

---

　　① 〔美〕伯纳德·科姆里《语言共性与语言类型》（中译本），华夏出版社1989年，第284页。

　　② 同上书，中译本作者序。

乎闻到了这种理论行将死亡的气息",并预示"向死而生的门径可能正在悄然开启",他认为:"语法研究根本性的关注点,还是应该落在对语言结构的合理、适度的分析上。"①袁毓林的这些批评并非从文化语言学立场上发出,但对于现代汉语语法学的弊端与文化语言学所见略同。

然而,由于对汉语语法中复杂而深藏的文化内涵的认识和揭示并非易事,也由于现有语法研究者的知识背景和师承忠贞养成了一种理论惰性和思维定式,在学术研究规范上的此类弃旧图新,至今尚远未成为汉语语法学界多数学人的共识,甚至还不易得到强烈的响应和共鸣。中国文化语言学在这方面的研究尚处于筚路蓝缕,以启山林的阶段,远未成为普遍一致的学术风气。然而,中国文化语言学如果只把注意力投向语言外部的文化世界,如果仅仅满足于汉语和其他文化部门的关系的探讨,而不能很好地解决汉语本身内部结构规律的描述和揭示,最终恐怕仍然难以造成可观的成就。因此,尽管举步维艰,在本体论基础上建立符合文化语言学学术规范的汉语语法学新体系的问题却不能不解决。在这方面,申小龙一直在进行有个性特色的研究,推出了不少富有启迪性的见解,也发表了一些有意义的成果。尽管他提出的汉语语法理论尚有粗疏之弊,但其勇于探索的精神是应该得到肯定的。

四、探索基于汉语汉字特色的认知科学

时代进入21世纪,以破解人类心智奥秘的"认知科学"

---

① 袁毓林《为什么要给语言建造一座宫殿?——从符号系统的转喻本质看语言学的过度附魅》,发表于《语言战略研究》2019年第4期,第60—73页。

（Cognitive Science）成了世界科学标志性的新兴前沿学科。心智是脑和神经的功能，而脑与心智之间的桥梁就是认识。认知科学研究"人在认识过程中信息是如何加工和传递的"，它把传统的哲学、心理学、语言学、人类学、计算机科学和神经科学等6大学科整合在一起，在研究过程中产生了心智哲学、认知心理学、认知语言学、认知人类学、人工智能和认知神经科学等6个新学科。认知科学兴起后，人们对心智的研究已经不再像以往或者仅是哲学的思辨，或者仅是心理学、生理学等单一学科的实证研究，而是建立在脑科学发展基础上多学科的综合研究。认知科学的兴起标志着对以人类为中心的认知和智能活动的研究已进入到新的阶段，其发展将使人类实现自我了解和自我控制，把人的知识和智能提高到空前未有的高度。

　　认知语言学是构成并支撑认知科学的主要学科之一。尽管目前这一学科尚未形成完备而系统的理论和方法，但其目标是明确的，即研究语言与认知的关系。语言作为人类独具的极其复杂的符号系统，既是人类知识集聚和表达的手段，又是人类获取新知的门径。知识是人类对于包括人自身在内的大千世界的认知成果，通常表征为体现概念的语词及体现命题和推论的语句和语篇。但是从感知体验到语词、语句、语篇的发生和形成，这一过程中人类心智究竟是如何运作的，也就是说，人类这些成系统的语言知识在大脑中是怎样形成的，语言的认知机制究竟是怎样的，这些认知语言学的基本内容和终极目标，目前在学界获得共识的，还只是一些基本的假设和猜想。然而在这些假设和猜想所形成的理论原则指导下进行的探索性研究业已取得了显著的成果，这些成果足以表明认知语言学的巨大功用和光明前景。

　　由于认知语言学的创始人多为美国语言学家，所研究的目的语自然多为英语，国内以汉语为目的语的认知语言学研究在20世纪90年代起步，理论和方法多属引进性质，其成果多表现为用汉语的语言事实证明外国原创者们所提出的理论原则的正确有效性，"缺乏原创性，理论建树少"①。各种语言存在共性，在英语研究基础上提出的理论固然可以解释部分汉语事实，但作为中国的汉语研究者不应满足于此。汉语不同于西方语言的独特性已经使得以模仿西方语法为开端的汉语语法学建设得并不成功，刚刚兴起的汉语认知语言学应以此为鉴，以免蹈其覆辙。适宜的做法是：

1. 借鉴西方认知语言学的原理，在观察分析汉语本体和汉人认知的基础上创建完全基于汉语事实的"汉语认知语言学"；

2. 在探索"汉语认知语言学"过程中，切忌削汉语事实之足去适西方认知语言学理论之履，尤其不可弃置众多活生生的汉语现象于不顾而满足于小范围的"自圆其说"；

3. 打通古今汉语，兼顾并吸收传统"小学"和现代汉语言文字学的有用成分，综合借鉴"认知科学"所属的心智哲学、认知心理学、认知语言学、认知人类学、人工智能和认知神经科学等6个分支学科的能为我所用的成果，推出适用于描写和解释汉语现象的概念理论体系和方法论系统。

创建这样的汉语认知语言学，应该是中国文化语言学的奋斗目标。中国文化语言学的真正发展前景，应该是和汉语认知语言学合流。这一提法的基本前提在于这两个学科研究任务的重合性：文化语言学的研究对象是语言和文化的关系，而在文化这个"复合体"所包含的各项内容中，"知识"是首要的一项，那么这也就意味着在文化语言学的

---

① 见李福印《认知语言学概论》，北京大学出版社2008年第1版，第40页。

研究中，"语言和知识"关系的研究无疑是首要任务。知识是认知的结果。于是中国文化语言学和汉语认知语言学的研究任务就在这里重合了。如果中国文化语言学把"汉语和中国知识"的关系研究明白了，或者说，汉语认知语言学把"汉语和汉人认知"的问题研究明白了，那么才可以说中国人对世界语言学界有了真正的贡献。这是因为，认知发生于人类的感知体验，而感知体验是要受社会文化影响的，于是认知过程及作为其结果的知识语义系统必然具有民族文化特性。汉语的认知语言学恐怕只有中国人才能做得好，文化语言学应当责无旁贷地担负起这一责任，从而为世界性的认知科学的探索做出独特贡献。

　　然而遗憾的是，前此的文化语言学研究者多未认识到本学科从事认知研究的必要，而有些汉语认知语言学的研究者又并不认为自己是在从事文化语言学研究，因此从文化语言学角度进行的"汉语和中国知识"的关系研究实际上至今仍少人问津①。但令人欣慰的是，与认知语言学相邻的神经语言学界的中国学者谭力海及其研究团队已经获得了既有中国特色又有国际水平的成果。他们用脑成像技术对患有严重阅读和表达障碍的学龄儿童进行研究，发现人脑处理语言的中枢有一定的文化的差异：大脑处理中文的区域和处理英文的区域有共同的地方，也有不同的地方；某些区域对处理中文非常非常重要，而对处理英文却不重要。这是关于中文阅读障碍具有不同于英文的神经模式的首次揭示。据此谭力海在国际脑科学领域创立了大脑语言功能区"文化特异性理论"（Culture-specific Theory）。这

---

　　① 笔者尽管已经留意及此，但创获不多，且因载体略僻，少人关注。参阅拙文《认知策略和汉语词汇的系统性》，载于《新疆大学语言文化国际学术研讨会论文集》，新疆大学出版社，2002年；《文化隐喻和语义演变》，刊于《东方语言学》第十七辑，上海教育出版社，2017年。

一研究成果为脑损伤病人手术前的语言功能区的临床诊断提供了重要科学根据，给我国3000多万相关病儿的医治带来了希望，社会效益和经济效益显著①。这项成果尽管不在文化语言学领域之内，但既属于认知科学范畴，又足证中文（汉语）特异性研究之有效可取，故略述于此，以与文化语言学研究者共勉。

第三节　文化语言学的性质

一、文化语言学是语言学

文化语言学要就语言和文化的关系进行探讨，那么它到底是语言学呢，还是文化学呢？文化语言学要强调的是语言的文化属性，这是针对传统语言学工具属性论和结构语言学的形式系统观而言的，目的是要联系文化来研究语言，并非要像文化人类学那样把语言作为文化现象来研究。

文化语言学重视对语言作为文化符号的建构功能的研究。它着眼的是同文化思想和文化体制有关的语言符号，而不是该语言的整个系统。它必然要涉及文化问题的各个领域，但它是把这些文化领域作为语言活动的背景或场所来处理，并不是要具体描述这些领域的文化事象的实际情形。它也要探讨语言和文化之间的共现共存关系，但是其目的是从语言的单位、结构和意义等方面入手发掘其中的民族文化内涵。对于语言和文化的共变问题，它可以从文化变迁

---

① 详见谭力海《大脑语言功能区的文化特异性》，《教育家》2018年第28期，第72—73页。

方面去寻求语言变化的动因，也可以以语言的变化去印证文化变迁的踪迹。当它凭借某些语言材料去说明某方面的文化发展的脉络时，其目的仍是为了获得语言和文化关系的理解和认识。一句话，它的目的是研究语言而不是研究文化。因此，文化语言学应当是语言学而不是文化学。

有部分学者认为，学科应该分为研究某一事物的本体学科和研究事物之间关系的关系学科两类；文化语言学既不专门研究语言，也不专门研究文化，而是研究语言和文化的关系，因此它不是本体学科，而是关系学科，它既不属于语言学的一个分支，也不属于文化学的一个分支。他们把文化语言学的内涵，扩展为一般所谓的文化语言学加上语言文化学，从而认为其"文化语言学"的"文化"和"语言"是联合关系而非偏正关系，即"（文化＋语言）学"而非"文化/语言学"①。我们认为，这一提法不仅容易模糊文化语言学的学科性质，而且在理论上和实际研究中都会引起一些麻烦。首先，"本体学科"和"关系学科"的区分能否成立就很成问题。因为一方面作为现象固然可以区分为事物和关系，但是作为研究对象，事物的本质及其规律只有在关系中才得以呈现，才能被观察和认识到，如果仅仅注意事物而不考察关系，那么我们就连最起码的概念和定义也难以产生，更不必说深入的研究；另一方面，世界上没有能够脱离事物本体而存在的纯粹关系，所谓关系不过是事物之间普遍联系的形式，是具体事物的属性和功能在对方获得的印证和实现，因此科学研究也不可能单纯注意关系而不顾事物本身。诚然，由于事物

---

① 见邢福义主编、周光庆副主编《文化语言学》，湖北教育出版社1990年第1版，第4—5页。

之间的普遍联系就是事物本身的存在方式，科学研究有时可以侧重于对事物之间的联系方式即相互关系的考察，但是这种考察的目的仍是为了更深入地认识和了解事物本身。即便是以比较研究面目出现的学科也是如此。至于交叉性学科，不外是或者借鉴使用其他学科的方法（如物理化学、数理语言学），或者把研究范围扩大或变化到相关领域（如宗教心理学、天体物理学），以求得基础学科研究的新发展。文化语言学以语言和文化的关系为研究对象，并非意谓其属性就是"关系学科"，而是指它要从文化学的角度开展语言研究，是语言学拓展领域和变革方法而形成的新学科，仍应归属语言学。这一学科的研究者多系语言文字工作者，这一点也可以印证它的属性。

二、文化语言学是解释性语言学

科学分类的重要原则之一，是把科学分为描写性科学和解释性科学。描写性科学提供客观对象的具体情形，如要素的分类、特征、构成和关系等，回答"是什么"和"怎么样"的问题；解释性科学提供关于客体及其状况的各方面因果关系的解答，回答"为什么"的问题。由于切入的角度不同，对同一客体的研究可以得出描写性和解释性两种科学理论。如地理学之于地质学，体质人类学之于文化人类学，其区别就在于描写性和解释性。语言研究也是这样，结构主义语言学是描写性的，文化语言学、社会语言学则是解释性的。

文化语言学所要解释的，是语言和文化之间的因果关联。这种关联可能是单向的，也可能是双向的。所谓单向关联，有两种情形：一是某些文化现象有语言上的原因，比如中国古典格律诗词的形成同古代汉语的音韵特点（或者再加上汉字的特点）显然有密切关联；二是某些语言现象是某种文化现象的结果，比如汉语成语中凡有"七""八"两个数词同时出现的都表示"不美、不整齐、不好"等贬义（如"横七竖八、杂七杂八、夹七夹八、乱七八糟、乌七八糟、七上八下、七上八落、七长八短"等），这种现象大概是中国传统文化中以对称平衡为美、以不对称不平衡为不美的审美情趣的产物。所谓双向关联，指某些语言现象和文化现象往往互为因果。比如在中国历史上作为正宗书面语体"文言"的对立面而存在的口语体"白话"，一直是不登大雅之堂的，然而随着宋代民间"说话"（讲古）技艺的发展而兴起了一种新文学形式白话小说（"话本"）。白话小说发展到明清成为足以代表时代的主流文学体裁，产生了一系列影响广泛的经典名著。"白话文"广泛的民众基础和巨大的表述功能成了民国初年受西学影响的思想领袖发动"新文化运动"的诱因。在"文学革命"所向披靡的势头下，陈旧僵化的"文言文"和新鲜活泼的"白话文"互相易位。与此同时，"国语运动"兴起，"文学革命"的口号又变成了"国语的文学，文学的国语"[①]，这不仅意味着"白话文运动"和"国语运动"的合流，更标志着一种较为标准、雅洁、成熟的口语白话"国语"（后称"普通话"）的萌生。在这一系列过程中，语言和文化互为因果，难分彼此。可见语言和文化（文学）的关系常常是很复杂的。当出现复杂情况时往往需要做些综合全面的考察分析，从而尽量避免简单化的断言。

　　以上是就文化语言学面对语言与其外部的文化世界的关系进

---

　　① 胡适《建设的文学革命论》，发表于1918年4月15日《新青年》第4卷第4期，收载于《问题与主义——胡适精品集1》，光明日报出版社1998年出版。

行的研究而言。当文化语言学面对汉语本体进行研究时，当然免不了要对汉语的结构、形式和意义做具体的描写，比如申小龙在《中文句法建构的骈散二重性》一文中对汉语中一种被他归之于"句法范畴"的"四字格"的多种句法功能的阐释，就是建立在大量语句的用法描写的基础上的①。但是这种描写同结构主义的描写方法不同，尤其同作为方法论的描写主义的性质不同。它不讲求对语言结构规律做高度抽象化，形式化的描述，而是力求结合汉族人普遍丰富的语文感受、结合汉语句法中蕴藏的文化内涵、结合汉语句子在建构、调适过程中的语境、心理、音律等诸多因素，对汉语的组织机制做表达功能上的说明。这在本质上仍然是对语言规律的文化解释。

三、文化语言学是交叉性学科

把文化语言学看作交叉性学科，基于以下两个前提：一是语言和文化可以离析成两个相对独立的研究对象，二是对这两个对象的研究业已分别形成语言学和文化学这两个相对独立的学科。但是，语言和文化、语言学和文化学（包括各人文学科）的交叉研究本已存在，这也是事实。产生这种交叉研究的基础在于，一方面，语言是渗透、涵盖一切文化领域的现象，语言现象和文化现象的可离析性并不否认它们之间存在交叉点或契合机制，这个交叉点或契合机制，就是语言的文化功能。语言的文化功能的具体表现就是：几乎

<hr>

① 文见申小龙编选的《中文建构的文化视角》，商务印书馆2017年，第300—340页。据题注，该文曾分成《中文句法建构中的声象与意象——四字格功能研究》和《四字格与中文句子建构的二重模式》，分别发表在《北方论丛》2016年第2期和《新疆师范大学学报》2016年第3期。

所有各个文化领域都必须仰仗语言符号的建构作用。这就使得民族语言的各个方面都饱含着和浸透了民族文化的精神内容，也就使得几乎所有人文学科的研究都不能不注意语言问题。另一方面，语言本身又是社会文化的一部分，民族语言的历史和文化的历史密不可分，所以，传统的语言研究历来也往往或多或少地要对语言现象的社会文化背景进行考察、研究和描述。文化语言学与传统语言学、文化学以及一般人文学科不同的是它并不是仅仅注意到，而是完全专注于语言和文化的关系的研究。这就使它的研究领域和学科性质都具有了交叉性。

四、文化语言学是语言学的分支学科

语言学是一个总体学科的名称。由于语言具有多方面的本质和属性，也由于研究目的、范围和方法的不同，在这个总体学科之下已经形成了门类众多、性质各异的分支学科，文化语言学只是这些分支学科之一。它与其他各分支学科只能建立一种相比较而存在，以互补求完整的兄弟关系。它们有各自的功用和价值，彼此谁也不能取代谁。所以既不能认为只有文化语言学才是语言学，也不能希冀把文化语言学建成凌越所有语言学分支学科之上的理论语言学，更不能设想把文化语言学搞成横跨社会科学与自然科学的大泛系语言学科。不然的话，就会既抹杀了其他分支语言学的存在价值，也会模糊了文化语言学的研究对象和研究任务，使得文化语言学的内容庞杂不堪。在语言科学的百花园中，文化语言学可以而且应该以独有的清新鲜丽令游人感到前所未有的赏心悦目，却不应该企图也不可能压倒群芳，独霸春色。

讨论文化语言学的性质时，有必要谈谈文化语言学与邻近的几个学科的关系问题。

首先，是与社会语言学的关系。文化是一种社会现象，又是一种凝聚和划分社会的纽带力量。"社会"与"文化"两个概念关系密切，有时不易区分。20世纪80年代中期，西方社会语言学理论刚刚引进中国，文化语言学刚刚兴起，很多人还难以搞懂二者的区别，难免把语言与社会有关的问题也当作文化语言学问题来研究。多年过去，文化语言学和社会语言学的界限已经不难划分了。从研究对象看，文化语言学研究语言和文化的关系，社会语言学主要研究语言的社会变异。从研究方法看，文化语言学主要是对语言现象作功能或原因方面的解释，社会语言学主要是通过语言变项和社会变项之间关系的调查，描写语言和社会"共变"的关联情形。至少从理论上看，二者的界限是可以划清的。只是在某些方面，比如跨文化交际和语言接触两个领域，两个学科有交叉重合。不过这两个领域在两个学科中都处于边缘地带，并不妨碍两个学科整体的区分。

其次，是与人类语言学、民族语言学的关系。文化语言学学术思想的渊源之一是西方人类语言学（详见本书第四章第一节）。中国民族语言学（National Linguistics）性质接近于西方人类语言学。但文化语言学由汉语学界兴起，主要目标是汉语（及其方言）研究；人类语言学用人类学原则研究语言的本质和结构，注重语言的描写，还特别注重对无文字民族语言的研究；民族语言学除了注重语言调查外，还关注语言的民族认同和文化认同问题，以及民族语言教育、双语教育、语言的民族政策等问题。这是三者的不同点。西方并不使用"民族语言学"这个名称，而使用Anthropological Linguistics（人类语言学）或Linguistic Anthropology（语言人类学）。中国追随西方人类语言学并使用这一名称的学者，也多在民族语言学界。民族语言学界对文化语言学也颇有兴趣。2005年汉语学者和民族语言学者曾联合发起过一次"人类语言学国际学术研讨会"。会议开得尽管很成功，但是试图整合三者的初衷并未实现①。看来文化语言学、人类语言学和民族语言学各有畛域，不易整合，只要能够互相借鉴、互相促进就可以了。

①　参见《人类语言学在中国——中国首届人类语言学国际学术研讨会论文集》中戴昭铭的序文《人类语言学的当代意义》，黑龙江人民出版社2007年，第1—7页。

第三章　文化语言学的方法论

　　方法论是关于科学研究方法的理论。方法可分为通用方法和专用方法。通用方法是各门科学普遍适用的方法，专用方法是某一学科所使用的方法。因此关于方法的理论也可分为通用（或一般）和专用的两种。通常所谓的归纳法和演绎法对于一般的科学研究都是普遍适用的，属于通用（或一般）的科学方法。归纳和演绎属于认识层次的思维方法、逻辑方法，任何科学研究都是认识过程，都要遵循思维的逻辑规律，归纳和演绎都是支配思维过程的必然性规律，区别仅在于二者或隐或显，使人产生了只使用某一种方法的错觉。比如演绎方法的大前提，有时似乎可以由假设构成，不必由归纳得来，但是实际上假设前提的形成也包含了一定程度的归纳，如果连起码的经验事实也没有，假设的命题就容易成为伪命题，由这样的伪命题得来的认识就是伪知识。极端的归纳主义固然有缺陷，但不能因此否定归纳法本身的价值。归纳和演绎既然是科学研究中普遍适用的相辅相成的两种方法，它们当然也适用于文化语言学，但是正因为它们是通用的或一般的科学方法，所以不是文化语言学方法论要讨论的内容。文化语言学也没有必要把科学哲学中未能解决的归纳和演绎问题引入自己的讨论。文化语言学的方法论的内容，应该包括本学科的总体方法、方法论原则和具体研究方法这三个方面内容。下面分别予以讨论。

第一节　文化语言学的总体方法

语言研究方法论是建立在一定的语言观和对于本学科研究对象、研究任务以及学科性质的认识的基础之上的，而语言观则是这一基础的核心。关于文化语言学的语言观已如前述，据此可以把文化语言学的方法论基础归结为"语言的文化属性"。"语言的文化属性"这一概念包括以下几点含义：

1. 语言是一种文化现象，既是民族文化的重要表现形式，又是民族文化的主要建构手段和传承手段。

2. 语言是民族文化精神的表征，语言中充盈着民族的文化思维、文化观念和文化价值的创造，语言的历史是民族文化历史的见证，语言中蕴藏着民族文化的内涵。

3. 各民族的语言有各自的文化属性上的特点，语言结构系统和言语运用表现上的差异与民族文化的差异有一定程度的关联。

文化语言学的总体方法就是建立在"语言的文化属性"认识基础上的"语言的文化阐释法"。

"语言的文化属性"在概念上同申小龙所使用的"语言的人文性"似乎相近，其实不同。因为如前所述，语言既然是文化的组成部分和建构手段，那么它有文化属性就是理所当然的。而"语言的人文性"这一概念似乎不够明确，易致误解。另外这一概念涉及申小龙作为方法论提出来的"人文主义"。文化语言学兴起之初曾经发生关于汉语研究方法论"人文主义"和"科学主义"的激烈辩论。本人无意卷入其中。笔者认为，"语言的文化属性"是人们比较容易接受的、不易引起误解的概念。在这一概念基础上，文化语言学的总体方法应该是与"解释学"方法相近的"语言的文化阐释法"，简称"文化阐释法"。

解释学（Hermeneutics）又译释义学、诠释学，是西方哲学、宗教学、历史学、语言学、心理学、社会学以及文艺理论中有关意义、理解和解释等问题的哲学体系、方法论或技术性规则的统称。解释学认为，一切社会文化现象都是人类精神的创造物，它们构成一个个"有意义形式"，成为在种种符号中固定化了的生命表现，理解和解释这些现象，就是要把握符号创造者的精神世界，使隐藏在符号中的意义显现出来，使其中不清楚的东西变得清楚；语言不是人精心构造起来表达先已存在的思想的人工媒介，它是人类心灵过程的外在化形式，它的起源和发展的过程同人类精神的起源和发展过程不可分割，要理解和解释语言就必须深入到人的精神活动中去，通过"重新体验"而揭示语言形式背后的"内在的东西"即"意义"。解释学的这些思想同文化语言学的旨趣十分相似，可以作为文化语言学方法论的借鉴。二者不同之处在于：1.解释学作为一种哲学方法论，涉及的范围非常广泛，几乎遍及所有人文学科甚至整个世界，而文化语言学的研究范围则在于语言；2.解释学所要探究的"意义"几乎是无所不包，而文化语言学只限于揭示语言中蕴藏的文化内涵；3.解释学的目的是研究和解释各种人文现象，是一种广义的文化研究，而文化语言学的目的是研究语言，是把文化学引进语言学的语言研究。因此解释学的语言研究和关于语言问题的见解虽然可以给文化语言学的研究以借鉴和启迪，但是他们本身并不就是文化语言学。由于文化语言学同解释学的这些区别，我们把文化语言学的总体方法称为"语言的文化阐释法"。

第二节　文化语言学的方法论原则

在"语言的文化阐释法"这一总体方法的运用中，文化语言学研究中应遵守以下方法论原则：

一、通过描写进行解释

解释性的文化语言学并不一般地排斥对语言事实的描写。它反对的只是为描写的描写，主张的是为文化解释的描写。因为假如没有对语言结构状况的基本了解，没有对语言事实的准确描写，解释就没有基础、没有目标，会成为空中楼阁和无的放矢。其实，结构语言学和转换语言学也有解释性成分，不过它们是就语言来解释语言，而文化语言学是联系文化来解释语言。在文化语言学中，描写是手段，解释是目的。史有为的《异文化的使者——外来词》一书是把描写和解释相结合的一个成功的范例。书中各章均有对不同来源的外来词的文化背景的综述，在对每一条目进行解释时，先将其异体——列出，然后对该词项的文化内涵进行解释。兹引一条为例：

> 菩萨，是菩提萨埵的略称，意译为"大士"，梵语原词Bodhisattva，菩萨又作扶萨，扶薛，菩提索多，菩提索埵。"菩提"（Bodhi），义为道、觉，是佛教彻悟的途径和境界；"萨埵"（Sattva），意为有情、众生。二者都是佛教用语，连接合一后，义为大觉有情，以佛道成就众生，并成为实行大乘宗普度众生思想者的称号，佛祖释迦牟尼在未成道为佛时

也称菩萨。

　　菩萨中最著名的就是"观音菩萨"，也称"观音大士"。观音（菩萨），又称观世音（菩萨），译自梵语 Avalkitesvarabo-dhisattva，音译则为阿缚卢枳低湿伐罗。该词原应译为观自在，由于初期翻译的缺陷而误译为观世音或光世音。更有趣的是，观世音原来是男身，至少是性别不明的，但进入中国以后，慢慢就变了性别，到了宋末完全讹变成了观音娘娘。她柳眉弯弯，凤眼微眬，手持插有杨柳枝的净瓶，赤足立于南海的莲花之上，不但是大慈大悲、救苦救难，而且还真有点亭亭玉立的神态。这可能是中国佛教糅合人性和人情的一大创造。大概由于天上的菩萨们都是清一色男的，显得过于单调，因而中国人就创造一位女菩萨，让上天世界也来点多样化，这样也才像个世界。传说观音可化身，所以由女观音而又演变出个千手观音、送子观音。人们需要什么，他们就会在宗教中创造一个什么来膜拜。神和菩萨不过是人们的理想和希望在另一种水平上的折射和凝固。

二、宏观和微观兼顾

　　文化语言学是宏观语言学呢，还是微观语言学呢？有人认为文化语言学既然着眼于语言与文化的关系，那么它一定是属于宏观语言学，而不能涉及语言的微观层次的研究。其实这是一种误解。固然，从语言的整体系统的形成和演变方面去探讨它与文化背景、文化历史的关系，从语言的文化符号性探讨它在建构文化中的功能，这些都属于宏观性质的研究。但是文化语言学的含义不止这些。语言系统的宏观结构是由语音单位、词汇单位和语法单位这些微观层次的单位有机地结合在一起构成的。微观和宏观是辩证统一的关系，在研究中必须兼顾，不应偏废。宏观的描述和解释必须以微观层次的事实为依据，微观的研究既要以宏观的文化阐释为指归，又要考虑到它在整个宏观解释体系中的合理性。这样，文化语言学才既可以克服结构主义的汉语研究那种只见树木不见森林、微观描写头头是道而宏观体系上缺乏解释力的缺陷，又可以避免"小本钱做大买卖"，只根据不充分的语言事实就架空议论的理论化倾向。在这个问题上，周振鹤、游汝杰所著《方言与中国文化》处理得很好。从该书的整个体系来看，是一个宏观解释的体系，它把汉语方言放在整个中国文化大背景上加以研究，阐述方言区形成和方言特点形成的文化历史原因以及方言对某些文化部门中的建构功能，但是由于其解释性论断建立在微观层次的大量语言事实的基础之上，达到了微观研究和宏观研究、内部研究和外部研究的有机统一，整个体系显得严谨而厚实。

三、为语言的而不是为文化的研究

尽管语言也是文化，但是文化语言学是联系民族文化对语言的研究，其中主要是联系汉民族文化对汉语的研究，目的是为研究语言而不是研究文化，因此提"把文化学引进语言学"当然可以，但若提"把语言学引进别的人文学科"[1]则似乎欠妥。因为前一种提法还是以语言学为本位，后一种提法则是以其他学科为本位。"把文化

---

① 游汝杰《中国文化语言学刍义》，收载于《语言·社会·文化》语文出版社1991年。

学引进语言学"在中国语言学界还是新方法，而"把语言学引进别
的人文学科"的做法国内外文化人类学家早就实行了，不必中国语
言学家再来提倡。文化语言学应该是"为语言而就文化研究的语言
学"，而不应该是"为文化而就语言研究的文化学"。二者的界限有
时是不大容易划清的，但是如果不留意，文化语言学就可能变成语
言文化学。

四、求异的而不是求同的研究

　　求同的研究指对于各种语言的共性的研究，求异的研究指不同
语言的个性的研究。语言共性的研究当然有必要、有意义，但那是
理论语言学或语言类型学研究的任务，而不是汉语语言学或其他具
体语言学研究的任务，尤其不应是以阐释语言的文化内涵和文化功
能为目标的文化语言学的任务。如果这一说法言之有理，那么就可
以说，在文化语言学兴起之初，有人针对文化语言学强调语言尤其
是汉语的特性而指摘它不该放弃了共性研究，这种指摘其实是不着
边际的，因为这无异于指摘苹果为什么吃不出水果的普遍性味道来。
至于说共性研究能够指导个性调查，因而"加强共性研究更是当务
之急"[①]，这只不过是出于个人兴趣而对共性研究的强调，而不是对共
性研究和个性研究之关系的辩证解说。我们也可以反过来问：如果
不做个性研究，关于语言共性的概括的基础在哪里？在这方面再听
听对语言共性做了独到研究的伯纳德·科姆里的体会也许有益："一
般语言研究（按指共性研究）和具体语言描写之间最大的共同利益
将产生于这两个方面最大程度的结合——每一方离了对方都不能兴

---

　　① 陆丙甫《加强共性研究更是当务之急》，《汉字文化》1990年第1期。

盛。总之，换句话说，语言学研究语言，而语言是民众实际所讲的语言。"①文化语言学兴起于汉语学界，其目标自然专注于揭示汉语相对于其他语言的特异性。其实与之邻近的人类语言学或民族语言学也都是寻求语言个性的研究。

第三节 文化语言学的具体方法

具体方法是方法论基础和方法论原则的实践方式，它表现为研究者对于研究客体的把握方式、处理方式和导出结论的方式。如果说，方法论基础和方法论原则对研究者的作用是方向性指引，具体方法就是对研究者在研究实践中的操作法的提示。如果说，方法论基础和方法论原则是对一门学科理想形态的理论建构，往往带有相当程度的思辨色彩和先验色彩，那么，具体方法就是有所创获的研究者对于研究实践具体过程的经验概括，因而也就不可能带有先验性和思辨性。正因为具体方法的这一特性，所以前此一些文化语言学的主要著家关于研究方法的论述多为这一学科在披荆斩棘的开创过程中值得重视的经验之谈。由于不同学者的学科观念、研究兴趣、研究范围和研究过程不尽相同，他们所开列出的具体研究方法也不尽一致，这是自然而且正常的现象。比如陈建民提出的方法是：对比法、投影法、文化结构分析法、文化心理分析法②；邢福义、周光庆等提出的方法是：实地参与考察法、共层背景比较法、整合外因

---

① 〔美〕伯纳德·科姆里《语言共性和语言类型》（中译本），华夏出版社1989年，"前言"第4页。

② 陈建民《文化语言学说略》，《语文导报》1987年第6期。

分析法[①]；申小龙提出的方法有：文化镜像法、文化参照法、常态分析法、多元解析法、心理分析法；异文化范畴借鉴法、"从抽象上升到具体"的方法、传统阐释法[②]。然而当我们把申小龙对他提出的8种方法的具体论述同他提出的方法论原则相比照，却发现颇有可议之处。首先，申小龙在书中论述这8种方法之前专有一节文章论述他的方法论原则——作为描写主义和科学主义对立面的人文主义方法论，但是通观他在"多元解析法""异文化范畴借鉴法"和"'从抽象上升到具体'的方法"等项目下的具体内容，却总觉得这些内容似乎正是他一直批判的描写主义和科学主义的方法。尽管申小龙事先已声明他的人文主义方法论是一个"开放的体系""它的活力在于它不排斥其他的研究范式"，但是把同他的方法论原则如此明显对立的研究范式"开放"进来的结果，却一方面使得他的方法体系显出了逻辑上的矛盾性、内容上的拼凑性和杂糅性，另一方面又使得他一贯坚持的对所谓描写主义和科学主义的批判失去了意义和立足点。其次，他的第8种方法"传统阐释法"所讨论的是传统语文学的价值问题，尽管传统语文学对于文化语言学研究确有不少可继承借鉴的成分，但是对语文研究传统的研究毕竟不是对语言的研究，因此把"传统阐释法"列为文化语言学的具体研究方法也显得有点文不对题。总之，申小龙提出的方法论体系的这种内部矛盾严重地损害了他的那些具体方法的可把握性、可操作性和可传授性。

　　笔者以为，文化语言学的具体方法可有以下几种：

　　① 邢福义主编、周光庆副主编《文化语言学》，湖北教育出版社1990年，第17—25页。

　　② 申小龙《中国文化语言学》，吉林教育出版社1990年，第238—456页。

一、文化符号解析法

如前所述，语言中的文化符号对于民族文化的建构和传承具有至关重要的作用。这种作用其实大多不是作为文化符号的语词的本然的或原初的功能。语词作为语言结构体系的单位，其原初是语言符号而不是文化符号，其功能是表述概念而不是建构文化。尽管概念体系本身也是人类文化实践的认识成果，属于文化内涵的范畴，但是从散漫无涯的概念到整体系统的文化思想、文化体制和文化模式，还有一个文化建构的过程。在这个过程中，民族文化的思想家们为了得到理论建构所需要的术语，往往用日常的语言符号通过隐喻的方式来指称他们所认识到的一些范畴，于是就把日常的语言符号改造成了文化符号。这样的文化符号在文化的观念形态体系中有一种"内核"的功能，可以由此推衍、发生、建构成整个文化理论大厦。文化语言学要认识语言的文化符号的功能，就要解析这些文化符号，揭示它们的内涵，并且广泛搜集有关语言材料并加以分类整理，描写并解释在一定文化思想影响下产生的这些语言材料中包含的意义体系。比如"气"就是这样一个文化符号。作为日常词语，是云气、蒸气、烟气以及呼吸之气的总称。《说文解字》："气，云气也，象形。"段玉裁注："象云起之貌。"但是中国古代思想家认为一切有形的客观存在都生于无形，这种无形之物就是"气"，"气"是不可见的、无所不在的、无定状的、充盈于天地之间并构成宇宙万物的原始材料。《周易乾凿度》说："夫有形生于无形，则乾坤安从生？故曰：有太易、有太初、有太始、有太素也。太易者未见气也，太初者气之始也，太始者形之始也，太素者质之始也。"王充《论衡·自然》说："天地合气，万物自生。"《庄子·知北游》说："人之生，气之聚也，聚则为生，散则是死。"总之，在中国古代哲学中，"气"是表示物质存在的基本范畴，又是生命的本原。"气"由日常词语通过文化隐喻变成了哲学术语，成了文化符号，既是概念范畴，又是价值范畴。许多文化领域都以"气"为核心概念和价值尺度，于是在语言中形成了众多用"气"做语素构成的词语，其中有的本身又是某一文化领域的术语，有的则是一般词语。如：

在自然气象方面，"气"指与岁时有关的冷热阴晴等现象，"气"的变化形成气候。《左传·昭公元年》："天有六气……曰阴、阳、风、雨、晦、明也。"《素问·六节藏象论》："五日谓之候，三候谓之气，六气谓之时，四时谓之岁。"有关的合成词有：阳气、阴气、天气、地气、暑气、寒气、节气、气象、气候等。古代方术家则把云气和术数结合，创立了"望气"说，附会于对王朝兴替的观测，又构成了一系列专门用语，如：气数、气运、王气、天子气、吉气、凶气等。

在生理和医疗方面，中医用"气"指与"血"相对的、流动于人体内使各器官正常发挥机能的精微物质。《灵枢经·决气篇》："上焦开发，宣五谷味，熏肤充身泽毛，若雾露之溉，是谓气。""元气""伤气""气色""气血两亏"等词语中的"气"即指此。又指脏腑组织的活动能力。如五脏之气、六腑之气、经脉之气。"五气"即五脏之气，见《周礼·天官·疾医》郑玄注。有关的词语有：肝气、肾气、经气、胎气、气虚、气实。由于认为人体的"气"兼有性质和功能，那么通过"调气""运气"便可健身，于是形成了我国特有的一种健身术"气功"。正因为"气"对人体健康至关重要，所以就认为某些疾病是"气"的故障所致，于是就用"气"来指某些病象，如：湿气、疝气、痰气、脚气、气臌、气滞。

在文艺美学方面，由于中国古人持"天人合一"的世界观和"文道一统"的艺术观，认为文学家艺术家的才情禀赋得之于天，文艺作品的思想艺术是天道即自然之道的表现，于是就用"气"指作者的才情、气质以及由此形成的作品的风格。如曹丕《典论·论文》："文以气为主，气之清浊有体，不可力强而致。"钟嵘《诗品序》："气之动物，物之感人，故摇荡性情，形诸舞咏。"韩愈《答李翊书》："气，水也；言，浮物也。水大则物之浮者大小毕浮。气之与言犹是也。"由于赋予"气"以这样的内涵，在中国文艺美学中形成了以"气"为核心概念的理论体系，"文气""气韵""气势""气骨"都是古代文论和画论的重要术语。作品表现出动人魂魄的力量和风格称为"回肠荡气"。在更广泛意义上的日常审美活动中使用的评价尺度用语也常以"气"为中心语素构成，如：秀气、生气、洋气、土气、傻气、俗气、老气、稚气、书卷气。

"气"既然是生命的本原，而人的生命力的重要表现则是人的精神活动，于是中国古人又用"气"指人的精神。《孟子·公孙丑上》说："我善养吾浩然之气。"并说这种气"至大至刚，以直养而无害，则塞于天地之间。其为气也，配义与道；无是，馁也。"孟子所说的"气"，是指由志向、抱负、道义、修养等综合而成并持之以恒所达到的精神境界和心理状态，本身包含了积极正面的价值成分，即通常所谓"志气""正气"。没有或失去这种气就会"气馁"，形容气馁常说"垂头丧气""灰心丧气"。但是，"气"并非只有一种。董仲舒把天地之气同道德情感联系起来，赋予阴阳二气以不同的道德功能和情感功能，认为"阳气予而阴气夺，阳气仁而阴气戾，阳气宽而阴气急，阳气爱而阴气恶，阳气生而阴气杀"（《春秋繁露·王道通三》），并据此推及人的性情："人有喜怒哀乐，犹天之有春秋冬夏也……皆天然之气也"(《春秋繁露·天地之行》)。这种推断固然带有附会性，缺乏科学性，难以经得起究诘，但却成为后世人们以禀气不同来评判人的性情品格的理论依据。如王充认为："禀气有厚泊，故性有善恶也。""气有少多，故性有贤愚。"(《论衡·率性》)汉末魏初的任嘏则进一步按五行给"气"分类，认为"木气人勇，金气人刚，火气人强而躁，土气人智而宽，水气人急而贼"(《道论》,《全三国文》卷三十五)。基于"气"的这种观念，汉语中形成了表示人的精神、气质、心理、性情和态度的大量词语。如：

> a. 气概　气魄　气宇　气节　气量　气度　气性　气焰
>
> b. 浩气　豪气　才气　朝气　勇气　锐气　硬气　神气
>   义气　稚气　孩子气　书生气　客气　和气　大气
>
> c. 傲气　骄气　娇气　狂气　霸气　蛮气　怒气　火气
>   傻气　杀气　小气　脾气　暮气
>
> d. 意气风发　盛气凌人　大气磅礴　老气横秋　颐指气使
>   趾高气扬　低声下气　怪里怪气　平心静气　小家子气

　　以上仅是粗略的分析，尚未能面面俱到，但已可略窥汉族人"气"文化的建构大略以及围绕"气"文化所产生的词语系统、意义系统和价值系统之一斑。

二、文化思维认同法

　　"文化思维"是指具有类型性的人类群体在文化建构中表现的倾向性思维。人类文化发源于人类的思维，同时又与人类思维在互相推动的状况中获得发展。语言既是文化的重要形式，又是思维的外化形式，语言结构类型上的特点必然具有这样的双重性：一方面，它是民族文化思维方式特征的体现，受民族文化思维方式的制约，另一方面又构成一种思维框架，规范着民族文化思维的运作和发展。世界上众多民族的文化既然不是均衡同质的统一体，而是具有深刻差异的个体，那么语言结构的特点必然与民族文化的思维方式的特征具有某种关联，如果能够结合对民族文化的思维方式的分析来认识本民族的语言结构，就可能获得对于民族语言的更为深刻的认识。这里的"结合"就是认同，即既从民族文化思维出发分析语言，又使语言分析落脚于对民族文化思维的分析。

　　近些年哲学界、文化学界和语言学界对汉族人和西方人的思维方式的差异进行了比较深入的研究，获得了比较一致的认识。一般的看法是，汉族人的思维方式带有整体的、辩证的、具象的、综合的特征，西方人的思维方式具有逻辑的、形式的、抽象的、分析的特征。当然，这里所说的思维方式的特征，是就两方面的思维表现的总体倾向而言，是一种此强彼弱的相对比较，而不是此有彼无的绝对差异。在中国文化史上具有深远影响的阴阳五行学说是汉族人的思维方式最具有代表性的产物。这种思维方式通常只在经验直觉的层面上对事物及其关系进行总体把握，其长处是强调功能和统一，其缺点是忽视对实体做元素的分析和对现象与本质之间的关系做逻辑分析，因而往往失之于笼统性和模糊性。希腊哲学家发明的形式逻辑体系和西方文化建立在实验科学基础上的现代科学技术是西方思维方式最有代表性的产物。这种思维方式要求把直觉印象抽象为公理性的假设并进行具体的验证，其长处是对实体和规律的观察精细入微，所建立的知识系统规则性和可操作性强，其弱点是容易导致机械性和片面性，忽视事物和现象之间的整体关联。中西方思维各自的优缺点具有一种互补的性质，所以不宜于做简单的价值判断。

　　汉语和西方语言相比，各自的特点也是十分鲜明突出。首先，在语音上，汉语由以辅音为声母和以元音为主要成分的韵母拼合成的单音节为基本的语音单位，由音高变化构成的声调是区别意义的超音段成分；西方语言的语音只能分析出辅音和元音，而不能得出汉语那样的声母和韵母，也没有汉语那样的声调，其具有区别意义作用的超音段成分是汉语所没有的由音强构成的词重音。其次，在词法上，汉语中带声调的单音节是语素或词的基本形式，就是说，一个音节基本上就是一个意义单位，构词词缀很少，复合是主要的造词手段，地道的构形词缀（词尾）则更少；西方语言一个音节不一定具有语素的资格，大量的语素和词是由多音节构成，构词词缀和构形词缀（词尾）丰富，形态发达，构造新词的主要手段是派生。至于在句法上，两种语言的差异就更为深刻，西方语言中具有句法功能的语法范畴如性、数、格、人称等在汉语中都不存在，古代汉语动词基本上没有时态意义，现代汉语表示动词时态意义的语法成分也与西方语言动词表示时态意义的形态成分性质不同。因此，汉语组词成句的规则中并不存在西方语言中所必不可少的"一致关系"，语句的成立主要靠词和词意义的配合，语句的正误主要依据于句意所示的事象在逻辑事理上能否成立，而不必顾及形态规则的使用得当与否；而西方语言在组词成句时除了顾及词义相配和事理成立之外，还必须注意保证形态规则使用的准确无误，即必须使一句话乃至一段话之中在性、数、格、时、体、态、人称等范畴的形态表现上维持着"一致性"，这些范畴中的任何一项在形式上的使用不当都是语法错误。由于这些原因，西方语言的语法形态外显，规则性强，灵活性不如汉语，汉语语法没有外显的形态，只靠词序和虚词表示词和词的关系，规则性没有西方语言强，灵活性则超过西方语言。因此，不少人认为西方语言是"形合"的、"法治"的语言，汉语是"意合"的、"人治"的语言。

西方语言与汉语在结构形态上的这些巨大差异以及近百年来借鉴西方语言理论来分析汉语语法而不够成功的无情事实促使我们思考其所以然。这个"所以然"是一个非常玄奥的论题。它涉及怎样看待文化思维同语言结构的关系，怎样看待语言结构同语言研究的理论与方法之间的关系等根本性问题。这些问题是研究者们人人意识到其存在而又普遍感到困惑的难题。它们之所以难，主要因为文化、思维、语言结构的起源或发生本身就都是玄而又玄的奥秘，一般的解答大抵是思辨的成分大于实证，要谈论它们之间的关系则更是几乎不得不全凭形而上的思辨，思辨性的结论要有说服力必须求助于例证，而对例证加以解释的观点又往往来自思辨的结论，于是就每每使整个谈论过程不是流于循环论证，就是一场机械比附，其结论难以成为广泛的共识。然而话说回来，除非我们对这些问题采取回避方式，而只要谈论它们，循环论证和机械比附的缺陷固然应该小心避免，但思辨方式仍然势不可免。因为归根到底，科学不过是对世界的一种看法，科学理论不仅包括通过假设－推理之类正规程序而发现和证实的知识，也包括那些从内省的洞察力或个人经验的条理化而形成的知识[①]。这后一类知识则基本上属于思辨类型。

在这样的认识前提下来谈文化思维和语言结构特征的关系，那么我们就可以做这样的思考：尽管语言并非纯粹理性的产物，语言

---

① 参阅〔英〕约翰·齐曼著《元科学导论》中译本，湖南人民出版社1988年，第267页。

的结构规则并不像法学家制定法律条文那样是一种人为的规定，然而语言结构类型上的特点同民族文化的思维方式的特征之间具有的类同性却似乎并非纯属偶然。西方人的思维方式要求对思维客体进行元素分析，进行逻辑化、形式化的表述，追求的是表现的规则性、系统性和精确性，即达到所谓刚性定位、固化指谓（rigid disignation）的目标，西方语言丰富的形态变化和条分缕析的系统化规则同西方人的思维方式是非常契合的，对于达到西方人的思维目的和表达效果是比较适合的。汉族人的整体思维同时又是主体性思维，强调天人合一，物我不分，以人为中心看待万物，把自然人格化，因此其辩证思维不具有分析性，而是综合性的，是在辩证两端中求融会中和。汉语的单音节表义、缺少形态变化、词类界限模糊、词的语法功能不固定、句法关系的灵活多变等特点，给语言使用者以较大的自由度，使人们可以根据主体表达的需要对语言单位进行灵活多样的排列组合却没有西方语法那种形式上的束缚感。汉语语言结构的特点同汉族人的思维方式也是比较契合的。汉语的特点适合于叙事、写景、状物、抒情，西方语言则比较适合于科学表达。有人认为西方语言是科学型语言，汉语是艺术型语言，尽管不很贴切，还是有一定道理的。至于中西方语言和思维为何会有这样大的差异，成中英认为是"原始选择的结果"。他说："语言就是思维。从原始思维的发生而言，语言是最原始的思维方式。当选择了某种语言的时候就意味着选择了某种思维方式。整个原始人类的生活经验决定了表达工具——语言的产生，语言则规定了思维方式。"①

---

① 参阅张岱年、成中英等著《中国思维偏向》，中国社会科学出版社1991年，第193页。

但是，"原始选择"仍然不是最终的答案，因为人们仍然要追问：为什么会是这样的选择，而不是另一种选择？刘长林用"文化基因"的作用来解释。他认为，一切系统的发育都受系统控制，物质世界进化的过程中存在着"宇宙基因"，人类社会的发展亦明显地受一定社会基因的控制，文化系统发生和演进的基因表现为民族的传统思维方式和心理底层结构，而决定每一民族思维方式的条件则是民族的生理基础和民族生存的自然环境；现代脑科学和体质人类学证明，人的思维方式受其生理基础首先是脑结构的制约和影响，不同民族脑结构的差异直接导源于遗传基因的不同，人类社会和人类文化的基因与人类躯体的遗传基因以及民族生存的自然地理条件，特别是人类早期的自然环境，有一定的联系；中国文化具有阴性的特征，中国民族文化基因具有阴性偏向，同西方文化共同构成对立互补、相反相成的均衡对称的格局，这种奇妙而严整的对称不是偶然的，一定与地球自然生态环境的某种对称性有关。[①] 就是说，思维方式及其所决定的文化（包括语言）系统的倾向性特征，归根结底是造物主安排的结果。

　　无论成中英的"原始选择"说和刘长林的"文化基因"说的解释力如何，我们由此已足可看出语言和文化的中西方差异的深刻性。因此，关于汉语结构的理论只有紧密结合汉语本身的特点并认同于汉民族的文化思维，才能具有概括力和解释力。比如关于汉语语法结构的基本单位问题，几十年来受西方语法理论的影响，一直以词为基本结构单位，又一直困扰于词的划界问题。吕叔湘1964年就曾

---

　　① 参阅张岱年、成中英等著《中国思维偏向》，中国社会科学出版社1991年，第201—219页。又见刘长林著《中国系统思维》，中国社会科学出版社1990年版，第573—584页。

经指出：“汉语里的‘词’之所以不能归纳出一个令人满意的定义，就是因为本来没有这样一种现成的东西。其实啊，讲汉语语法也不一定非有‘词’不可。”①赵元任1975年则进一步指出：“汉语中没有词但有不同类型的词概念”“在中国人的观念中，‘字’是中心主题，‘词’在许多不同的意义上都是辅助性的副题，节奏给汉语裁定了这一样式”②。这些论断都是极富启迪意义的。徐通锵近几年围绕这一问题进行了一系列独到的研究，提出了比较深刻而系统的见解。他认为“语言的结构特点集中表现在词的音型上”，“汉语词音型的特点就是一般所说的单音节”，因此“‘字’是汉语句法结构的基本单位”；汉语是一种“语义型语言”，其句法是“语义句法”，语义句法的结构框架是“话题–说明”（topic-comment）；这种语法的思维基础是语言对于现实的“直接编码”原则，即“临摹性原则”，因而要做到“语序跟思维之流完全自然地合拍”；其句法控制的手段是前字对于后字的字义选择，层层递进，“因而句子的结构呈现出开放性的特点”。③徐通锵虽然没有标示自己的研究属于文化语言学范围，但其研究思路同文化语言学是一致的。在文化语言学的研究者中，近几年不少人从文化思维角度切入研究，也获得了与徐通锵大致相近的见解。④

---

① 吕叔湘《语文常谈》，生活·读书·新知三联书店1980年版，第45页。

② 《中国现代语言学的开拓和发展——赵元任语言学论文选》，清华大学出版社1992年版，第246、248页。

③ 见徐通锵《语义句法刍议》，《语言教学与研究》1991年第3期；《“字”和汉语的句法结构》和《“字”和汉语研究的方法论》，《世界汉语教学》1994年第2期、第3期。

④ 参见下列论著：李先耕《汉语的单音孤立性》，《学术交流》1994年第4期；邢福义主编、周光庆副主编《文化语言学》，湖北教育出版社1990年出版。

三、文化背景考察法

语言植根于文化之中。民族文化不仅是民族语言活动的广大舞台，更是民族语言形成、发展和演变的根本动力。语言的历史和民族文化的历史是紧密地交织在一起的，因此，无论是对语言历史的研究或语言现状的理解，都必须紧密结合说这种语言的人民的文化历史背景加以论析。

语言和方言的宏观演变几乎都是由社会文化上的原因造成的。其中根本的原因在于语言和文化在发生上的同一性。语言宏观演变的基本形式——语言的分化和统一的过程不仅与民族文化的演变同步，而且后者总是前者的动因。以英语为例，从形态类型上看，古英语是典型的屈折语之一，词形变化很丰富，如名词、代词和形容词都有5个格（主格、生格、与格、宾格和工具格），各个格不一定有不同的形式（与格和工具格往往形式相同），形容词有强变化和弱变化之分，并在性数格上和所修饰的名词一致，动词分强动词和弱动词两类，各有变化方式。英语从5世纪中叶至今，历时1500多年，词形变化大大减少，词序越加固定，已经由综合语变成分析语，在屈折语中已不具有典型的性质。从语体功能上看，直至16世纪，英语和意大利语、法语、西班牙语一样，都是各自国家的民族语言，当时英语在文化上的影响还不如意大利语和法语，在使用范围上不如西班牙语，而在4个世纪后的今天，英语已成世界上分布通行最广的语种之一，并且日益成为国际交往的通用工具，不再为一个国家一个民族所专有，是一种中性的信息媒介。由于分布广泛，遍布各大洲的各种互有差异的英语变体也随之产生。美国语言学家加兰·坎农的研究表明，英语面貌的巨大变化的根本原因在于英吉利民族的文化历史以及世界近现代的文化历史。古代英语时期（449—1100年）是以日耳曼民族的裘特人、盎格鲁人和撒克逊人对不列颠的占领为开端的。在这期间，从8世纪下半叶到9世纪，斯堪的纳维亚人几次大规模入侵英国，占领了大片土地，1016年丹麦王克努特称王于英国。在这期间，英语曾与斯堪的纳维亚语融合。中世纪英语时期（1100—1500年）以诺曼人征服不列颠为开端，法语成为英国官方语言，英语又同法语融合，并从法语中吸收了大量词汇，词尾变化大量减少，句法上形成了固定的词序，实现了由综合型向分析型的过渡。现代英语时期（1500—1900年）是以文艺复兴作为开端的标志，教育的发展和文学著作的流传使英语的文学语言有了统一的规范；产业革命的成功使英国成为世界强国，英语开始走向世界，大规模的移民把英语输送到了澳大利亚、北美、西印度群岛、南非、南亚次大陆和香港等地，语言远征的结果是英语变体出现，其中最为突出的是美式英语。1900年以后为当代英语时期，由于美国跃升为世界强国和以美英为代表的西方文化影响的进一步增强，英语在世界范围内进一步扩展。①加兰·坎农所论尽管是英语的演变历史，但我们在研究汉语、汉语方言乃至国内少数民族语言的历史时也可以从中得到方法上的借鉴。

汉语地域广大，方言分歧严重，但南北两区的方言各有鲜明的特色：南方方言语音复杂，包括词汇、语法在内，保留古代成分较多；北方方言语音系统较简单，包括词汇、语法在内，保留古代的成分较南方方言少，是现代汉民族共同语的基础方言。北方方言演

---

① 参阅〔美〕加兰·坎农著《英语史》（中译本），中国对外翻译出版公司1987年出版。

变速度快的一个主要原因，是中国历史上规模较大、历时较久的动乱多发生于北方，动乱发生的原因又多是北部或西部的游牧民族侵犯汉族居住区，甚至入主中原；当游牧民族与汉民族杂居共处阶段，不可避免地要发生语言接触和语言融合。也就是说，是汉语北方话与北方或西北少数民族语言的接触和融合造成了汉语向现代形态的演变。南方方言区由于动乱较少，因而得以较多地保留汉语的古代特征。①而在北方方言区内的北京话的形成则又有着更为特别的文化历史背景。北京城区话虽然处在河北省的中心，但是和河北省方言的关系反而没有和东北各省方言近。这一奇特的现象是怎样形成的呢？林焘的一项极有价值的研究论析了这一问题：从辽至金，北京一直是北方少数民族政权的南方重镇，金代又定都燕京（今北京），大量的北方少数民族涌入北京地区，和燕京地区的汉族人民长期杂居，燕京地区的汉人同宋朝统治中原地区的汉人在政治上完全分离，交往也受到严重阻碍，而同我国东北地区的联系却得到了加强，这种状况达300年之久，燕京话和外族语言发生了密切接触，和广大中原地区的本族语反而关系疏远，于是形成了以燕京话为中心的幽燕方言，这种方言和东北汉语方言来源相同；自辽至明，两地区人口不断大量流动，两种方言始终保持密切联系；17世纪中叶清八旗兵进驻北京，又给北京地区带来了当时的东北方言。这就是北京话和东北方言接近的原因。换句话说，北京话的源头是汉语的东北方言。②由于是建立在对北京话形成的文化历史背景详细论析的基础之上，这一结论具有充分的可靠性。

---

① 参阅周振鹤、游汝杰著《方言与中国文化》，上海人民出版社1988年出版。

② 参见林焘《北京官话溯源》，《中国语文》1987年第3期。

　　语言的微观层次的演变有一部分是由语言系统内部的原因造成的，但也有一部分是由文化上的原因造成的。就音位系统而论，音位的聚合群是一个严密的系统，系统的演变一般都遵循音变规律，具有齐整性的特点，但有时部分词语的音位也可能产生不合规律的变化。南方方言中普遍存在的"文白异读"就是一种不规则的音变。所谓不规则，一是指同音的字有的有文读音，有的没有文读音；二是指同一字在有的词中有文读音，而在另外的词中没有或一般不用文读音；三是有的文读音又有异读。如笔者家乡的天台话中"热""业"二字白读同为［niæʔ］（阳入），"热"有文读音［ziæʔ］（阳入），"业"尽管也是常用字，却没有文读音；"打"字白读为［taŋ］（阴上），文读为［ta］（阴上），"生"字白读为［saŋ］（阴平），文读为［səŋ］（阴平），在书面语的很多词中这两个字都用文读音，但在"打生"（陌生义）一词中两字皆用白读音，一般不折合成文读音；"鱼"［ɦŋ］（阳平）的文读有［ny］［ɦy］两音（皆阳平），"人"［niŋ］（阳平）的文读有［ziŋ］［ləŋ］两音（皆阳平），"吃"［tɕ'yuʔ］（阴入）的文读有［tɕ'iʔ］（阴入）［ts'ʅ］（阴平）两音，"肥"［bi］（阳平）的文读有［vi］［vei］两音（皆阳平）。这种不规则现象只有结合文读音产生的文化背景才能得到解释。"文读音是唐宋时代开始实行科举制度以后，受到当时考试取士的文化浪潮的冲击而逐渐产生的。"[①]由于产生的时间早晚不一，产生的机制又是当时当地读书人对北方话部分字音的模拟性折合，不是系统性的音变，所以带有离散性，不易形成严整的规律。

---

　　① 　游汝杰《汉语方言微观演变的文化背景》，收载于陈建民、谭志明主编的《语言与文化多学科研究》一书，北京语言学院出版社1993年出版。

　　词汇单位的消长包括新词的产生、旧词的隐退和消亡，词语的替换即新旧名称的更替，这些现象的发生都有一定的社会文化背景，不必细述。词义的变迁也常有社会文化的因素在起作用。比如日语中"牛乳"一词原指一切牛奶，包括鲜牛奶和用奶粉或炼乳冲成的牛奶，但是现在仅指鲜牛奶了，而用ミルク指奶粉或炼乳冲成的牛奶；"ご飯"一词原指米饭，但是现在在日本西餐店里用盘子盛的米饭却叫ライス。这是因为现代随着西方文化进入日本，日语从英语中借用了ミルク（milk）和ライス（rice），从而缩小了"牛乳"和"ご飯"两词的所指范围。①

　　探讨语言演变的文化背景的主要困难在于如何在语言变化和文化事项之间建立联系。语言的现状是外显的，语言的过去状况则已隐入历史，研究者首先要考证出语言的历史面貌，然后要寻绎出语言在某一阶段的历史状况同现状之间的变化脉络，最后还要找出产生这一变化的原因。原因可能有一种，也可能有多种。无论是一种还是多种，都要区分开哪些是文化背景方面的，哪些是非文化背景方面的。然后才能在语言变化和文化事项之间建立联系并进行论析。在这个过程中特别需要注意的是不可生搬硬套、牵强附会，不可把不同的现象一概而论。比如同为方言区划，大方言和次方言形成的文化历史背景并不相同。周振鹤、游汝杰在《方言与中国文化》一书中提出的看法是：北方方言可以粗略地看成是古汉语数千年来在广大的北方地区发展的结果，其余六大方言是由于历史上北方居民的不断南迁在南方逐步形成的；而南方大方言以下的次方言，则往往与历史行政区划，特别是府（或州、郡）等二级行政区划有密切

---

① 见刘德有著《现代日语趣谈》，辽宁人民出版社1983年出版。

的关系。由于有翔实的材料和具体的分析，他们的见解是令人信服的。

四、文化差异比较法

文化差异比较法是通过对不同民族的语言在结构上和使用上的差异的研究来揭示产生差异的文化根源的方法。语言的民族差异是明显的、容易感知和容易引起关注的现象，因此不同语种之间的比较研究早就存在。比如19世纪的历史比较语言学和近世的对比语言学就是用比较的方法来研究语言的。但是历史比较语言学的目的是建立语言谱系和构拟语言的早期状况，因此比较的对象限于有亲属关系的语言；对比语言学的目的或者在于探讨语言的普遍现象，或者在于探讨有效的外语教学法，在研究中也有一些文化背景的比较，但并不像文化语言学在研究语言差异时那样专注于文化精神方面差异的分析。文化语言学继承洪堡特关于语言和民族精神的关系的学说，认为语言是民族精神的外在表现，一个民族的精神特性和语言形式的结合极为密切，因而把分析不同民族文化精神上的差异作为解释语言结构和语言使用的差异的原则性方法。在比较的对象上注重于不同结构类型或亲属关系较远的语种，在比较的方式上深入到文化精神的内在的层次而不是止于一般的文化背景的描述。这使文化语言学的比较研究有别于其他语言学的比较或对比的研究。

然而，民族精神或民族的文化精神作为一个概念，其内涵本身就是一种既广泛又玄奥因而十分难以说清的东西，其外延究竟包括哪些项目往往也是难以一一开列；而那些似乎可以开列的项目，不同民族之间常常并不是此有彼无地泾渭分明，而是或隐或显地有程度差别；语言结构和语言使用上的特点究竟是由文化上的哪些因素造成则更是一个个难以究诘的问题，探讨时常会出现"瞻之在前，忽焉在后"的不确定状况——由于这些原因，要在语言差异和文化差异之间建立起对应性的关联来，是一项极为困难而又必须小心从事的工作，一不小心就会失之于轻率武断。然而这是一个饶有兴味而引人入胜的话题，所以仍然吸引了不少研究者从事探讨。由于世界上语言种类繁多，文化类型也是形形色色，一般研究者不易掌握多种语言、熟悉多种文化，在语言和文化的比较研究方面目前人们多集中于中西尤其是汉英语言与文化的比较研究上。

关于汉语和西方语言的最大差异，目前已有许多说法，比如"艺术型"还是"科学型"，"人治"还是"法治"，"意合"还是"形合"等。但我觉得最能概括二者根本差异的，还是"意象"和"法则"。语言单位的构成和使用的主要控制因素是"意象"还是"法则"，这是汉语和西方语言的根本差异。"意"指意思、意念、意义，"象"指形象、样子，"意象"指包含意念的形象或带有形象的意念，"法则"即语言结构（包括词结构、词源结构、句法结构和语义结构等）的规则。任何语言都是由意象和法则构成的统一体，不过不同语言在营造语言单位时"意象"和"法则"的控制作用有强有弱。"意象"强的语言，语意丰满、形象外显，而"法则"隐蔽、模糊、控制作用柔弱，语法灵活多变；"法则"强的语言，表示语法意义的形态丰富而外露，语法规则强硬而少变通，语言意义虽然明确，但形象感稍差。汉语可以称为"强意象语言"，西方语言可以称为"强法则语言"。

汉语这种"强意象性"在词语的发生、构成、孳乳和词义的引申、分化、演变过程中表现得最为充分。汉语语词的意义来源，有一部分与被称为"语根"的声音形式有较密切的关系。这是训诂学中"声训法"的现实依据。清代小学家段玉裁、王念孙等发扬了声训法的合理因素，主张以声音明训诂，因声求义，探求语源，成就巨大。今人王力又继承清儒成就，撰著《同源字论》和《同源字典》，清理出汉语的语源系统。他所说的"音义皆近，音近义同，或义近音同的字"，其实就是同源词。同源词的系列构成词族。汉语的同源词表面上似乎以声音为纲，但是实际上在声音之外另有所本。王力说："如果专靠语音的近似来证明，就等于没有证明。双声叠韵的字极多，安知不是偶合呢？""除非我们已经有了别的有力的证据，才可以把'一声之转'助一臂力。"[①]陆宗达也说："单靠声音主观地推求语源，并不是最可靠的办法。""必须从实际语言材料中，找出'信而有征'（可靠又有证据）的线索。"[②]然而，书证只是材料的来源，并不就是同源词的语源。同源词的语源就是一族词共同的理据，或谓之"词的内部形式""词源结构"，也就是这一族词指称的事物共同的"得名之由来"。一个词族的各个词（至少有两个）所指称的事物可能是不同类属，概念上的意义可能相差很远，但是这些词之所以同源，不仅在于词的声音相同或相近，更在于共同有一个既宽泛而又明确的理据，这个理据就是共同的"意象"。王力把同源字在词义方面互相联系的情况分成三大类。第一类是"实同一词"，第二类是"同义词"（又分"完全同义"和

①　王力《龙虫并雕斋文集》（第一册），中华书局1980年，第320页。
②　陆宗达《训诂简论》，北京出版社1980年，第116—117页。

"微别"两种），第三类是有"各种关系"的词（共分十五种"关系"）。"意象"在这三类词中的系联作用都十分重要。第一类是同一词的不同写法，即"分别字"，不必细论。第二类的"微别"（如"读"和"诵"、"盈"和"溢"之类），意象共同的作用已显示出来。第三类由于"并不是同义词"，仅是因为"它们的词义有种种关系"，才"使我们看得出它们是同出一源的"①。这"种种关系"就是靠既相对宽泛而又可指明的意象构成。如"枯"是草木缺水，"涸""竭"是江河缺水，"渴"是人缺水，"缺水"就是"枯""涸""竭""渴"这4个词共同的意象。由于汉语是孤立语，在由根词滋生新词新义的过程中可以不必加词缀，有时只需改变词的用法、写法，有时在改变用法、写法的同时通过"音转"而改变词的部分声音形式（声母、韵母、介音或声调），所以汉语同族词不仅有意象的共同性，还有语音上的共同性（双声、叠韵或音同、音近）。汉语构造新词的另一主要方法是复合，即由两个或两个以上的词根合成一个词。这样就把各词根所包含的意象融合进了新词中，使复合词的意象比单纯词更为丰满。西方语言在根词的基础上形成新词新义，很少用汉语这种同源孳乳的方法，复合法也不如派生法重要。最普遍的是用派生构词法，即在根词的基础上加词缀。比如英语由根词act构成的派生词系列（词族）②：

---

　①　王力《同源字论》，见《同源字典》，商务印书馆1982年第1版，第3—45页。

　②　此例采自潘文国《汉英构词法比较研究》，见林祥楣主编《汉语论丛》，华东师范大学出版社1990年，第99页，中文词义为本书作者加注。

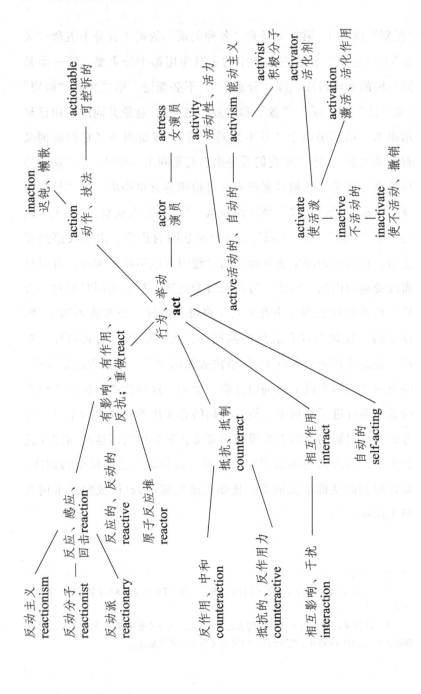

inaction 迟钝、懒散

action 动作、技法

actress 女演员

activity 活动性、活力

activism 能动主义

activist 积极分子

actor 演员

actionable 可控诉的

act 行为、举动

active 活动的、自动的

activator 活化剂

activate 使活泼

activation 激活、活化作用

inactive 不活动的

inactivate 使不活动、撤销

reactionism 反动主义

reactionist 反动分子

reaction 反应、感应、回击

reactive 反应的、反动的

reactionary 反动派

react 有影响、重做；有作用、反抗

reactor 原子反应堆

counteraction 反作用、中和

counteract 抵抗、抵制

counteractive 抵抗的、反作用力

interact 相互作用

interaction 相互影响、干扰

self-acting 自动的

　　在这个词族的各个派生词中，只有作为词根的act具有比较实在的意义和比较明确的意象，词缀的意义一般都比较虚泛，自然就缺乏鲜明的意象，由于act本身就是一个多义词，每个派生词在构词时只能使用其中的一个义项，于是从词族全体上看就使act的意义和意象的明确性受到了一定程度的削弱；加上有的派生词是二次或三次构词形成，即在派生词基础上再加词缀构成（如act—active—activate—activation），另有些派生词是既有前缀又有后缀（如inactivate、reactionist等），这就使词缀音段的线性长度超过了词根，词根的意象受到了过长的词缀的掩盖。总之，派生词往往缺乏清晰丰满的意象。当然，尽管如此，由于派生词的意义由词根和词缀综合而成，意象不够清晰丰满并不影响词义的明确。这是因为词义的核心是概念意义（理性意义），意象是附加在理性意义上的形象色彩，形象色彩并不是理性意义的构成要素。

　　虽然派生构词在某种程度上削弱了词的意象，但是派生词的词性都是明确的。从上举的这个以动词act为根词构成的词族中，我们可以归纳出以下几条规则：

　　1. 凡是由act加前缀构成的词是动词；

　　2. 凡是act加后缀构成的词，不论其前有无前缀，均可由后缀的形态确定词性：其中后缀是-or、-ess、-ion、-ism、-ist、-er的词是名词；后缀是-ive、-able的词是形容词；后缀是-ate的词是动词[①]。

　　这就是说，在英语派生词构成中，词的语法意义（词性）的明确化是一个重要的前提目标，这个目标是通过对不同的词缀的选择来实现的。于是在构词的结果（派生词）上，词缀的形式类别同词

---

　　①　在其他场合，以-ate为后缀的词也有名词和形容词。

性之间有一定的对应规律，我们也就可以根据词缀来辨认词的语法
类别。这是西方语言"强法则性"的一个重要表现。

在吸收外来词方面，汉语的意象性和西方语言的法则性也表现
得很明显。汉字不表音，音译不方便，吸收外来概念主要用意译方
式；西方文字表音，吸收外来概念主要用音译或转写方式。这虽是
与文字类型有关，但也与语言特点有关。汉语的每个音节不仅有意，
而且有"象"，音译词使汉族人觉得无法从词语的音节或字形上获得
意义的领会和意象的推想，当不得已而用音译法时，汉族人常想方
设法使这个音译词"汉化"，使之听起来或看起来"像"汉语的词似
的。"汉化"的途径就是表意化和形象化，于是形成了三种具有汉语
特点的"音译词"。一种是"音译兼表意"，又可再分两类：

A 类	B 类
苦力（＜英 koolie）	葡萄（＜古大宛语 bādaga）
乌托邦（＜英 utopia）	玻璃（＜梵语 sphatika）
的确良（＜英 dacron）	酚酞（＜英 phenolphthalein）
盖世太保（＜德 Gestapo）	佛（＜梵语 buddha）
可口可乐（＜英 Coca-Cola）	塔（＜梵语 stūpa）

A类词不仅顾及字音和原词各音节大体对应，还力求使各字字义按
汉语的语义关系组合后能够形成一个新的意念和形象。B类词一方
面减省了原词的音节数，使之合乎汉语词形简短的特点，同时用特
造的形声字来对译原词减省后的音节，形声字的形旁可以揭示义类，
使人产生意象联想。除"酚酞"外，B类其余4个词历史悠久，汉化
程度很深，已经几乎看不出外来的痕迹了。

　　第二种是"半音译半意译"，如"冰激凌"（＜英ice-cream）、"米老鼠"（＜英Mickey Mouse）；第三种是"音译加类名"，如"大丽花"（＜英dahlia）、"保龄球"（＜英bowling）、"拖拉机"（＜俄трактор）、"啤酒"（＜英beer）。这两种词由于音译部分已被汉化（意象化），又有汉语语素，已不能算严格的音译词，是中西合璧的"汉外混合词"，颇像一个混血儿，外来的特征也已很不鲜明。当然，汉语中的音译词未被这样汉化的仍不少，但大多为专名，而且不常用。

　　西方语言的文字不是表意文字，无法把音译的外来词表意化和形象化。但是外来词进入西方语言也要"民族化"。由于西方语言富于形态变化，西方语言使外来词民族化的一个重要方式就是把外来词纳入本族语言的语法轨道，使之具有与本族语言一致的语法形式并遵从本族语言的变化规则。比如汉语名词没有性、数、格的变化，而俄语中来自汉语的音译词чай（茶）、жэньшэнь（人参）是阳性名词。5字母2音节名词фанза，按重音的不同位置分为两个词：重音在第1音节，音译汉语"房子"，意指"中国农舍"；重音在第2音节，音译汉语"纺绸"。两词均已"俄化"成以 а 为词尾的阴性名词。"汉人"在汉语中没有语法意义上的性别，而对译到俄语中则分化成指别男女两性的китаец和китаянка两种词形。上列汉源词在进入俄语句子时，都要按照俄语的性、数、格变化规则发生变化。形态变化的强制性是西方语言同化外来成分的强大力量。现代英语的词汇具有混合的性质，固有的英语词不及全部词汇的一半，但是从形式上可以看出是来自外语的词比较少，绝大多数的词在现代英语里，不论其真正的起源如何，都被一般人认为是英语词。这是因为大多数外来词源自印欧语系其他语言，很容易被同化，它们受英语语音和语法规则的支配，失去了外语的面貌。外来词占这样大的比例仍能保持本族语的面貌，对汉语来说是不可想象的事。1984年出版的刘正埮等编的《汉语外来词词典》共收录古今汉语外来词一万余条，其中包括像"佛""苜蓿"等不少已被汉化的词。如果按《汉语大词典》收录词数37万条计算，外来词所占比例不到3%。假如汉语中"德谟克拉西""布尔乔亚""盘尼西林""苦迭打"之类词占了一半以上，汉语能否维持汉语本色且不论，人们在语言运用中的不习惯感不方便感一定是很强烈的。

汉语"强意象性"的特点在句法结构中也有所表现。比如国内语法学界有些学者一再强调的汉语语法的"意合"特点，就与汉语的"强意象性"有关。"意合"是针对"形合"而言。"形"在西方语言中，主要是指可以表示词在句中的语法地位、语法功能的形态成分，同时也包括词序和虚词。汉语既然缺少形态成分，那么控制句法规则的主要手段就成了词序和虚词。可是人们发现，作为句法规则体现者的词序和虚词，它们在组词成句过程中的强制作用也要比英语弱。比如在SVO型句法结构中，S是施事，O是受事，可是在汉语中，S不一定是施事，O不一定是受事，可以是其他种种，句子照样成立。最奇特的如：

　　王冕七岁上死了父亲。
　　一锅饭吃三十个人。（＝三十个人吃一锅饭）

再比如，按照西方语言的规则，主语如果是受事，就应当用有被动关系标志的"被动句"，可是在汉语中，表示被动关系的虚词不一定有，有时甚至以不用为好。如：

自行车骑走了。

对于这一类看起来似乎是"越出"了人们头脑中通常的语法规则（或者说是语法学家所定的语法规则）的现象，我觉得不妨从"意象融合"这个角度来解释。汉语是孤立语，语词的句法功能有不确定性，词序所表示的句法语义关系也多种多样，有常有变，语词的组合主要是意义的组合，句子中每个词都有自己的"意象"，句子的产生过程也就是"意象融合"的过程，句子成立的要素是融合成的意象与现实或观念中某种事件、情景的契合，从而听起来"成话"、可以领会和理解。比如上面的例句，动词"死""吃""骑"究竟是自动还是他动并不是造句者必须明确的"法制观念"。它们前面的"王冕""一锅饭""自行车"既已构成句首的叙述起点（话题），就成了句中动词所表示意象的有关事项，当动词及其后面的词语所构成的意象与它们前面话题主语所提示的意象融合而成一个完整的、可领会的新意象时，句子就成立了。因此，"王冕七岁上""王冕七岁上死""一锅饭吃""自行车骑"都不成话，因为构成的意象不完整，不成情景，不可领会。"王冕七岁上死了"成话，但此时"王冕"是行为主体（固然不合文本原意，那是另一回事），而当句末出现"父亲"时，人们头脑中又出现一个意象，于是把它与前面的"王冕""七岁上""死了"几个单位显示的意象综合起来，融合成新的意象，"死了"的行为主体只能是"父亲"了。"饭吃人"固然成话，但不合事理，而如果"饭"和"人"前都加上数量词，构成了数量的意象，这时"吃"的"他动"意象中的语义指向成为不言自明的事，人们从"一锅饭""吃"和"三十个人"三个意象的综合中所领会到的是人的数量和饭的数量的关系情景，而不会理解成"饭

吃人"。因此这句话必要时也可把"吃"改成"是",或者干脆不要
动词(一锅饭三十个人)。同样道理,即便不出现"被"字,"自行
车"在上句中只能是受事。如果把"骑走了"改成"跑得快",构成
的是另一种意象,"自行车"就是施事了。

　　由上述分析可以看出,汉语语法的"意合"是一种"意象融
合",它要求语言运用者根据语言情景进行综合知解[①]。由于这一特
点,汉语语法灵活多变,规则往往讲不胜讲,而且很多规则都有不
少"例外",缺乏强制性,而语言运用中意念、节律、声气等方面的
考虑都可成为句法选择的因素,于是就给人一种"人治"的印象。
这种"强意象"而"弱法则"的特点也正是动词和宾语语义关系多
样性产生的原因。例如:

割麦子(受事)	来人(施事)	打败仗(结果)
跑买卖(目的)	跑江湖(处所)	养病(原因)
吃大碗(工具)、	吃三碗(数量)	倒胃口(使动)

近来又产生一种动宾结构的动词又带宾语的现象,其实是删除了处
所补语中的介词而形成,如:效忠(于)王室、驰名(于)中外、
求教(于)名人。或者是把目的状语的介词删除又将介宾移位于动
词后形成,如:服务大众(<为大众服务)。汉语这种"意象丰满,

---

① 无独有偶,在美国语言学家Gary B. Palmer1996年出版的 *Toward a Theory of Cultural Linguistics* 一书中,"意象"是其文化语言学理论的核心概念,其内涵极为广泛,不仅适用于叙述性和比喻性语言的研究,而且适用于语义和句法结构的研究;认为单句是基于意象形成的结构组织,言语是反映意象本身的组织过程。详见李曼珏(2017)。

法则薄弱"的特点，最能适合于诗歌艺术形象的营造。特别是在古典诗词中，不用或少用虚词和人称代词是突出意象的重要手段。如毛泽东词《清平乐·六盘山》开头两句"天高云淡，望断南飞雁"译成英语是：

The sky is high; the fleecy clouds are bright.
We watch the southbound wild geese out of sight.[①]

汉文原句全用实词，语意凝练，意象超远，正是得益于不用系词、介词和人称代词，而英译句中把原诗中9个实词提示的意象分散到缺乏意象的冠词（3个）、系词（2个）、代词（1个）、介词（1个）之间去，意象便显得离散而缺乏蕴涵，尤其是人称代词we的使用使句意显得浅而直。但是这些冠词、系词、代词和系词无一不是英语句法所必须有的。旅美台湾学者叶维廉（1992）曾举"松风""云山""岸花""风林"等中国古典诗中常见的词语，认为这类词语"利用未定位、未定关系或关系模棱的词法语法，使读者获致一种自由观、感、解读的空间，在物象与物象之间做若即若离的指义活动"，构成一种"置身其间、物象并发"的审美艺术境界。而在英译中，"松风"大多译作winds in the pines（松中之风）或winds through the pines（穿过松树的风），"云山"常被解读为clouded mountain（云盖的山），cloud like mountains（像云的山）或mountain in the clouds（在云中的山），原诗所表现的物象间欲定不

---

① 见赵甄陶译《毛泽东诗词》（汉英对照），湖南师范大学出版社1992年。

定的空间关系被确定了，艺术境界反而被破坏了[①]。其实，英文中多种译法的产生，正因为中文中意象是融合的、整体性的、不可分解的，强为分解并确定关系，正是英语"强法则性"所必然。古代有一种游戏性质的"回文诗"，无论顺读还是倒读都能成句且表达意思，就是把汉语的意合特点发挥到极致写成。比如下面这首苏轼的《西江月·咏梅》，下阕4句正是由上阕4句倒读而成：

　　　马趁香微路远，纱笼月淡烟斜。渡波清澈映妍华，倒绿枝寒风挂。

　　　挂风寒枝绿倒，华妍映澈清波渡。斜烟淡月笼纱，远路微香趁马。[②]

现代汉语词语形式双音节较文言多，词性也较文言更明确一些，比以"字"为单位构成"回文"难度加大了。但是若以词为单位仍不难造成"回文"，如广告语"长城电扇，电扇长城"。

　　汉语语法的"意合"现象在一定范围内（特别是在艺术语言中、在某些惯用形式中）是客观存在的。但是能否在意合现象的基础上建立起一部"汉语意合语法"，还是一个需要慎重对待、深长思之的问题。一则因为无论古代汉语还是现代汉语，作为形式手段的词序和虚词，一直是支撑汉语语法的骨架，而且现代汉语比古代汉语在语法上对这类形式手段的依赖进一步加强，正是汉语语法日益严密化的发展趋向；二则语言的线性特征决定了在表达中语言单位决不

———————

　　① 叶维廉著《中国诗学》，生活·读书·新知三联书店1992年，第18—19页。
　　② 取自罗维扬编著《非常语文》，广西师范大学出版社2006年，第335页。

可能是毫无规则的随意堆合，只能形成一定次序的排列组合，即便次序再灵活、决定次序的原则再隐蔽，总不能完全背离支配思想的事理逻辑，从语言的深层结构到表层结构之间总有一定的控制因素在起作用，而发现这些因素并总结成具有普遍意义的规则，正是语法研究的目标，在这个目标下建立的语法，即便是以语义规则为基础的语法，也只能表现为形式规则。所以在语法研究中不宜把意合现象夸大到不适当的程度，也不宜对意合语法的建立抱有过高的期望。[①]

文化语言学对中西方语言差异的比较研究的目的并不是为了建立"意合语法"，而是为了求得对语言结构和语言运用中的文化精神的深刻理解。我们不宜对比较的结果做决定论式的推断，认为西方语言的"强法则性"和汉语的"强意象性"一定是各自文化精神的某方面因素的结果，因为从根本上说，语言本身也是文化。即便分开来说，语言和文化也具有互塑互动的作用，语言塑造了民族精神，体现了民族精神，反过来也一样，因此可以说语言特性和民族文化精神具有一致性。如果从这个角度看问题，我们就可以看到，实用理性和思辨理性的差异正对应着中西方语言的"强意象性"和"强法则性"的差异。

中国传统文化的主流精神是实用理性精神。这种精神的主要表现可归纳为三个方面：一是天人合一的整体世界观，二是阴阳五行

---

① 在"意合语法"探索上下力最勤的是旅日学者张黎，从上世纪80年代以后发表论著甚多，但学界反应寂寥。金立鑫曾发《"汉语意合语法"批判》(《北方论丛》1995年第5期)和《对张黎的"意合语法"批判之二》(《汉语学习》1995年第6期)两文表示反对。张坚持不辍，2017年在北京语言大学出版社又推出新著《汉语意合语法学导论：汉语型语法范式的理论建构》。

的方法论，三是非逻辑倾向。由于认为天人合一，物我可以不分，"万物皆备于我"，人道只是天道的表现，所以中国人在认知和表述世界时表现出十分强烈的以人为出发点的主体精神，认知的目的主要是为了对人有用（小至衣食问题，大至经邦济世），那么只要把人的主观精神外化到世界，世界便可以改造得合乎实用的目的。表象本是人类认知的一个阶段，一种形式，然而由于中国人坚信天人合一，强调主体精神，于是就把物象和表象合而为一，把主观感知的表象世界认作世界的真实面貌和本质规律，把阴阳五行之象普泛化到所有领域。在中国古代哲学思想中，象、意、言三者以象的地位最为关键。"圣人立象以尽意"，"圣人有以见天下之赜，而拟诸其形容，象其物宜，是故谓之象。"（《易·系辞上》）"夫象者出意者也，言者明象者也。尽意莫若象，尽象莫若言。"（王弼《周易略例·明象》）立象既是尽意的手段，又是言说的目的。因此无论八卦的制定、文字的创制，在仰观俯察之际，原则和目的只是"取象比类"。但是由于物象毕竟只是事物的外在形式，造字不妨根据物象，而作为认知手段的哲学方法论仅仅建立在阴阳五行之象上，势必弱化理性、排斥逻辑。过于推重象的功能，认为言只是为了明象，只有象才能尽意，这样构成知识系统固然有形象生动的优点，但毋庸讳言也带有笼统模糊的弱点，难以避免机械比附的弊端。作为儒家群经之首的《易经》，整个是一部"象论"。又由于"意""象"关系密切，于是影响中国的艺术理论，形成了"意象"理论[1]。通观中国文化，几乎可以根据其特点概括为"意象文化"。汉语词族的基础是意

---

① 参见汪裕雄著《意象探源》，安徽教育出版社1996年；袁行霈著《中国诗歌艺术研究》，北京大学出版社1987年。

象的同一（而非概念核心的同一），汉语语法结构和语言运用都有重意象、轻形式的倾向，这些也都不是偶然的，它们同中国传统文化的实用理性精神都是一致的。

西方文化的主流精神是思辨理性精神。在作为西方文化之源的古希腊文化中，最具有思辨理性精神的是古希腊的自然哲学、数学和逻辑学。最初的古希腊哲学家同时也是自然科学家。他们也从无限多样的自然现象中看到了它们的统一和联系、矛盾和对立、变化和发展。但是同"天人合一"的中国整体观不同的是，他们把自然界作为人类需要认识和改造的对立物进行冷漠的知性分析，力求把世界万物还原成最简单的始基并对其构成和变化关系做抽象的形式化的描述。在他们眼中，世界是由最抽象的单元和法则构成，因此人们对世界的知识也只能由形式思维的推理方法获得。从德谟克利特提出的著名的原子论到现代原子物理学，从经典数学公理系统的代表欧几里得几何学和经典逻辑学的代表亚里士多德《工具论》到现代数理逻辑，西方思想史上这条主流思想路线所体现的都是通过思辨达到抽象、通过假设进入演绎推理的辩证理性精神。同重实用的中国古代辩证法不同的是，西方重思辨的辩证法在认知中不停留和固化在表象上，而是力求揭出隐藏在表象之后的法则和原理，因此不仅思维要排除表象的干扰，按法则和原理来进行，语言的构成和使用也要遵从法则和原理，避免意象干扰造成的不确定性。西方语言从构词到造句都有一套由形式单位构成的规则系统，这套系统组织严密，使用中具有强制性。这样的特点正是思辨理性精神在语言结构上的表现。

以上所谈的主要是汉语和西方语言在宏观结构方面的文化比较。要想细致而具体地了解语言之间的文化差别，还需进行语言的微观层次以及语言交际过程中的比较研究，而且可以在多种语言之间进行。这方面的研究有一个逐步深入的发展过程。比如20世纪80年代文化语言学兴起之初，有不少关于汉英或英汉语言文化对比的论著，虽有大量引人入胜的实例的微观分析，但缺少文化思维差异比较方面的探讨。90年代初毕继万《汉英句子结构差异所引起的思考》一文①则是在句法结构的微观层次进行文化思维比较研究的成功尝试。而徐通锵《"字"和汉语的句法结构——兼论汉英两种语法结构的原则差异》一文②对中西语言句法结构文化思维方面的差异的比较，无论在宏观还是微观两方面都表现出了相当成熟的思考。

五、文化心理揭示法

文化心理揭示法是对语言的结构和语言的使用中所隐含的心理机制进行分析和揭示的方法。语言是思维和表达的工具，思维和表达的基础是一系列的心理过程，因此无论语言还是言语都和社会的和个人的心理现象有密切的关系。不仅普通语言学关注语言和思维的关系，传统语言学、结构语言学、转换语言学和语言风格学也都从不同角度、在不同程度上把语言研究和心理研究结合起来进行。③语言学和心理学交叉渗透的结果已经产生了边缘性的心理语言学和语言心理学。但是这些研究主要涉及的是语言发生、语言习得、语言（包括外语）学习、语言理解和语言生成等环节上的认知心理过

① 见陈建民、谭志明主编《语言与文化多学科研究》，北京语言学院出版社1993年，第61—70页。

② 见李瑞华主编论文集《英汉语言文化对比研究》，上海外语教育出版社1996年，第433—451页。

③ 参见〔瑞典〕B. 马尔姆贝格《心理学和哲学对语言研究的贡献》，收载于岑麒祥译《国外语言学论文选译》，语文出版社1992年；及桂诗春编著《心理语言学》，上海外语教育出版社1985年。

程，这些心理大多不属于我们这里所说的文化心理。

语言中的文化心理指的是在一定的文化背景作用下群体或个人从事语言价值判断和语言选择时的心理机制。心理机制一般是隐蔽的，而选择的结果则是外显的，研究者根据选择过程中的取舍情况可以推测和分析语言使用者当时的心理动因。语言的发生、习得、学习、理解和生成的心理过程一般属于认知心理或学习心理的范畴，其中不包含由文化心理造成的语言价值判断和语言选择过程，因此不属于文化语言学的研究范围。只有语言风格的造成多少与文化上的选择有关，可以纳入文化语言学的研究范围。尽管文化心理通常由一定的文化背景造成，但是由于人类的共性、文化的共性以及语言的共性，语言中的文化心理也有一些超越民族、种族或国界的共同性表现。我们把语言中具有共同性的文化心理称为共同文化心理，而把与之相对的、仅与某特定民族、种族或国家、区域相联系的语言文化心理称为特殊文化心理。

语言使用中的共同文化心理表现如：

1. 母语优越心理。一般人总认为自己从小习得的母语（包括方言）是正确的、标准的、好听的语言（或方言），而视母语以外的语言（或方言）为古怪的、可笑的、难听的语言（或方言）。赵元任所举的那个老太婆嘲笑外语的例子[①]，尽管是编造的故事，但确实生动

---

　　① 见赵元任著《语言问题》，商务印书馆1980年，第3页。原文是：从前有个老太婆，初次跟外国话有点儿接触，她就希奇得简直不相信。她说："他们的说话真怪，嗄？明明儿是五个，法国人不管五个叫'五个'，偏偏要管它叫'三个'（cinq）；日本人又管十叫'九'（ジエー）；明明儿脚上穿的鞋，日本人不管鞋叫'鞋'，偏偏儿要管鞋叫'裤子'（クツ）；这明明儿是水，英国人偏偏儿要叫它'窝头'（water），法国人偏偏儿要叫它'滴漏'（de l'eau），只有咱们中国人好好儿的管它叫'水'！咱们不但是管它叫'水'诶，这东西明明儿是'水'嘛！"

地表现了一般人初次接触其他语言（或方言）时的惊异和排拒心理。这种心理甚至可以强化到排斥相邻土语的细微差异的程度①。母语优越的心理是固化语言分歧、造成语言分化的心理基础，在推广和普及民族标准语时则成为学习和掌握标准语的心理障碍。在一定条件下，母语优越心理可能被普泛化、理论化为语言地方主义和语言民族主义，甚至导致语言纷争。

2. 从众入时心理。"从众"和"入时"是互相联系的两个方面。"大家都说的"往往也是"流行的、时髦的"。在这方面语言有点像服装，如果违众背时，就要受到嘲笑，众人和时尚是决定个人语言价值判断和语言选择的至上权威。但是"众人"有范围大小之分，"时尚"也有或雅或俗之别。小范围的从众使语言选择向亚文化、边缘文化、方俗文化的语言运用标准看齐，大范围的从众使语言选择向主流文化、中心文化、权威文化的语言运用标准看齐。最终的结果由需要和可能等各种因素综合而成。标准语、大城市语言代表雅文化，对于代表俗文化的地域方言或乡村语言具有较大影响力，但是多数人总是以当地人和家里人为交谈对象，如果说标准语或大城市语言未能在当地成为普遍时尚，那么最好的时尚还是土话。尽管受教育较多的青少年更容易接受外来的新事物，因而地域方言的特征总是在一代一代的磨损中缓慢地向标准语靠近，然而由于地域方言是个自足的封闭体系，而经济文化较发达的大城市方言尤易产生离心作用（如近些年的广州话），所以在我国南方方言区很多地方说标准语反倒是违众背时的。

---

① 比如笔者家乡浙江天台县的村子称"我"为［ɦo］214，"书"为［ɕy］44，而邻县则称"我"为［ŋa］214，同县仅距十五里的某村称"书"为［sʮ］44，而均自以为是，递相非笑。

3. **性别认同心理**。人类两性有根本的自然差别，但是在大多数文明社会中，如何说话"像个男孩子"或"像个女孩子"，如何说话"有男人味儿"或"有女人味儿"，其中的观念和标准主要还是由人类社会中男女两性的社会分工和文化角色的不同需要造成，并由家庭教养分别固化成男女两性的言语习惯。一般地说，男女两性说话在发音、用词、语气、语法、态度、内容等项目上都有一些差别，但这些项目并不一定在任何民族、阶层、地域和场合都有一致的表现，而究竟如何表现则需做具体调查和具体描述，不宜一概而论。比如就民族而言，日本女性的语言特点比一般民族的女性更突出，以致形成了一种"女らしさ"（女性语）。但即使在日本，所谓"女らしさ"也并非在所有阶层普遍存在，而主要表现在城市居民中流以上的社会阶层和知识分子女性的讲话中。不过总的说来，在风格和态度方面，男子语言的共同特点是比较粗直、果决，女子语言则比较柔婉、谦恭、含蓄。男子说话带上女性特点被讥为"娘娘腔"，女子说话带上男性特点则被斥为"野调无腔"。这种观念形成的规范力量使得男女两性向各自的性别语言特点认同。应该指出的是，由于性别语言特点往往与权力、地位、文化教养等情况相联系，当这些情况变化时，语言特点也会变化，特别是女性语言。比如，缺乏文化教养的妇女其言语的粗直程度可能超过一般男子；农村未婚少女在言语上多能自我检束，而一些已婚妇女则常常表现为无所顾忌；在日常交谈中女性通常可表现谦和，而在冲突吵骂中女性的粗野甚至不让须眉。张廷兴在一项研究报告中指出，在山东中部特别是沂蒙山区，女性"在家中能骂的对象比男性多，可以对所有的晚辈施加骂的行为，民俗不给以任何禁约"，甚至"儿媳骂公婆已不是新鲜事"①。女性语言粗直化也许是在男子中心社会中女性不甘于从属地位的心理表现。

4. **避秽求雅心理**。在各文明民族中，都普遍存在对以下两类词语的忌讳：①表示排泄物、排泄行为、排泄器官、排泄的用具和场所的词语；②表示性器官、性行为的词语以及可能引起此类联想的词语。避免直接说出这些词语被认为是文明的、有教养的表现，不得已需要说出时则要换用委婉语，不然就会被认为粗野、下流、缺乏教养。这种言语禁忌的心理基础是认为排泄和性都是肮脏的、下流的，与基于语词魔力信念的愚昧迷信有所不同。不过，即使在文明民族中，城市和乡村、上层社会和下层社会对这两类词语的忌讳程度也有很大差异。乡村和下层社会不仅不甚避忌，而且可以公开露骨地说出，有时为了追求俗趣和刺激，甚至故意多说第②类词语。改革开放后中国文学界有不少作家故意渲染这两类词语及其有关行为，追求恶趣，以致被斥为"粗鄙化"。

此外，如趋吉避凶心理、避及隐私心理、切合言语情境和个人身份的"得体"心理，也都是许多民族在语言使用中的共同文化心理。

语言使用中的特殊文化心理如：

1. **中国人重和谐、西方人重真率、日本人则尽量避免交锋**。中国历史上历来重视"五伦"的和谐关系。现代"五伦"中的"君臣"固已不复存在，但上下级关系依然存在。无论古今，利益和见解不一总是要发生的，中国人推重的是"忍让""求同存异"，实际上多数情况下是要求弱者忍让，这样的和谐往往是假象，但是中国人觉

---

① 张廷兴《民间詈词詈语初探》，《民俗研究》1994年第3期。

得相安无事就好。西方人性格外向，肚里有想法一定要说出来，对方听从与否不一定很当回事，所以我们常见西方人各执己见，照样共处共事。日本人与人说话虽然心存异见，嘴上仍然可以不停地说はい、はい（是的，是的），使中国人和西方人都莫名其妙，甚至误以为是得到了赞同。在日常会话中日本人只有在两种情况时才能说いいえ（不）：一种是在自谦的时候，另一种是在鼓励和安慰对方的时候。①

　　2. 中国人特别容易耽于语言幻想。语言可以反映现实，也可以构造幻境。所谓"语言幻想"是指把愿望寄托在语言构造的幻境中。语言幻想是每个民族都可能有的，这是语言魔力造成的语词迷信效果。但中国人在这方面表现得特别普遍、执着。其一，中国人特别重视命名中的含义。无论什么名称，包括人名、地名、街名、店名、庭园名、商品名、商标名、食物名、住房小区名，如非自然形成而需特定的话，中国人都爱煞费苦心，把所能想得出的"好"的意思，包含在那小小的名称上，使之成为一种价值和愿望的寄托形式。因此，中国人可以把只有10平米的书店命名为"环球书店"，也可能把最低档次的香烟起名为"宇宙牌香烟"②，这可能使西方人感到有趣，而当中国人看到美国的大旅店、大医院也只有HOTEL、HOSPITAL做标志，也会感到有些不可理解。其二，中国人特别喜爱讨口彩，即在生活中尤其是民俗活动中使用吉利话。

---

　　①　参见〔日〕金田一春彦著《日语的特点》（中译本），外语教学与研究出版社1985年；王宗炎《自我认识与跨文化交际》，发表于《外国语》1993年第1期，收载于李瑞华主编论文集《英汉语言文化对比研究》，上海外语教育出版社1996年，第598—609页。

　　②　"宇宙牌"香烟是1984年中央电视台春节联欢晚会马季表演的单口相声中的极力推销的品牌。虽为虚拟，但却深刻揭示了中国品牌华而不实的普遍现象。

如前所说，趋吉避凶心理是语言运用中的共同心理，但中国人表现得尤为强烈认真，几乎用尽了可以想得出的手段来构成口彩，如生日吃的面条因其长形而称为"长寿面"（象征），婚床上撒枣、栗、莲子即可"早立子"（谐音）等。节日庆典中说话可以不雅洁，但决不可以不吉利。其三，中国人特别相信标语口号的字面意义以及它对现实的指令作用。从旧时代的"姜太公在此百无禁忌"到"文革"中的标语海洋和语录海洋，都是一脉相承的民族语言心理的表现。耽于语言幻想大概是李泽厚所说的中国人"乐感文化"的国民性表现之一。

3. 中国人特别喜欢在语言文字中做机械的比附联想。梁漱溟说："中国人讲学说理必要讲到神乎其神、诡秘不可以的理论，才算能事。若与西方比看，固是论理的缺乏，而实在不只是论理的缺乏，竟是'非论理的精神'太发达了。"他举例说，中医说的血、气、痰都不是实在的血、气、痰，心肝脾肺都不是指具体的东西，"乃是某种意的现象，而且不能给界说的"，并认为这是"东拉西扯联想比附与论理乖违。"[①]

梁漱溟说的"非论理"就是现在说的"非逻辑"。中国的文化典籍中几乎随处可以见到这种非逻辑的论说方式。有许多理论，比如五行学说、天人感应论、天人合一论，看似构思精巧，头头是道，但是经不起逻辑推敲和事实验证，原因就是比附联想，穿凿的成分太多。至于等而下之的谶纬方术，就更是全凭穿凿成说。如果说这些都发生在科学不发达的古代，可以不必苛求，那么在科学昌明的现代，中国在引进西方思想（包括马克思主义）过程中的曲

---

① 梁漱溟《东西文化及其哲学》，商务印书馆1922年版，1987年影印。

折经历，则又是在另一个层次上对古人故事的重演。特别是在极左思潮泛滥的年代，生拉硬套、比附穿凿的做法泛滥成灾，几乎全社会都得了"理论"迷狂。直到改革开放后相当长时间，对于中国的经济体制改革问题，理论界一些人还要在"姓资姓社"问题上纠缠不休，全然不顾活生生的经济现实。中国的理论界很多人对舞文弄墨、纸上谈兵的爱好远远超过彻底解决实际问题的兴趣，除了私利上的原因外，从心理上讲，就是从对语言文字做比附联想、穿凿附会而成的文章中，能获得一种"自圆其说"的满足感。

4. **中国人特别喜欢引经据典和依傍圣贤。**中国古人的祖先崇拜和圣贤至上思想表现在著书立说中就是讲究引经据典。《文心雕龙》特辟专章分别讲"宗经""征圣"的意义。"代圣贤立言"是中国学子历来的为文准则。凡立一说最好要有经典或圣贤著作的出处。古人依傍儒家经典和儒家圣贤，今人则不过换了一批经典和圣贤，总之是要有所依傍，才算学有根底。空无依傍的学说往往被视为离经叛道和异端邪说。结果是个人的见解消融在古人和时贤的语录中，理论思维陈陈相因，继承多而创造少，学术思想少个性。平头百姓说话也好说"古人说过"云云，以加强说服力。这是中国人对个体自我的价值缺乏信心的语言表现。西方人自信而有个性，爱表现个人价值和突出个人见解，所以文章和说话中少有上述现象，思想理论有创新的活力。不过由于西方人过于求新求异，也不可避免地制造出许多"明日黄花"。

由于文化心理是民族精神的最深层的东西，而一个民族特有的文化心理则更能体现该民族的内在特质，所以对语言中民族文化心理的揭示也是对民族特性的揭示。以上所论仅仅是几方面显见的现象。关于这方面的研究，文化语言学只是开了个头，今后还大有用武之地。比如寒暄、问候、待客、交谈、避忌、称呼、客套、命名等，各民族几乎都有自己独特的内容或方式。对这些内容、方式以及隐含的文化心理综合研究的结果，可以建立起一门跨文化交际心理学。

第四章　文化语言学的学术渊源

尽管文化语言学在中国兴起是20世纪80年代以来的事，但是它并不是凭空产生的，而是有着自己的学术渊源的。这种渊源可以追溯到上古时代。由于语言和文化的天然联系，谈论语言不可能不涉及文化，谈论文化也很容易联系到语言，所以尽管上古时代并没有现代这样的语言学和文化学的概念和理论，但是东西方的古代学者在对许多问题的探讨中都涉及了同语言有关的文化问题或同文化有关的语言问题。古希腊人走上语言分析的道路，是由哲学家们研究思想同词的关系、研究事物同名称的关系而推动的，而且当时的语言研究完全是以哲学为转移，尤其是以逻辑学为转移的。在我国上古时代，从春秋至秦汉数百年间学者们曾对"正名"问题、名实关系和言意关系问题进行探讨。这些都给文化语言学的研究者们以非常有益的启迪，不过这里不拟详论中国文化语言学同上述这些探讨的思想联系，仅就中西方学术中对中国文化语言学理论建设中最有影响的几个方面来看文化语言学的学术渊源。

第一节　文化语言学的西学渊源

对中国文化语言学最有影响的西方学术思想有以下几个方面：

一、欧美文化人类学理论

人类学是一门根据人类的生物特征和文化特征来综合地研究人的科学。它起源于地理大发现时代欧美学者对当时西方技术文明以外的被称为"野蛮""原始"的社会的研究。现代的人类学已不限于这一范围，也包括对现代文明社会内部的人的研究。人类学分体质人类学和文化人类学两大分支。体质人类学研究人类体质的生物学特征，它同语言问题关系不大。同语言问题有关系的是文化人类学。文化人类学研究人类社会中的行为、信仰、风俗、习惯、语言、社会组织等的文化特征。在文化人类学家看来，语言是文化的一部分，而且是人类接受社会文化的主要通道；语言是和整个社会文化一起代代相传并不断演化的；语言还是政治凝聚的重要力量，语言和社会不可或缺。文化人类学对语言的这些见解给中国语言学家提供了看待语言的新视角。文化人类学理论流派众多，其中对中国文化语言学影响较大的有以下三家：

1. 以英国学者泰勒（E. B. Tylor, 1832—1917）为代表的文化进化论学派。秦勒在《原始文化》一书中为"文化"下的经典性定义（见本书第一章第一节）构成了文化语言学研究者们关于"文化"问题的基本概念。就是说，文化语言学把文化概念的内涵规定在精神文化范围内，这一观念首先主要是受之于泰勒。泰勒在《原始文化》一书中所探讨的文化主要也是精神文化。文化语言学的文化概念能够同泰勒的文化概念相契合，其深层的原因则在于语言本身是人类精神的记录、镜像或表征。《原始文化》中有两章讨论"情感语言和模拟语言"，在《原始文化》的姊妹篇《人类学——人及其文化研究》中，又用三章专论人类语言的起源、发展、分化对于人类文化形成的重大意义和作用。另用一章专论语言的记录形式文字以及印刷出版技术对于现代文明形成的作用。此外，泰勒在探讨人类文化中的巫术、宗教、信仰、习俗、神话等问题时，用了大量词源分析的例子来证明文化观念的起源。比如在一些原始部族中，对灵魂和精灵的信仰经常同"影子""形象"等概念关联，使用同一个词；在另外一些语言中，灵魂、心灵等概念常和"呼吸"的概念使用同一个词。据此可以推断原始思维和原始宗教观念的特点。又如在希腊和罗马的古典书籍中，命运女神是以三个智慧妇女的形象而出现的，她们是过去、现在、将来的化身，她们的名字就有"过去""现在""将来"（Urdhr, Verdhandi, Skuld）的意义；这说明对现代人来说只是表现在语言中的概念的东西，在古人的思想中却采取了个人的形式。在泰勒的理论中，"进化"的观点和"痕迹"的概念具有重要地位。现代文明社会的文化是由远古野蛮社会和蒙昧社会的文化进化而成的，其中仍然保留着远古文化的某些"痕迹"，这些"痕迹"丧失了最初的意义，成了荒诞无稽的陈规陋习，而文化学正是要从这些"痕迹"中洞察出意义并做出解释，并用比较的方法探求出从远古到现代、从野蛮文化到文明社会的进化脉络。这一旨趣和方法与文化语言学的旨趣和方法部分相近，所不同的只是文化语言学侧重于文化体系中的语言部分。这正是文化语言学研究者推重泰勒的原因。此外在文化进化论学派中还有一位深受泰勒影响的英国文化人类学家弗雷泽（J. G. Frazer, 1854—1941），对于文化语言学的研究也有一定影响。弗雷泽以对原始社会中的巫术、宗教和习俗的广泛深入的研究而著称。其研究成果早在20世纪30年代就经李安宅的编译以《语言底魔力》和《巫术与语言》二书被介绍到国内（后一书80年代曾影印再度发行），1987年弗雷泽的代表作《金枝》

中译本在中国出版。《金枝》一书中对文化语言学最有直接影响的是第22章《禁忌的词汇》，其中用丰富的材料介绍了未开化社会中对个人名字、亲戚名字、死者名字、国王及其他神圣人物名字以及神名的禁忌。这些材料不仅引起了中国文化语言学研究者们对中国社会包括避讳在内的言语禁忌的研究兴趣，而且还使他们对言语禁忌的起源与本质获得了较为深刻的认识和理解。

2. **以马林诺夫斯基（Malinowski, 1884—1942）为代表的功能主义学派**。马氏是欧洲功能主义文化人类学的大师，一生著述丰富，影响巨大。其学说于20世纪30年代也已由吴文藻、费孝通、李安宅等学者传译到我国。功能主义学派认为，人类的目的是生活，而文化则是人类用以达到这一目的的手段；不同社会的文化在形式上可以有种种变异，但就其满足人类生活需要的功能这点而言则性质都是相同的；所谓"功能"就是某一文化要素位于文化整体之中并且为文化整体的延续所起的作用，即所谓"经常满足需要"的作用，因而文化研究就是要阐明每一个别的文化构成要素在现实存在的社会或文化中的相互关联和它们在文化整体中所发挥的作用（即功能）。马氏把文化分成物质的和精神的两大部分，而他所特别看重和着力研究的是精神文化。精神文化"这部分是包括着种种知识，包括着道德上、精神上及经济上的价值体系，包括着社会组织的方式，及最后，并非最次要的，包括着语言"。在作为马氏功能主义文化理论的纲领性著作的《文化论》一书中，他专立一节讨论了语言在整个文化体系以及在个体的人成长过程中的作用，认为"说话是一种人体的习惯"，"语言是文化整体的一部分，但它不是一个工具的体系，而是一套发音的风俗及精神文化的一部分。"在马氏的文化学理论中，有3点最为文化语言学的研究者所重视：一是强调文化的整体，即认为文化是由各要素经过整合而成的体系，而语言是这个体系的一部分；二是文化具有满足人类需要的功能，是人类生存生活的一种手段；三是看重文化要素间的关系，"文化的意义就在要素间的关系中"[①]。文化语言学把语言放到文化整体中，考察它在文化建构中的功能，考察它与其它文化要素间的关系，都是受了马氏理论的影响而形成的思路。另外，马氏关于语言属性的观点，对于促使文化语言学研究者们摆脱工具论语言观的束缚，建立强调语言的文化属性的文化论语言观，无疑具有根本的意义。

3. 本尼迪克特（Ruth Benedict, 1887—1948）的"文化模式论"。本尼迪克特是著名的美国人类学家。她提出的"文化模式"的学说，使人们对文化的整体功能有了新的理解。本尼迪克特认为，马林诺夫斯基虽把文化视为一个整体，但并没有讲清楚文化的内在有机联系是如何形成的以及在多大程度上有这种内在联系；而发现和描述这种内在联系并论述各种文化既具有个性又行动一致的统一表现形态，正是文化人类学家要做的事。她通过对北美印第安民族的不同部族以及日本民族的文化特性的独特研究，证明了文化都是一些充满独特个性的"模式"。在一种文化模式中被认为是"异常"的、无价值或遭到唾弃的行为，在另一种文化模式中反倒会被认为是值得自豪的、很有价值的或受到尊崇的行为。各种文化模式由互不相同的价值秩序制约着，呈现出多样性；从文化内部给这些多样性定性的，是表现为民族精神的文化主旋律。这个主旋律即是使文化成为模式的东西。她曾把自己从事实地考察的几个印第安部族的文化命

---

① 见马林诺夫斯基著、费孝通译《文化论》，中国民间文艺出版社1987年，第5页、第7页、第14页。

名为"日神型""酒神型"和"妄想狂型",又曾把日本的文化模式概括为"菊花和刀"。本尼迪克特的名著《文化模式》《菊花和刀》也是在20世纪80年代被译介到中国。她的理论不仅给中国的文化语言学研究者以"模式"看待文化的观点,而且使他们能以"模式"的观点来看待语言。这种看待语言的"模式"观点完全不是由类推得来,因为在《文化模式》一书中,本尼迪克特在论述文化模式的形成过程时,就曾直截了当地拿语言打比。她认为文化的特性取决于对围绕文化群体的一道巨大的弧上的某些被认为有价值的节段的选择,语言也是这样。"每一种语言必须做出选择,并在承受可能完全不为人理解的痛苦中去服从这种选择。""另一方面,我们对与自己的语言无关紧要的那些语言的大量误解,是在我们企图将异族语言系统作为研究我们自己语言的参照框架时发生的。"① 因此,正像在一种文化中视金钱为基本的价值而在另一种文化中却几乎没有意识到金钱的价值那样,对于一种语言是至关重要的范畴在另一种语言中可能变得无足轻重。对不同文化、不同语言之间的这种深刻的差异性和不可通约性的认识强化了文化语言学的比较研究和求异研究的观念。

二、洪堡特的语言学说

洪堡特(W. F. Humboldt, 1767—1835),西方著名语言学家,德国人。他一生研究过许多语言,终身致力于探讨语言的本质和功能、语言与思维的关系、语言的文化内涵等具有普遍理论意义的问题,在

---

① 见露丝·本尼迪克著,何锡章、黄欢译《文化模式》,华夏出版社1987年,第18页。

普通语言学领域有独特的贡献，他提出的语言哲学体系为现代语言学的理论奠定了基础，现代语言学的许多流派都受到他的语言学说的深刻影响。他最为著名而影响巨大的是作为三卷本著作《论爪哇岛上的卡维语》一书的导论《论人类语言结构的差异及其对人类精神发展的影响》，这篇长达200余页的导论被后人誉为"第一部关于普通语言学的巨著""言语哲学的教科书"[①]。"导论"包含有极为深邃丰富的理论思想，其中对文化语言学研究最有影响的是这样几个方面：

1. **关于语言的本质问题**。洪堡特有一个一再被人引用的著名论断："语言绝不是产品（Ergon），而是一种创造活动（Energeia）。"（或译为："语言不是一种'功'，而是一种'能'。"）他认为语言的真正定义只能是发生学的定义。语言的生命在于讲话，讲话是一种活动，语言就存在于这种活动中。"语言实际上是精神不断重复的活动。"因此"我们不应把语言视为一种僵死的制成品，"，不能把语言看作"一大堆散乱的词和规则"，因为"这种个别的东西永远是不完全的，需要有新的活动发生，方能认识到生动的讲话本质，并提供一幅活语言的真实图景。"因此"在真实的、根本的意义上说，只能把讲话的总和视为语言。"他尤其反对把语言的形式仅仅看作所谓的语法形式，一再强调要把语言看作精神力量的创造活动。

2. **关于语言与人、世界三者的关系**。洪堡特认为，语言处在人与世界之间，人必须通过语言并使用语言来认识世界。"没有语言，就不会有任何概念；同样，没有语言，我们的心灵就不会有任何对象，因为对心灵来说，每一外在的对象只有通过概念才会获得真实的

---

① 此处引语及以下简介，根据胡明扬主编《西方语言学名著选读》中伍铁平、姚小平的译文及有关评介，中国人民大学出版社1988年出版。

存在。"词不仅仅是传达思想的被动的标记，它对于人类精神有反作用。词在心灵面前借助于附带的自身意义而重又成为客体，并将一种新的特性赋予感知。每个民族都不可避免地把自己独特的主观意识带到自己的语言中，"因此每一语言里都包含一种独特的世界观""每种语言都包含着一部分人类的整个概念和想象方式的体系"。这种"语言世界观"又可以反过来影响人的思想行动："人跟事物生活在一起，他主要按照语言传递事物的方式生活，而由于他的感情和行为受制于他的观念，我们甚至可以说他完全按照语言的引导生活。"人创造了语言，同时又"把自己束缚在语言之中"。在洪堡特那里，语言和思想的关系极为密切，每种语言都表达记录了各自的思维范畴和意义内容，由此形成了表现为独特的语法结构和语义结构的"内在语言形式"，各民族的人们就是通过这种潜藏在语言底层的"内在语言形式"来整理和划分经验世界，使观念和思想得以明确化、现实化的。

3. 关于语言和民族精神的关系。上述两点决定了洪堡特对语言和民族精神关系的根本看法。既然他认为语言的使用过程是一种精神的创造活动，那么一个民族的语言创造过程也就是精神创造过程。"语言仿佛是民族精神的外在表现；民族的语言即民族的精神，民族的精神即民族的语言。二者的同一程度超过人们的任何想象。"民族语言既然对内同一于民族精神，那么对于不同民族来说，语言的差异也就势必对应着民族精神的差异。造成语言差异和民族精神差异的原因复杂多样，其中有些是无法从理性和纯概念上说清的。既然一定的语言与一定的民族特性和文化特征相联系，那么对语言的研究就必须同对民族的历史文化、风俗习惯的研究相结合。

洪堡特关于语言问题见解的深刻性，使他的理论有一种"钻之弥坚"的性质，因此文化语言学的研究者都乐于到他的著作中寻找思想资源。我们如果把洪堡特的语言学说和文化语言学的语言观相比较，不难看出二者之间的相似性和源流关系。

三、美洲人类语言学

人类语言学是人类学和语言学相结合的产物。促成这种结合并使之形成一种研究传统的客观事件有三项。一是本世纪初人类学家对美洲印第安人的语言和文化研究的热心。美洲印第安语种类繁多、分布极广，互相之间差别又很大，又几乎全部处于无文字的状态中，其中有一部分由于讲的人太少正在趋于消亡，巨大的研究任务和迫切的使命感吸引了大批语言学家投入了人类学家所关注的研究课题，促进了语言学和人类学的结合。二是传教的需要。由于新教教派要对国外传教，为此要培训懂得该地语言的传教士，于是学习各地土著语言问题提到了首要地位，语言学习的需要刺激了语言研究的兴趣。三是第二次世界大战中，美军要统治太平洋的许多岛屿，为此要学习各岛的土著语言，他们请了语言学家来帮助他们从事语言培训工作。这也刺激了语言学家研究土著语言和文化的兴趣。在研究印第安人和其他土著部落的文化和语言的过程中，语言学家发现了语言、思维、文化之间的某种直接联系，从而建立了人类语言学的研究规范。美洲人类语言学的主要代表人物和有关思想是：

1. 博厄斯

博厄斯（F. Boas, 1858—1942）是美洲人类语言学的先驱，近代人类学的创始人。他原是德国人，23岁得博士学位，25岁到北美从事人类学研究。他深入印第安人部落学习他们的语言，记录他们口授的历史。他以前的语言学家在研究中往往习惯于按照印欧语系的模式来描写其他语言。博厄斯的研究方法与此不同，他认为每一种语言不应依据一些预定的标准来描写，而只应依据它本身的语音、形成意义的模式来描写。因此，他训练印第安人学会记音的方法，让他们记下自己的语言，申述他们对自己语言的看法，然后从中归纳出该种特定语言的模式。在他倡导下形成的这种研究方法，发展成为美国描写语言学的研究规范。以往欧洲语言学家曾认为，语言演变的模式是由一种"始祖语"演变成许多种语言，博厄斯发现美洲语言与此不同，往往是许多毫不相关的语言聚在一起，互相影响，每一种语言都有自己所受的文化影响。他说："对于印第安语言的理论研究，似乎和对于印第安语言的实际知识同等重要；纯粹的语言研究似乎是对世界各民族心理的彻底研究的重要部分。"博厄斯一生著述丰富，还创办过三种论述人类学和人类语言学的期刊。他编写的包括北美印第安人的19种语言的论集《美洲印第安语言手册》成为这一学科的必备参考书。他倡导的把语言研究和文化研究结合起来的理论原则影响了其后几代学者，并由他的学生萨丕尔和萨丕尔的学生沃尔夫加以发展，形成了被称为"语言相对论"的"萨丕尔–沃尔夫假说"。

2. 萨丕尔

萨丕尔（E. Sapir, 1884—1939）是美国著名的语言学家兼人类学家、人类语言学的奠基人和美国结构主义（描写）语言学派的主要建立者。他以对北美印第安语言的卓越研究而著称于世。同以布龙菲尔德为代表的建立在行为主义和形式主义基础上的语言观不同的是，萨丕尔强调语言模式的心理基础，他认为"语言是纯粹人为的，非本能的，凭借自觉制造出来的符号系统来传达观念、情绪和欲望的方法"。"言语是一种非本能性的、获得的、'文化的'功能。"[①]关

---

① 萨丕尔《语言论》（中译本），商务印书馆1964年，第6页、第3页。

于语言和思维、语言和文化的关系，萨丕尔认为，人们主要是通过语言去理解世界，因此不同的语言表达方式会对同一客观世界提出不同的分析和解释。他认为种族、语言和文化的分布不平行，语言和文化的历史不能直接用种族来解释。语言形式跟种族和文化没有必然的联系，而语言的内容跟文化是有密切关系的，特别是词汇能比较如实地反映出它们所服务的文化。不过他又强调切不可把语言和词汇混为一谈。他的主要著作是《语言论》，此书对语言类型有许多精细独到的分析。

3. 沃尔夫

沃尔夫（E. L. Whorf, 1897—1941），美国语言学家，1914年进麻省理工学院学化学工程，1924年起先后研究过希伯来语、墨西哥阿兹特克方言和古代玛雅语，1931年到耶鲁大学跟萨丕尔学习人类学，1932年开始研究美洲印第安人的霍皮语。在语言和文化的关系问题上，沃尔夫深受洪堡特和萨丕尔的影响。他在对美洲印第安语的实地调查中发现，霍皮语并不像英语那样在动词的语法结构上区分出现在、过去和将来三种时间，这说明霍皮语和英语的时间观念不一样，英语可以把主观意识到的时间客观化，而霍皮语则不能。他据此提出，人们看待时间和严守时刻的方式可能受他们动词的时态类型的影响。在动词和名词的划分上，霍皮语也和英语不同。英语的lightning（闪电）、wave（波浪）、flame（火焰）、meteor（流星）等都是名词，而在霍皮语里却要用动词表示这些概念。而温哥华岛的奴脱卡（Nootka）语甚至连动词和名词也不区分，听起来好像所有的词都是动词。比如把"房子"说成"住"之类。沃尔夫据此认为英语对自然的动词、名词两极划分法并不能说明自然本来就应当这样划分，而是因为英语中有动词、名词这样的语法范畴。而对于语法范畴的定义，不同语言各不相同。在霍皮语中，表示短暂性事物的都是动词，因此英语中"闪电""波浪""火焰""流星"等词在霍皮语中都是动词。而奴脱卡语中并无名词、动词这样的语法范畴，所以他们并不区分名词和动词。沃尔夫根据这些材料和观点，提出了一种被称为"语言相关性"的理论。这一理论又被称为"萨丕尔－沃尔夫假说"。

萨丕尔－沃尔夫假说认为，语言的结构能够决定操该语言的人的思维方法，因此，各种不同的语言结构导致说这些语言的人用不同的方法去观察世界。作为人们的行为体系的文化，只能存在于人们对周围世界的观念之中，语言包含着人们关于周围世界是由什么组成的各种观念，也包括人们在社会中应如何行动的观念。人们只有了解这些观念是什么，才能了解文化是什么。这些观念既然被包含在语言之中，那么只有通过语言才能接受和了解文化。因此，语言表达文化，决定着文化，支配着人们的思维，并形成人们的世界观。

美洲人类语言学从博厄斯到萨丕尔和沃尔夫，在各方面都取得了独特的成就，形成了自己独具的理论系统和研究方法。但是，由于20世纪三四十年代以后，由于以布龙菲尔德为代表的注重形式分析的描写语言学成为美国语言学的主流，萨丕尔、沃尔夫的学说未能在美国语言学界占主导地位，但这一学派在国内外始终有影响。沃尔夫去世10年后，美国学者对萨丕尔－沃尔夫假说重新燃起兴趣，曾多次召开专门会议进行讨论。这一假说尽管经过长期的争议，有人支持、有人批评，但是至今既没有被完全证实，也没有被完全推翻。这一情形本身就表明它具有相当的理论价值和深厚的根基。萨丕尔－沃尔夫假说提出的一些根本原理也许可以不断争议下去，但是人类语言学把语言和文化一起进行考察研究的传统却已经得到普遍的肯定和发扬光大。20世纪50年代以后，美洲人类语言学又有了新的发展，人类语言学家对文化类型和语言类型进行了比较研究。H. E. 德利菲尔的一项研究结果表明，北美原住民的文化组合和民族组合是相当一致的。无论如何，语言决不仅仅是一个形式系统。语言和思维，语言和文化之间即便不存在等值关系，语言在形成思维和文化过程中的巨大作用也是毋庸置疑的。迄今为止我们对这个世界的认识都反映在我们的语言里，我们确实是根据我们的语言来理解这个世界的。语言在形成我们的世界观的作用问题，仍然是一个很有探讨价值的问题。即便从萨丕尔-沃尔夫假设为我们提出了一个富于启发性的课题，为我们指出了一个极有探讨价值的领域这一点看，我们对这一理论至少也不应采取否定态度。[①]

除了上述西方学术思想外，还有卡西尔的符号论哲学思想和伽达默尔的释义学思想，对于文化语言学的理论建构也有很大影响，因前文已有引述，这里不再赘述。

第二节 文化语言学的中学渊源

一、中国传统文化中的文道一统观

"形而上者谓之道，形而下者谓之器。"中国古典哲学把"道"看作是世界的本原、本体、规律、法则或原理，是一种抽象无形的

---

① 关于沃尔夫的思想理论，详见高一虹等翻译的《论语言、思维和现实——沃尔夫文集》，湖南教育出版社2001年。

东西，而把那些具体有形的、可以感知的器用之物，包括一切自然物质，都称为"器"。语言（包含文字、文章）属于道、器二者的哪一种呢？中国古代思想家无论哪家哪派，从根本上都是崇奉"天人合一"的世界观的，天道（自然之道）和人道是混而为一的，人道只不过是天道在人的世界的体现而已。语言文字是天道和人道的表述者、体现者，是人性的一部分，具有一种神圣性。许慎《说文解字叙》谓："盖文字者，经艺之本，王政之始，前人所以垂后，后人所以识古，故曰：本立而道生。"《易·系辞上》谓："鼓天下之动者存乎辞。"《文心雕龙·原道》对此阐发为："辞之所以能鼓天下者，乃道之文也。"意谓言辞之所以能够鼓动天下，就在于它合乎自然之道。《文心雕龙》是我国古代文论的经典，以体大思精著称。全书50篇，而以《原道》开篇，这一安排，既合乎上古以来的文道一统观，又起到了提纲挈领、纲举目张的作用。以下为其第一段：

> 文之为德也大矣，与天地并生者何哉？夫玄黄色杂，方圆体分，日月叠璧，以垂丽天之象；山川焕绮，以铺理地之形。此盖道之文也。仰观吐曜，俯察含章，高卑定位，故两仪既生矣；惟人参之，性灵所钟，是谓三才，为五行之秀，实天地之心。心生而言立，言立而文明，自然之道也。

此段文字大意为：文章意义之宏大，在于其与天地同生。天地日月、山川地理皆自然之锦绣文采。人与天地构成"三才"。天地山川的性灵钟集于人，人为五行之秀、天地之心。在仰观俯察之际，人心有所感，发而为言辞，著而为文章，是故文章便是自然之道。宋代的理学家朱熹也说："道者，文之根本。文者，道之枝叶。唯其根本乎道，所以发之于文，皆道也。三代圣贤之章，皆从此心写出。文便是道。"（《朱子语类·论文上》）道产生了文，文又体现了道；而文又是从"此心"写出的，于是客观世界的本原和法则（道）、主观世界（"此心"）和它们的表现者（文）便成了一体化的东西了。可见语言文字在中国古人心目中并不是形而下的器用之物，不是纯粹的工具，而是具有本体性质和地位的天道人心的表现。

中国传统文化的这种文道一统观同西方人类语言学关于语言即世界、语言决定思维、决定世界观、决定文化的语言、世界、思维、文化一体观的主旨相当接近。

二、内涵丰富的"小学"传统

与中国古人心目中语言文字的崇高地位相一致的是研究语言文字的学问"小学"在中国古代学术中的显要地位。

小学的显要地位是经学造成的。在漫长的中国封建社会中，科学技术不发达，知识分子的主要学问就是经学。所谓"经"就是指儒家的经典著作。"经学"就是研究儒家经典的学问。"经"和"经学"的形成和发展的历史，几乎就是一部中国传统文化发生发展的历史。中国上古本无"经"这一名称。春秋末期，孔子为保存和传播西周的思想文化和典章制度，创办私学，招收门徒，用他所收集并编定成集的一些周代文献传授给弟子，这些文献集包括《诗》《书》《礼》《乐》《易》《春秋》等六种，称为"六艺"。关于六艺的社会功能，"孔子曰：'六艺于治一也：《礼》以节人，《乐》以发和，《书》以道事，《诗》以达情，《易》以神化，《春秋》以义。'"[1]总之

---

① 见《史记·滑稽列传》，中华书局1959年版，第3197页。（按《春秋》以下疑有脱字）

是治国平天下的道理，属于"文治教化"一类方法。文治教化的施行者是文官，所以"六艺"也是培养读书人和造就文官队伍的教科书。但是由于春秋时期百家争鸣，战国时期列强纷争，"六艺"并未被社会真正重视。"六经"的名称虽在战国后期已出现，但是，真正被定为一尊，成为儒家经典著作则是汉武帝罢黜百家，独尊儒术以后的事。由于到汉代《乐》经已经散失，只存《乐记》一篇，被并入《礼经》中，于是"六经"变成了"五经"。到了唐代，《春秋》按照《左传》《公羊传》《穀梁传》分成三种，《礼经》也分为《周礼》《仪礼》《戴礼》（《礼记》）三种，于是有"三礼""三传"的名目。"三礼""三传"再加上《易》《书》《诗》合称"九经"。到了宋朝，又把《尔雅》《孝经》《论语》《孟子》四种加上去，于是便有了"十三经"。"经"字的本义是织布机上纵向的线。由于经线有规定织物宽度的作用，所以引申出"常规""常道"的意思，汉班固在《白虎通》一书中首先将"经"解释为"常"。刘勰在《文心雕龙》中说："经也者，恒久之至道，不刊之鸿教也。"正因为经书有这样的作用，所以在我国古代文献的"四部分类法"分出的"经、史、子、集"中，"经部"被列于首位，其用意即在于尊儒重道，以儒家思想为正统、常道。正如《隋书·经籍志》所言："夫经籍也者，机神之妙旨，圣哲之能事。所以经天地，纬阴阳，正纪纲，弘道德。显仁足以利物，藏用足以独善。学之者，将殖焉；不学者，将落焉。"而子、史、集三部的著作，都被看作是从不同角度体现、维护和阐扬经书思想的书籍。

经学的地位如此，中国古代读书人的唯一出路，就是通经致仕。要通经首先得读懂经书，经书都是古书，越到后代越难读懂，于是研究经典文献中的语言文字、引导人们读懂古书的古代语文学应运而生。"小学"本是周代贵族子弟的初级学校。许慎《说文解字叙》说："周礼八岁入小学，保氏教国子，先以六书"。到了汉代，"小学"一词被借用来作为古代语文学的代称。《汉书·艺文志》所开列的小学十家都是文字训诂之类书籍。《隋书·经籍志》在四部分类的"经部"下开列易、书、诗、礼、乐、春秋、孝经、论语、谶纬、小学等十个项目。小学书虽处于殿后位置，但已进入经部，地位在子、史、集三部之上，可见当时学者对语言文字学的重视。小学的这一地位一直保持到近代。隋唐以后，小学类的书籍在文字、训诂之外，又增加了音韵一门。正因为小学是通经致仕的门径和阶梯，所以尽管究其实质不过是一门工具性学科，但是历代士人从不敢轻视。不仅一般读书人必粗通小学，而且历代都有不少一流学者专门研究小学。其中清代的小学研究更以其辉煌成就而足以彪炳千秋学术史。

文道一统，文以载道，不仅在援笔为文时，就是在对语言符号做研究诠释时，中国古代文人学士都大抵坚守这一信条。因此，许多语言符号在他们眼中，往往不是平常的音义结合的语词，而且是一个个体现道统的文化符号。这些文化符号在小学家笔下展现出的诠释结果，自然也与常人的认知大异其趣。比如许慎《说文解字》对"一"字的解说：

一　惟初太极，道立于一，造分天地，化成万物。

"一"是最简单的数码，许慎为什么要这样解释呢？是他有意作迂曲之说吗？不是。如果证之于先秦诸子，我们不得不佩服许慎解释的精当。在先秦许多思想家那里，"一"这一语言符号是当作文化符号来使用的，指的是宇宙天地间无所不在的道体、本原、太初、太极、元气之类东西。《老子》说："道生一,一生二,"《庄子·天下》引惠施语说"至大无外,谓之大一,至小无内,谓之小一",王弼《老子注》说:"一,数之始而物之极也。"《淮南子》说:"一也者,万物之本也,无敌之道也。"这些"一"其实都是由其数码义隐喻出的文化意义。再看对"玉"字的解说:

> 玉　石之美有五德者。润泽以温,仁之方也;䚡理自外,可以知中,义之方也;其声舒扬,专以远闻,智之方也;不挠而折,勇之方也;锐廉而不忮（zhì,狠也）,絜（xié,圆转也）之方也。象三玉之连,"丨",其贯也。

玉只是一种好看的石头,今人当然不可能看出它有什么"五德"。但释文说的是中国上古文化中关于"玉"的观念。我们可以从中体会到玉在中国古人思想中崇高的象征意义。这一崇高意义来自当时玉器是标志贵族等级身份的"礼器"。《说文解字》所收的"玉"字有124个之多,足见玉在古人文化生活中的地位的重要。据此我们对汉字中那么多用"玉"构成的字、词的美好意义的文化根源也就有了新的理解。今人把上古中国与"玉"有关的观念制度和文化生活称为"玉文化"①。

再看《尔雅·释亲·婚姻》中的释例:

---

① 　参见范进军《〈说文〉玉文化初探》,收载于戴昭铭主编《建设中国文化语言学——第三届全国文化语言学研讨会论文集》,《北方论丛》编辑部1994年出版,第144—152页;许凌虹《〈说文〉"玉"部字与古代玉文化》,《安徽师范大学学报》2005年第3期。

妇称夫之父曰舅，称夫之母曰姑。姑舅在，则曰君舅君姑；没，则曰先舅先姑。谓夫之庶母为少姑。

夫之兄为兄公，夫之弟为叔，夫之姊为女公，夫之女弟为女妹。

子之妻为妇，长妇为嫡妇，众妇为庶妇……

我们从这些释文中可以看到上古中国的婚姻制度、亲属关系和称谓系统，从而认识到称谓词与婚姻的关系。

如果把有关文字、音韵、训诂的专书看作狭义的"小学"的话，那么还存在三个范围更大的广义的"小学"：

首先是散见于各类古典文献的注疏。比如朱熹《诗集传·硕人》首章：

硕人其颀，衣锦褧衣。齐侯之子，卫侯之妻，东宫之妹，邢侯之姨，齐公维私。〇赋也。硕人，指庄姜也。颀，长貌。锦，文衣也。褧，禅也。锦衣而加褧焉，为其文之太著也。东宫，太子所居之宫，齐太子得臣也。系太子言之者，明与同母，言所生之贵也。女子后生曰妹，妻子姊妹曰姨。姊妹之夫曰私。邢侯、谭公，皆庄姜姊妹之夫，互言之也。诸侯之女嫁于诸侯则尊同，故历言之。[①]（下略）

我们从朱熹的释文可以获知相关词语的文化内容有：上古贵族妇女的外服锦衣，为掩其文艳而加禅（单衣）；王族的居住制度是太子居

---

① 朱熹集注《诗集传》，上海古籍出版社1958年版，第36页。

东宫；亲属称谓"妻、妹、姨、私"的含义；诸侯之间互相嫁女的婚俗以及相关门第观念等。

其次是历代学者的为着某种实用目的而编的各种"类书"。类书虽然不是从纯粹的文字学、训诂学、音韵学角度对语言单位的研究和解释，但却是历代书面语中对某些类别的实际例子的汇总，有的类似分类编排的用例字典或辞典，有的类似按事件性质分类的事典，有的则类似今天的百科全书，是文化信息含量极为丰富的工具书。

其三是《马氏文通》之前散见于古代论著中大量的有关汉语词法句法的论断和评析。这类材料多出自古人的切身体验和深厚经验，颇具烛照洞见，同古汉语句法规律比较契合，比较贴合中国人对母语的感受，对于创建合乎汉语实际的语法理论可能具有启发作用。尽管这类材料所针对的是文言，但现代白话文与之一脉相承，比起西方语法的"他山之石"，参照起来可能另有效果。不足之处是比较零散，不成系统。早在20世纪60年代就有两位前辈学者识见此类材料的价值，下了一番苦力将它们搜罗编辑成书[①]，后人利用起来已经可以省却不少翻检之劳了。

总之，传统小学是既包括中国传统语文学思想，又包含着中国传统文化信息的一片无限广阔、无限深邃的汪洋大海。然而"小学"的价值不仅在于思想和材料的丰厚，还在于它发展到清乾嘉时代成为"朴学"，其精神和方法已经达到西方现代阐释学的高度。著名国学大师钱锺书对于乾嘉学派的朴学方法评判道：

> 乾嘉"朴学"教人，必知字之诂，而后识句之意。识句之

---

① 郑奠、麦梅翘编《古汉语语法学资料汇编》，中华书局1964年3月第1版。

意，而后通全篇之义，进而窥全书之指。虽然，是特一边耳，亦只初桄耳。复须解全篇之义乃至全书之指（"志"），庶得以定某句之意（"词"），解全句之意，庶得以定某字之诂（"文"）；或并须晓会作者立言之宗尚、当时流行之文风、以及修辞异宜之著述体裁，方概知全篇或全书之指归。积小以明大，而又举大以贯小；推末以至本，而又探本以穷末；交互往复，庶几乎义解圆足而免于偏枯，所谓"阐释之循环"（der hermeneutische Zirkel）者是矣。①

这种探本穷末、细大不捐、交互往复、无征不信又注重背景的研究方法，实际上所体现的是一种实事求是、必得真相而后已的科学精神，因此钱锺书才认为它具有现代阐释学的性质和价值。乾嘉朴学所涉领域广泛，小学仅为其一部分。但无论关于规律的发现还是方法的发明，如"古无轻唇音""因声求义""故训声音相为表里"等，至今仍超绝时代、颠扑不破。文化语言学目前最急需的还不是一个取之不竭的资源性的大语料库，而是一种无往不利的科学精神和科学方法。发扬光大乾嘉小学研究中的朴学精神和"循环阐释"方法，可以推助文化语言学走上健康发展的康庄大道。

---

① 钱锺书《管锥编》（第一册），中华书局1979年第1版，第171页。

第五章　文化语言学的建立和发展

第一节　学术反思和前辈的支持

建立中国文化语言学的问题，是在对中国近百年来的语言学研究传统的深刻反思的基础之上提出的。

尽管文化语言学的开端可以追溯到20世纪初一些西方汉学家把中国语言与中国文化结合起来的研究，而且三四十年代原中央研究院历史语言研究所一些学者的语言研究也多少杂有文化学的成分，但是真正堪称文化语言学的先声而被公推为文化语言学的"开山之作"的，是罗常培在50年代初出版的《语言与文化》。表现在此书中有两点可贵的自觉：一是主动接受萨丕尔、帕默、泰勒和马林诺夫斯基的语言学和文化学思想，二是明确指出，"语言学的研究万不能抱残守缺地局限在语言本身的资料以内，必须要扩大研究范围，让语言现象跟其他社会现象和意识联系起来，才能格外发挥语言的功能，阐扬语言学的原理。"[①]为此作者要以自己的研究"给语言学和人类学的研究搭起一个桥梁来"[②]，给中国的语言学开一条"新路"。

---

① 见罗常培著《语言与文化》，语文出版社1989年版，第92页。

② 同上书，第2页。

然而，尽管如作者所说，"这本小书对于中国语言学的新路已经把路基初步地铺起来了"[①]，可是由于种种原因此后在这条路上却一直人迹罕至，作者寄予厚望的语言和文化的结合研究一直未能进行。这不能不说是一桩巨大的"历史的遗憾"。

到了20世纪80年代，一批具有创新意识的中青年语言学者回顾历史、环顾四周，突然产生了一种极为强烈的失落感，他们感到语言科学已经成了社会科学中最脱离实际、最无补于事，因而也最不受重视和最少人问津的"冷门"，其地位和影响甚至不如封建时代由于可以"通经致用"而成为经学附庸的"小学"。在这种失落感的基础上，他们对中国语言学的现状和前途深感忧虑，产生了强烈的危机感。在这种危机感的迫使下，"中国语言学向何处去"的问题被提了出来，一时之间成为中青年语言学者的热门话题。围绕这一话题，大家对业已形成一定研究传统的中国语言学进行了一系列的反思。这些反思集中在以下几个基本问题上：

一、关于语言学的对象和方法问题

论者认为，中国语言学深受西方语言学以索绪尔为开端的结构主义语言学的影响。自从索绪尔提出区分语言和言语、共时和历时、内部语言学和外部语言学等概念以来，他的语言学的唯一对象是"就语言和为语言研究的语言"这一名言已被20世纪大多语言学家奉为圭臬，由此形成了对语言的内部结构系统做共时的、静态的、形式主义的纯正描写的结构主义传统。结构主义语言学在世界范围内取得了巨大的成就，然而随着研究的深入，它也日益暴露出根本

---

① 见罗常培著《语言与文化》，语文出版社1989年版，第95页。

性的缺陷。因为语言并不是完全脱离社会文化的、静止封闭的自足的系统，结构主义语言学所研究的只是一种设想中的理想化的语言，这种语言在现实中并不存在，真正的语言只存在于每个人的日常运用之中，它和整个民族的文化、历史、社会环境、言语环境、使用者的个人特点都有割不断的联系。把理想化的语言作为研究的唯一对象而进行精密分析的结果，是语言不再被作为一种文化现象，而只被作为一种形式系统来研究，这就忽视甚至抛弃了语言属性的一个重要方面，致使研究路子越走越窄。

二、关于语言学的本体性问题

传统语言学只把语言当作一种工具，当作一种外在于人的客体。这种语言观导致对语言这一工具的结构和性能的详尽描写，研究的目的只是为了帮助人们掌握这门工具。这种过于偏狭的看法和做法在中国语言学界表现得尤为严重。于是中国的语言研究就带上了纯粹实用的功利性目的，缺乏站在语言本体论高度的理论概观。其重要表现之一就是语言研究的主要目的就是为了语言教学，作为体现现代汉语研究成果的现代汉语教材只能充当普通话的教科书。这样的现代汉语语言学只能算是狭义的应用语言学。然而在现实社会中人们掌握共同语并不仰仗现代汉语教材，况且现代汉语教材又起不到帮助人们掌握这门工具的作用。作为最有力证据的是广播电视的普及对"推普"的效应远远大于普通话教学，而没有一个文章高手将自己的写作能力归功于汉语语法教学。于是轻视语言科学的社会心理便由此产生。据此，论者认为，工具性并不是语言的根本属性，语言研究也决不应仅仅为了语言教学。语言是民族文化的结晶，是人性和人的心灵的体现，语言的模式就是民族文化的模式，只有从文化角度切入，把对语言的研究和对人和文化的研究合而为一，才能确立语言的本体论地位，它的研究成果才能为其他各门社会科学所重视和利用，语言科学才不致成为自绝于其他社会科学的孤家寡人。

三、关于汉语的特殊性问题

论者认为，汉语迥异于西方印欧语系，汉语同西方语言的差别是民族文化上的差别，有格格不入的根本特性。西方语言学理论是建立在对印欧语系的透彻研究的基础之上，对印欧语系是适合的，但是不切于研究汉语的需要。可是从《马氏文通》开始，中国的语言研究一直搬用西方语言理论，力图削汉语的足去适西方语言学的履，其结果是抹杀和歪曲了汉语本身的特点。由于西方语言理论之不适于汉语研究，一方面使汉语研究建立在虚弱的理论基础上，受到扭曲的框架的束缚，难以正常发展，同时又使一部分搞具体研究的人对理论语言学持冷漠态度，只忙于琐屑饾饤的考证或无穷无尽的归纳描写，对本身的工作缺乏语言哲学上的观照和升华；而搞理论语言学的又只是满足于对西方理论的译介和补充，未能从对本土语言的研究中抽象出适合汉语特点的理论和方法来。这样的结果是理论工作和具体工作严重脱节。

四、关于历史问题

论者认为，中国的现代意义的语言学史，是以在晚清变法维新、谋求富强的时代浪潮的推动下出现的"切音字运动"和汉语语法研究为开端的。1892年出版的卢戆章的《一目了然初阶》和1898年出版的《马氏文通》分别为汉字现代化和汉语语法研究的开山之作。其后，切音字运动发展成为现代的汉字拼音化运动，现代汉语语法学则蔚然成现代汉语语言研究中的"超级大国"。有百余年的发展史的中国现代语言学已经以其具有相当水平的研究成果和一定规模的研究队伍而成为现代中国社会科学众多学科中的一个独立部门。然而传统小学中具有深厚渊源的人文精神在现代中国语言学中未能得到继承和发扬，几十年的语言学论争（包括如何发现汉语特点的论争）都是如何使汉语研究更切合西方理论，而不是如何发扬汉语研究中的文化阐释传统。在中国语言学沿着结构主义的描写方向越走越远时，有几位西方汉学家葛兰言、马伯乐、劳费尔、伯希和等曾试图把文化人类学的方法带入中国，把文化研究和汉语结合起来，但他们影响主要仍在文化学界。20世纪50年代初，我国语言学前辈罗常培曾发表《语言与文化》一书，惜因时代历史的原因未产生应有的效应，语言和文化的关系这个本是大有价值的领域成了无人敢问津的禁地。

在进行上述反思的过程中，一批中青年语言学者怀着强烈的历史使命感，提出了关于更新语言观、语言学观、拓宽语言研究领域、改变以往语言研究规范的一系列主张，其中一个重要主张，就是建立中国文化语言学。这一主张受到了前辈语言学家吕叔湘先生的关注和支持。1988年2月出版的《中国大百科全书·语言文字》卷首刊出吕叔湘先生所撰的专文《语言与语言研究》，其中有这样一节文字：

　　　研究一个民族的语言还常常涉及这个民族的文化。例如从词语来源（汉语则包括汉字的构造）看古代文化的遗迹；从地名和方言的分布看居民迁徙的踪迹；从人名看宗教和一般民间

信仰；从亲属称谓看古代婚姻制度，等等。这可以称为文化语
言学，有些学者称之为人类学语言学或民族语言学。

这是"文化语言学"作为一个学科名称被当时的学界泰斗首次公开
认可，并以肯定的口吻用在为《中国大百科全书》这样的权威性工
具书撰写的专文中。又过了几个月，吕先生觉得文化语言学似乎还
只有"楼梯响"，于是就把自己的一篇旧作作为"文化语言学的一件
样品"发表在《中国语文》上，并在题记中说："我所了解的文化语
言学是说某一民族的某种文化现象在这个民族的语言里有所表现，
或者倒过来说，某一民族的语言里有某种现象可以表示这个民族的
文化的某一方面。照这样理解的文化语言学当然是语言学的一个方
面，是值得研究的。"[①]在题记中他还批评了想要用文化语言学取代
现有其他语言学的说法，并特地报告了罗常培先生的《语言与文化》
即将出新版的消息。从以上这些可以看出吕先生对文化语言学的发
展及其研究范式的期望。应该说，20世纪八九十年代之交文化语言
学能够蓬勃发展，除了客观实际的需要外，与吕先生的支持、关照
和点拨也是分不开的。

第二节　文化语言学的建立和发展

一、草创宏图和学科勃兴

20世纪80年代最先自觉走上语言和文化结合研究这条道路上来

---

① 吕叔湘《南北朝人名与佛教》，《中国语文》1988年第4期。

的人，是复旦大学的方言学家游汝杰。游氏1980年发表的《从语言地理学和历史语言学角度试论亚洲栽培稻的起源和传播》①一文，已初步显示出作者其后坚持的这一方向的潜能。稍后，作者与历史地理学者周振鹤合作，于1984—1986年间联名发表了5篇文章和一部专著《方言与中国文化》。其中刊于《复旦学报》1985年第3期上的《方言与中国文化》一文首次提出了建立文化语言学的设想。此文以及同名专著以深厚的功力、广阔的视野、丰富翔实的材料和严谨务实的态度展示了一种新型的学术风范，颇受语言学界内外的好评，对文化语言学的建立和研究热潮的形成起到了极大的感召和推动作用。

受游、周二人的影响，一批在80年代初期就对中国现代语言学的研究传统有所反思的中青年学者归到了文化语言学的旗下。其中比较受人关注的是北京的陈建民和上海的申小龙。二人分别从不同角度提出了自己对于文化语言学的设想。陈氏的理论侧重于汉语与社会交际文化的关系方面②，申氏的理论侧重于所谓汉语的"人文性"和"文化认同"的强调③。对于当时久困于汉语结构的枯燥描写的中青年学者而言，他们的论著与游、周二人的同样令人耳目一新。于是一波空前规模的文化语言学新潮勃然而兴。当时几乎每年都有关于文化语言学或语言与文化关系问题的全国性学术研讨会召开。1987年12月在北京召开的首届社会语言学学术讨论会上，文化语言学的研究队伍与社会语言学汇合，会后出版的论文集书名是

---

① 见《中央民族学院学报》1980年第3期。

② 参见陈建民《文化语言学说略》，《语文导报》1987年第6期；《语言文化社会新探》，上海教育出版社1989年。

③ 参见申小龙《历史性反拨：中国文化语言学》，《学习与探索》1987年第3期；《论文化语言学》（与张汝伦合作），《复旦学报》1988年第2期；《中国文化语言学》，吉林教育出版社1990年。

《语言·社会·文化》。其中收载的游汝杰的论文《中国文化语言学
刍议》全面阐述了他心目中作为交叉学科的文化语言学的建设方案。
1989年8月和1991年12月分别在大连和广州举办了第一届和第二届
语言与文化学术研讨会。1992年4月在西安召开了由国家语委语用
所和西安外国语学院合办的第三届全国社会语言学学术讨论会，会
议主题是"语言与文化"。此会的一个特色是汉语、外语、对外汉
语、民族语言、语言理论等各方面学者共同探讨语言与文化的关系
问题，会后出版的论文集书名为《语言与文化多学科研究》。在这些
学术会议之外发生的，是中青年研究队伍的成长、集结和相关论著
的大量发表。1992年邵敬敏编成了《文化语言学中国潮》一书，选
收了24篇论文，反映了这一学科初创阶段的概貌。[①]在该书的《前
言》中他形容道，当时这波新潮"发展势头之猛烈，涉及范围之广
泛，影响程度之深刻，是中国语言学史上罕见的。"此言不虚。下表
是从1986年到1991年关于文化语言学或语言与文化关系的论著（含
文集）发表的数量统计结果[②]：

年份	1986	1987	1988	1989	1990	1991
论文（篇）	57	100	117	149	170	151
著作/文集（部）	2	2	4	11	12	12

　　1993年，由宋永培和端木黎明编著的第一部《中国文化语言

---

　　① 《文化语言学中国潮》，邵敬敏主编，史有为审订并序，语文出版社1995年
出版。
　　② 数据出自宋永培、端木黎明编著《中国文化语言学词典》附录的"1900—
1992中国语言与文化结合研究论著索引"。

学辞典》由四川人民出版社出版。这部带有阶段总结性质的工具书被苏新春以《文化语言学发展的一个里程碑》为文题给予了高度评价①。他根据"辞典的编纂是应出版社之邀而进行的"信息推断"文化语言学的研究已经走出学斋，变成社会的一种需求。辞典在学术研究与社会需求之间搭起了一座桥梁。"情况确如所评，文化语言学引起了广泛的关注，产生了强大的影响力。主要表现如：在对外汉语教学和外语教学两个领域，催生了"文化导入"（外语教学界也有称为"文化移入"的）的教学理念和方法②，弥补了长期以来单纯语言教学的不足，充实和完善了教学内容；在外语教学与研究领域，一是推动了以"语言文字与文化"作为大学素质教育通选课主题的课程设立和教材出版③，二是促进了语言与文化的关系及外汉对比研究的发展④，三是推进了"文化词语"的研究⑤；在民族语言学界，一是推进了基于少数民族语言与文化的关系的文化语言学或语言人类学的研究，并加强了少数民族语言学界与汉语学界相关的学术交

---

① 苏新春《文化语言学发展的一个里程碑》，《世界汉语教学》1995年第1期，第104—107页。

② 参见赵贤州《文化差异与文化导入论略》，《语言教学与研究》1989年第1期，第76—83页；魏春木、卞觉非《基础汉语教学阶段文化导入内容初探》，《世界汉语教学》1992年第1期，第54—60页；赵爱国、姜亚明《应用语言文化学概论》，上海外语教育出版社2003年。对外汉语教学界的"文化导入"教学，后来发展成"文化教学"课程，进入新世纪后发生了过犹不及的迷误。具体分析见戴昭铭《汉语国际教育"文化教学"的迷失与回归》，收载于崔希亮主编《汉语应用语言学研究》第9辑，商务印书馆2020年10月出版，第12—25页。

③ 见于维雅主编《东方语言文字与文化》（北京大学素质教育通选课教材）一书的"前言"，北京大学出版社2002年，第1—3页。

④ 参见：顾嘉祖、陆昇主编《语言与文化》，上海外语教育出版社1990年第1版，2002年第2版；李瑞华主编《英汉语言文化对比研究》，上海外语教育出版社1996年。

⑤ 参见赵明《汉语文化词语研究综述》，《海外华文教育》2012年第3期。

流①，二是催生了"双语文化"研究②；在翻译界则是推动了文化翻译学的建立③。此外在哲学、社会学、民俗学、命名学以及语文教学等领域也产生了一定影响。不少大学开设了文化语言学专题课，或招收文化语言学硕士、博士学位研究生。学术界对文化语言学高度认可的标志性事件是：在《20世纪中国学术大典·语言学》卷中的"条目分类目录"下设的"理论语言学研究"项目下，共列有11个"学术专题"目录，其中"文化语言学研究"位列第3，正文中"文化语言学研究"专题的释文篇幅约2300字，作为该学科发轫以来的阶段性概括和总结。④

二、流派分歧和理论纷争

文化语言学兴起之初，就产生了流派和特色的分歧。本书按照研究者们的理论主张和研究特色把他们分成两派：关系论派和本体论派。前一派的人数较多，较有代表性的是游汝杰、陈建民、邢福义和周光庆等，后一派的代表是申小龙。此外一度比较流行的是邵敬敏在《文化语言学中国潮》一书的"前言"中提出的"三派说"：以游汝杰为代表的"双向交叉"派、以陈建民为代表的"社会交际"派和以申小龙为代表的"全面认同"派。不过如果循名责实，"双向

---

① 参见：张公瑾《文化语言学发凡》，云南大学出版社1998年；何俊芳《语言人类学教程》，中央民族大学出版社2005年；纳日碧力戈《语言人类学》，华东理工大学出版社2010年；戴昭铭、周庆生主编《人类语言学在中国——中国首届人类语言学国际学术研讨会论文集》，黑龙江人民出版社2007年。

② 参见丁石庆著《双语文化论纲》，中央民族大学出版社1999年。

③ 参见王秉钦著《文化翻译学》，南开大学出版社1995年；杨仕章著《文化翻译学》，商务印书馆2020年。

④ 《20世纪中国学术大典》系吴阶平、季羡林总主编，其《语言学》卷林焘主编、刘坚和陆俭明副主编，福建教育出版社2002年出版。

交叉"是对游氏提出的研究方法的概括，"社会交际"是陈氏著作研究内容的侧重范围，它们作为流派的名称，既不贴切，也不合乎实际。实际上游、陈二人都认为文化语言学是研究语言和文化的关系。游汝杰在《中国文化语言学刍议》一文中说："文化语言学的旨趣是研究同一个文化圈的语言跟文化现象的关系"①。陈建民在《文化语言学说略》一文不仅开篇就说（当时）"有一门引人注目的边缘学科，那就是探讨语言与文化关系的文化语言学"，而且文中述及多位相关中外语言学名家时都推崇他们对"语言与文化的关系"的重视②。还有稍后从华中崛起的以邢福义和周光庆为代表的团队，也认为"文化语言学是研究语言和文化相互之间关系的科学"③，据此本书把他们都归到一起，称为"关系论派"。至于"全面认同"的命名，不过部分地合乎申氏本人的意愿，因为他自称"文化认同派"，然则作为一个概念，"文化认同"尚可理解为使汉语研究认同于汉文化，而"全面认同"就不大好理解：怎么叫"全面"？是语音、词汇、语义、语法、修辞、汉语史、汉语方言等的研究都一齐"认同"，还是使汉语语法学"认同"（汉文化）？揆诸申氏论著，似乎应该是后者，那么"全面"二字就无法落实。另外，"认同"其实是一种思想方法，作为流派的名称，难以彰显其与"关系论派"不同的特质。为此我们根据申氏要使《马氏文通》以来脱离汉语汉文化本体的欧化的汉

① 游汝杰此文收载于《语言·社会·文化》（首届社会语言学学术讨论会文集），中国社科院语用所社会语言学研究室编，语文出版社1991年。引文见该书第414页。

② 陈建民此文发表于《语文导报》1987年第6期，后成为1989年上海教育出版社出版的其专著《语言文化社会新探》的第一章。引文见该书第1—2页。

③ 见邢福义主编、周光庆副主编《文化语言学》，湖北教育出版社1991年第1版，第1页。

语语法学回归汉语汉文化本体的宣称，把他所代表的一派称为"本体论派"。

　　两派在语言观、学科性质和方法论等一系列问题上各有一些不同见解。关系论派认为，语言是民族文化的重要表现形式之一，语言现象在文化中、文化现象在语言中都互有表现，文化语言学的对象就是语言和文化的关系。邢福义和周光庆等把这种关系概括为"语言是文化的符号，文化是语言的管轨"①。这一派的研究模式是"从语言看文化、从文化看语言"。游汝杰认为文化语言学的主要目标是：（1）在中国文化背景中研究语言和方言；（2）把多种人文学科引进语言学；（3）把语言学引进别的人文学科。②这一提法中包含了方法论原则。至于具体方法，各家所述略有不同。陈建民列出的有对比法、投影法、文化结构分析法、文化心理分析法；邢福义、周光庆等列出的有实地参与考察法、共层背景比较法、整合外因分析法。

　　本体论派认为，语言"具有世界观和本体论的性质""本质上是一个民族的意义系统和价值系统，是一个民族的世界观"，它"制约人类的思维和文化心理""语言是文化产生的基本条件，语言决定文化"。语言的这种属性叫做"语言的人文性"，它是语言的根本属性。文化语言学的研究对象是语言的文化功能，包括"语言统一文化各领域的功能""文化渗透语言各领域的功能"和"人文科学各领域特

---

　　①　见邢福义主编、周光庆副主编《文化语言学》，湖北教育出版社1991年第1版，第458页。

　　②　见游汝杰《中国文化语言学刍议》，收载于《语言·社会·文化》（首届社会语言学学术讨论会文集），中国社科院语用所社会语言学研究室编，语文出版社1991年。引文见该书第414—419页。

有语言的功能"三大方面。这一派特别强调汉语独特的"人文性",认为汉语的这一特性使它特别不适合于西方语言分析的一套范畴和方法,从而把《马氏文通》以来的中国现代语言学看作是模仿西方语言学、脱离汉语本体、背离传统文化形成的"文化断层",文化语言学的历史使命就是使汉语语法研究回归汉语本体,建立起真正符合汉语汉文化特点的语言学,使中国语言学在世纪内实现"由描写型走向人文型的历史性转折"。为此论者提出了作为描写主义和科学主义对立面的以揭示汉语的人文内涵为主旨的人文主义方法论,在这一方法论原则下开列出的具体研究方法有:文化镜像法、文化参照法、常态分析法、多元解析法、心理分析法、异文化范畴借鉴法、"从抽象上升到具体"的方法和传统阐释法。[①]

上述两派是就双方的理论主张和研究实践的倾向性而作的区分。实际上学科兴起之初二者并非泾渭分明,双方在论著中往往有共同的引证和互相的引述。从根本上说,本体论派也是在探究汉语和汉文化的关系,而关系论派也是在努力使汉语研究认同于汉文化的特质,因此所有文化语言学的研究者实质上都是语言和文化的"关系论派"。不过也有几个特征足以区分二者:一是在理论上本体论派特别强调语言的人文性和汉语特具的人文性,而关系论派基本上不使用"人文性"这一术语;二是在研究目标上本体论派较为专注于建立本土化(或中国化)的汉语语法学体系,而关系论派关涉的范围几乎包括汉语的系统、方言、应用、变化、历史等所有方面与汉文化的关系,再加上民族语言学的语言人类学和外语学界的外汉/汉外对比研究,似乎"无所不至",却唯独较少关注汉语语法问题;三是

---

① 参见申小龙著《中国文化语言学》,吉林教育出版社1990年。

对百年来的中国现代语言学，本体论派的态度和做法是彻底否定并进行严厉的批判，而关系论派只是遗憾地指出其缺陷并加以冷静温和的批评。可以看出，无论是关系论派还是本体论派，当初的理论主张还都比较粗糙稚嫩，不够成熟。比如同为关系论派，各家对文化语言学的性质理解不尽相同：游汝杰认为是解释性语言学，陈建民倾向于社会交际的应用性质，邢福义、周光庆等则主张"文化语言学+语言文化学"。各家提出的研究方法，也有如八仙过海，令人有些眼花缭乱，不得要领。不过，关系论派的这种状况，学界同行似乎尚能容忍，并寄望于在发展中走向成熟。然而本体论派从出现之初到渐成气候，都一直与学界同行的质疑批评相伴随[①]。质疑批评的内容范围，有概念、理论、术语的适切性问题，也有治学精神和治学方法的科学性问题。纷争场合既有会上公开的，也有会后私下的，甚至报刊和著作中，一度竟形成"人人争说申小龙"现象，其热闹程度为中国语言学史上所仅见。不过就倾向而言，非议者居多，支持者较少。敝人一则出于希望中国语法学能够改弦易辙，不再步趋西方理论，二则出于"众人皆欲杀，吾意独怜才"的心态，发表了一篇高调支持申小龙搞"科学革命"的文章，同时对其理论和做法的不当之处也提出了4条改进的建议[②]。然而令人失望的是，申氏

---

① 详见陈炯《汉语的语法特点和汉语语法学的革新》和《洪堡德的人类语言学和申小龙的文化语言学》，分别载于《北方论丛》1988年第2期和1989年第4期；程克江《中国文化语言的兴起及其导向预测——评文化语言学的语言观和方法论》，《新疆大学学报》1990年第2期；伍铁平、范俊军《评申小龙部分著述中的若干问题》，《北方论丛》1992年第2期；屈承熹《怎样为"中国文化语言学"定位》，《语言文字应用》1994年第1期；刘丹青《科学主义：中国文化语言学的紧迫课题》，收载于邵敬敏主编《文化语言学中国潮》，语文出版社1995年。

② 拙文《评申小龙的文化语言学理论——〈汉语句型研究读后〉》，《学术交流》1991年第4期。

不仅对所有质疑、批评和建议都置若罔闻，依然故我地蛰伏在用汉语的"人文性"、汉语研究的"人文精神"等概念打造的铁屋子里做他的"宏富"之梦，继而又被伍铁平系列文章揭出不容忽视的学风和文德的问题[①]。于是"成也萧何，败也萧何"，文化语言学的声誉顿时跌及冰谷，"关系论派"也成了殃及的池鱼。1997年苏新春发表了一篇短论《中国文化语言学步入平和发展时期》，认为"如果说文化语言学在问世之初给人带来更多的是奇异和惊诧，那么现在留给人们更多的是平和，平和之形象，平和之舆论，平和之观众。平和表明它不再是'热点'，而'新闻价值'的下降赢来的却是学术上的逐渐成熟与学术地位的逐渐稳固。"在付出了学术声誉的沉重代价后还能说出如此心态"平和"的话，仿佛有解嘲的意味，但细想之后觉得此话确也表明了文化语言学的自信，毕竟"文化语言学在结构观一统天下的中国语言学界已经赢得了一席之地"。[②]

三、具体问题的研究成果

对于一门新兴学科来说，在具体问题上的研究成效是衡量其理论主张的标尺，也是判定学科的潜能和活力的依据。文化语言学经过了草创、勃兴及平和发展三个阶段，已经有35年历程，相当于一个人处于中青年之交了。那么它取得了哪些用其他的理论和方法难以取得的成绩呢？单篇论文数量庞大，不便择举，仅举相关方面的重要的专著或文集以见大概：

方言学。游汝杰、周振鹤合著的《方言与中国文化》打破了以

---

① 见伍铁平《反对在学术著作中弄虚作假——评申小龙的〈文化语言学〉等"著"作》，《山西大学学报》1996年第2期。其他类似文章从略。

② 苏新春文见《中外文化与文论》1997年第2期，引文见第88页。

往方言描写的旧框框，把方言同中国文化史的许多方面结合起来研究，获得了关于方言分化与中国文化背景之间关系的新认识。如认为现存方言分布的类型同历史上移民的方式有关：占据式移民造成了大面积一致性的方言、墨渍式移民造成了蛙跳型方言、蔓延式移民造成了渐变型方言、杂居式移民造成了掺杂型方言、闭锁式移民造成了孤岛型方言、板块转移式移民造成了相似型方言；又如汉语方言地理跟历史上的人文地理（特别是行政地理、交通地理和经济地理）的关系很大，用"历史地理分析法"参照唐宋以来州府辖区划分次方言区，可以解决"同言线法"所难以决断的疑难。作者还利用众多的文献资料拟测出了中国古代的方言地理。关于方言与民俗的关系，本书讨论得也很有特色。李如龙著的《福建方言》，全书的内容实为讨论闽方言与福建地方文化关系。作者函告说书名原有"与文化"三字，出版时"被删去"。"后记"中交代说该书材料系个人从事福建方言调查研究40多年所获，并略述该书内容为："绪论是关于方言和地域文化关系的概述。第一章到第四章是从文化背景看方言的形成和发展。第五、六章是从方言看文化的演进……。第七章讨论历史文化背景所决定的不同方言的类型差异，第八章讨论不同的方言所反映的不同地域的文化类型。……最后一章是总体的概括，说明福建方言及福建文化在历史发展的过程中所表现出来的共同规律。"①可见此书内容之丰富和充实。然而读此书时最有兴味的是第四章《民族的接触和语言的交流》，其中不仅从福建先民与古越人的民族融合过程说起，展示了闽方言中的丰富的古越语底层，还述及闽南方言与印尼、马来语的交流接触对各方的影响，尤其难得

---

① 李如龙《福建方言·后记》，福建人民出版社1997年，第347—348页。

的是在关于闽人移琉、中琉交往和福建文化传入琉球的史实叙述后，展示了琉球方言中的闽方言借词。此著堪称文化语言学难得之佳构，但愿再版时能够恢复原初的书名，真正做到名实相副。

词汇语义学。语言中的词及其意义因与认知和命名相关，相对于语音和语法，同文化的关系更为密切而直接，最容易引起关注。20世纪90年代，《辞书研究》讨论过"文化词语"和"文化义"两个问题。黄金贵的《古代文化词语考论》和《古代文化词义集类辨考》[①]二书，尽管并非完全针对这次讨论而作，但由于理论建设和研究实践的成功，使它们不仅可作为对这次讨论最完美的总结，而且可作为今后相关研究的表率。《古代文化词语考论》收载论文21篇，其首篇《论古代文化词语的训释》是具有纲领性的关于理论和方法的阐述，其后20篇均为具体个案研究实例。作者指出，文化词语的训释问题因历史所限曾被乾嘉硕儒严重忽略，而当今由于"纯语言"研究的影响又被"几乎排除"，然而因其"问题多，难度大，应当成为训诂的重点"，这"对于古代词汇语义的研究和现代训诂学的建立，对于文化语言学的发展，具有特别重要的意义。"作者从理论原则和训释方法两个方面做了独到的论述，指出文化词语的三个特征为：名物性、系统性、民族性；准确的文化义，必具有五性：独特性、文化性、完整性、历史性、古今对应性。古代文化词语的训释，则应达到"揭示文化特征""解释语言因素"和"探求准确语义"三方面要求。为达到这些要求，作者列出所用的六条方法论原则，其中第一、二、四条又各含三项具体方法：（一）坚持语言环境与文化

---

　　① 　黄金贵《古代文化词语考论》，浙江大学出版社2001年；《古代文化词义集类辨考》，上海教育出版社1995年第1版，商务印书馆2016年新一版。

环境的统一：1.语言不明，可求诸文化，2.文化不明，可求诸语言，3.寻找语言与文化的"矛盾"而二者互求；（二）掌握名与物的对应规律：1.名与物双向对应律，2.多名与多物对应律，3.名与物同步异步交变对应律；（三）进行同义、类义的系统辨考；（四）运用多种求义法：1.本义与引申义互求法，2.异文求义法，3.声符求义法；（五）审鉴传统训诂的是非得失；（六）广求文献证、文化史证、考古文物证、今语证、方言证等相合证。由于作者所述的方法并非架空议论，而完全是从自己长期深入的研究实践和丰富经验中概括总结出来的，因而不仅理论经得起验证，方法具有可操作性，而且可以"金针度人"①。《古代文化词义集类辨考》是用作者创获的理论和方法对古代文化类词汇做同义系统训释的首部专著。全书约120万字，分国家、经济、人体、服饰、饮食、建筑、交通、什物等8大物类，下分同义词264组，每组各系一篇释文，计辨释1300余词，其中考正词义400余条。训释中，先简证其同，再运用文化语言学和系统辨考的方法，从书证、实证两方面着力训释诸词的"同中之异"。书中所表现出的训释和考证的精神和功力，令人颇有乾嘉遗风之感。

马清华的《文化语义学》和吴国华、杨昌喜的《文化语义学》是同年出版的两部同名专著，而各有特色。马本定位于文化语义学理论体系的探索和建构，力求在国内外多种语言材料和文化内容之间的复杂关系中清理出他所称的"人类基本文化结构"对语义的作用规律。该书除第一章"导言"外，分别以"分类""理据""对

---

① 见沈小仙著《古汉语职官词训释与研究·后记》浙江大学出版社2017年，第292页。

应""变化""观念""联想""意念""常识"为题各立一章，以大量的语料和事例论析各种语言中不同的文化语义的形成机制，给人的印象仿佛是一本文化语义发生学著作。吴、杨本的语料以俄语的为主，语种数量没有马本多。然而由于马本所缺正是俄语语料，所以二者在这方面凑巧有互补的功用。吴、杨本学术上的特色是：在方法上，引入二级符号系统理论用于分析词汇的文化语义，并从词的内部形式探寻语义差异的根源；在范围上，把研究重点从语言国情学的静词转移到动词方面，并把对文化语义的发掘对象从单个词语扩展到词与词的搭配关系以及句子层面。

语言演化。传统的汉语史研究，多为对汉语系统历时变化的研究。一般按照语言结构要素划分为语音（音韵）史、词汇史和语法史等三部分。至于发生这些变化的原因，或者不予追溯，或者归之于语言退化，或者把社会历史发展阶段处置为语言变化的背景而做大而化之的描述。文化语言学从社会的文化思潮、文化观念、文化制度的变化探寻语言演化的动因，别开生面地刷新了人们的认知。周光庆《汉语与中国早期现代化思潮》[①]一书使我们看到，自19世纪40年代至20世纪30年代所发生的自强思潮、维新思潮、新文化思潮，都是"为探索中国现代化道路而掀起的""都伴随着对西方精神文化的引进与借鉴，都有赖于汉语的整合与传播，都促进了汉语的演变和发展，都与汉语互动而共变"[②]。体大思精、具体而微、理论思维深邃、史实发掘独到、语言材料翔实、论证力透纸背，是该书引人入胜的特色。冯天瑜等主编的《语义的文化变迁》是一本论文

---

①　黑龙江教育出版社2001年出版。
②　周光庆《汉语与中国早期现代化思潮》，黑龙江教育出版社2001年，第2页。

集。如书名所示，是关于汉语语义和文化变迁之间关系的研究成果。该书论文取自一次中外学者合办的"历史文化语义学"国际学术研讨会，作者来自中国大陆及台湾、澳门、欧美和日本等多地，研究内容为近现代转型期中众多新生学科"关键词"概念在欧中日之间"跨文化旅行"的过程，这使得其研究具有国际学术的色彩。研究者记取陈寅恪"凡解释一字，即是作一部文化史"的精义，既承袭"辨章学术、考镜源流"的训诂传统，又"赋予现代语用性与思辨性"，"多由个案考察入手，也有的在综合论析上用力，都试图从历史的纵深度和文化的广延度考析词语及其包蕴的概念生成与演化的规律"[①]。全书除通过多篇探索性文章共同构建出"历史文化语义学"研究初步的理论模型外，更通过众多个案的成功研究展现了这一研究模式的可能。其中许多论文仅见题目就令人神往，如《"中华文化关键词研究方案"论稿》（周光庆）、《从英法德意俄美汉译国名演变看中国人对西方列强的认知过程》（谢贵安）、《"新闻"术语之厘定与近代中西日文化互动》（周光明）、《拨开近百年"封建"概念的迷雾》（张绪山）、《论"阶级"的变异及其情感配置——以〈青春之歌〉为例》（昌切、帅彦）、《"人民"词义流变初探》（万齐洲）、《"同志"的语义演变及其与英俄日语的对接》（吴俊）等。有的个案看论题似旧话重提，如《"科学"：概念的古今转换与中外对接》（冯天瑜），阅读正文后方信被刷新了认知：原来"科学"一词真是"古已有之"。此书给人更深层次的认识是，语义演变的研究其实是思想史的研究。

---

① 冯天瑜《序言："历史文化语义学"刍议》，见冯天瑜、〔日〕刘建辉、聂长顺主编《语义的文化变迁》，武汉大学出版社2007年，第1—4页。

语法学。申小龙以其对《马氏文通》以来的汉语语法学传统的彻底否定为前提而提出的汉语句型新理论[①]在中国语言学界独树一帜。申氏从哲学和文化心理学角度切入研究，认为在汉族人"整体思维、散点透视、综合知解"的致思特点观照下，汉语语法所体现的总规律是"句读本体、逻辑铺排、意尽为界"。在摒弃西方语言的焦点视、主谓视、单域视等心理视点的同时，他提出并强调汉语心理视点的散点视、非主谓视和双域视；在指出西方语言受形态制约的"法"治特点的同时，他指出并论证了在汉语表达中表现在"弹性实体""流块建构"和"神摄方法"中灵活的"主体意识"。在表达功能论的总原则下，他采用"层次－视点"切分法分析判定句子结构模式，对《左传》和中篇小说《井》进行穷尽式分类描写，得出了关于汉语句型系统的新认识。申氏的句法理论应当可为真正符合汉语特点的语法体系的建立提供有启迪意义的思路。然而由于在概念、范畴、术语和句法结构的微观层次等方面，其理论还存在许多未尽如人意之处，曾引起广泛的批评，而批评意见又未能得到申氏的尊重和反馈，以致汉语语法学界对申氏理论至今漠然置之。不过平心而论，申氏的研究并非一无足取，有的论文成果至今无人企及。比如《中文句法建构中的骈散二重性——本土句法范畴四字格功能研究》就是一篇令人服膺的论文。[②]

应用研究。作为一种语言学理论，文化语言学应用研究的成效

①　见申小龙《中国句型文化》，东北师范大学出版社1988年；《汉语句型研究》，海南人民出版社1989年。

②　文见申小龙编选《中文建构的文化视角》，商务印书馆2017年，第300—340页。题注谓：本文因篇幅关系，分成《中文句法建构的声象与意象——四字格功能研究》和《四字格与中文句子建构的二重模式》，分别发表在《北方论丛》2016年第2期和《新疆师范大学学报》2016年第3期。

并不输于本体研究。其主要表现可归纳为以下三方面：

一是语言教学。文化语言学在对外汉语教学和外语教学两个领域的直接影响是语言教学中相关文化内容的补充和"文化导入"（或"文化移入"）方法的采用，在一定程度上提高了教学效果。部分教学单位还为学生专门开设了与目的语相关的"文化教学"课程。为了满足需要，相关的教学用书应运而生，其中郭锦桴的《汉语与中国传统文化》、邓炎昌、刘润清的《语言与文化——英汉语言文化对比》、郑立信、顾嘉祖的《美国英语和美国文化》、裘克安的《英语和英国文化》、赵爱国、姜雅明的《应用语言文化学概论》等教材均甚受欢迎。

二是跨文化交际学。"跨文化交际"指不同文化背景的交际者用同一种语言进行的交际。关于这方面的研究而称为"学"，是在文化语言学兴起之后[①]。这门学科的建立对于外语教学、对外汉语教学、翻译学和语用学的发展均有助益。较有影响的相关论文集有胡文仲主编的《文化与交际》和顾嘉祖、陆昇主编的《语言与文化》，专著和教材有贾玉新的《跨文化交际学》和吴为善、严慧仙著《跨文化交际概论》等。

三是"汉字文化"研究。传统"小学"的汉字研究，包括后起的古文字学，着重于造字原理和形音义关系的考论。此类研究向来概称"字学"（或"文字学""汉字学"）。文化语言学兴起之后，部分学者把汉字和汉文化结合起来研究，在一定程度上拓展了汉字研究的领域，推出了一批著作。如：

[①]　吴为善、严慧仙著《跨文化交际概论》，商务印书馆2012年。其中述及，该"学科背景主要涉及文化语言学、社会语言学、言语交际学"，见该书第23—26页。

　　《中国汉字文化大观》，何九盈、胡双宝、张猛主编，北京大学出版社1995年

　　《汉字文化学》，何九盈著，原为辽宁人民出版社"汉字与文化丛书"的一种，1999年出版，商务印书馆2016年第2版

　　《文化文字学》，刘志成著，巴蜀书社2002年

　　《汉字研究新视野丛书》，臧克和主编、广西教育出版社1996年出版，包括《"说文"汉字体系与中国上古史》（宋永培著）、《中国文字与儒学思想》（臧克和著）等7种

　　《汉字文化新视角丛书》，申小龙主编、山东教育出版社2014年出版，包括《汉字的语言性与语言功能》（苏新春著）、《汉字思维》（申小龙等著）等6种（其中3种与汉字问题无关）

　　此外还有一些，难以尽述。20世纪90年代以后的汉字研究加入了文化学、符号学和人类学等多门学科的理论，突破了传统文字学的藩篱，确有不少新意。然而这些新意念加上似曾相识的洋洋大观的"新"材料，能否构建并足以支撑起一门叫做"汉字文化"的"新"学科，似乎仍须斟酌。何九盈和刘志成二位显然认为毫无疑义，所以都把自己的著作命名为"学"①。然而拜读以后，总觉得仍未跳出传统的汉字学加上一些相关的文化应用的述说和论析。称之为"学"，还不如臧克和径把自己的著作命名为《说文解字的文化说解》②《中国文字与儒学思想》更为恰切。愚意以为，无论汉字的构

　　①　何九盈认为"汉字文化学"应以"汉字文化/学"的切分法为是，并说它也可以转换为"文化/汉字学"。见《汉字文化学》商务印书馆2016年第2版，第38—39页。据此刘志成《文化文字学》的书名当可获认可。

　　②　此书由湖北人民出版社1994年出版。

造和表意手段如何独特，都脱离不了"记录语言的书写符号系统"的基本属性。所谓汉字的许多"奇异"性的论述，有些是混淆了文字和语言的界限，把汉语的某些特性加在了汉字上之故；有些则是属于与汉字有关的文化现象，并非汉字本身的奇特性能。因此，作为概念术语，不仅是"汉字文化""大汉字文化观"，还有"字里乾坤""汉字思维""汉字的语言性""再汉字化"等，总不免令人感到模糊费解，难以究诘。不少关于汉字文化功能的论断往往言过其实。不过话说回来，尽管如此，毕竟瑕不掩瑜，此类著作对于人们认识汉字和汉文化广泛久远的关系，还是有所助益的。

第三节　文化语言学的前途

文化语言学发轫之初，有人认为它"代表了未来人文研究的方向"，预言它将取代现有的中国语言学，使中国语言学的主旨由"科学主义"转为"人文精神"[1]，成为"走向21世纪的语言科学"[2]。这种预测似过于轻率。而旅居中国的美籍华人语言学家屈承熹（1994），在文化语言学兴起已近10年时，在恳切地指出了文化语言学存在的定位问题后，仍语重心长地指出："中国文化语言学目前似乎尚处于主观思考的阶段，是否能进入科学论证阶段，尚待大家努力。"时隔21年后，赵明（2015）对近10年的文化语言学研究进行了回顾与反思，在综述了8个主要研究领域的进展及代表性成果后，还指出了存在的4个方面问题，并从5个方面进行了反思。值得注意的是，21年

---

① 见张汝伦、申小龙《论文化语言学》，《复旦学报》1988年第2期。
② 见张公瑾《走向21世纪的语言科学》，《民族语文》1997年第2期；又见其《文化语言学发凡》一书的"导论"，云南大学出版社1998年，第3—17页。

前屈承熹提出的最主要的学科定位问题，在赵明的文章中依然被提了出来。一门学科建立30年后，定位问题还没有解决吗？是论者失允，还是学科自身失误？如果误在学科自身，这样的学科还有生命力吗？

一、文化语言学的生命力及其定位

就一般原理而言，文化语言学肯定是一个有强大生命力的学科。且不论其学术渊源之一西学中的文化人类学和人类语言学的生命力，就作为区别于其他动物的根本性标志"语言"和"文化"而言，一方面二者至今在学术上均仍如"斯芬克斯之谜"，没有完全猜透，另一方面又要探讨尚未被猜透的两个谜题之间的关系，于是又形成了难度和魅力并存的第三个"斯芬克斯之谜"，只要人类存在，人类中有学者存在，猜测这三个"斯芬克斯之谜"的"科学游戏"活动就将永远进行下去。如此可见，文化语言学的生命力是恒久的。

谓予不信，那么看看国外语言学界。当1985年游汝杰首次提出建立文化语言学的设想时，国外尚无Cultural Linguistics这一概念，更未尝有人把这一概念作为一个学科名称予以论证。然而到了1995年，波兰语言学家阿努西维奇（J. Anusiewicz）就出版了波兰语的专著《文化语言学》；1996年，美国语言学家加利·帕尔默（G. Palmer）出版了《走向文化语言学理论》（*Toward a Theory of Cultural Linguistics*），在英语世界第一次提出了作为学科概念的Cultural Linguistics。书中述及其理论基于美洲语言人类学三大传统（博厄斯语言学、民族语义学、会话民族学）的继承及与当代认知语言学的结合。2011年和2015年，澳大利亚语言学家谢里芬（F. Sharifian）先后出版了《文化概念与语言》（"Cultural

Conceptualisation and Language"）和《文化语言学》（"Cultural Linguistics"）二书，提出了一个基于"文化概念/文化概念化"等范畴的理论体系，探索语言与文化概念之间的关系[①]。我们不必仅据时间的先后就推断他们的研究受到了中国文化语言学的影响，因为一则由于语言隔阂，西方学者很难读懂中文学术论著，二则他们的理论与中国文化语言学差异明显。据此首先令人欣慰的固然应该是"吾道不孤"，在西方学界也有同道了，然而更应该惊异的是后两位学者英语文本的文化语言学理论在中国的受重视的程度。帕尔默以"意象"为核心概念的文化语言学理论在中国外语学界和对外汉语学界的影响力可能已经远超国内任何以文化语言学名世的学者。谢里芬基于"文化概念"的理论后出转精，其谨严的理论体系和强大的解释功能也必将对中国语言学产生更大的影响。有学者断言："当代西方文化语言学的学科定位与发展路径，对当前我国本土文化语言学研究的发展有借鉴意义和参考价值。"并希望通过中西对话，"推动我国本土文化语言学及其他相关学科的创新性发展"。（葛静深2020）这里值得深思的是，前述屈承熹、赵明二位先后提出的学科定位问题的解决，在葛静深文中竟然提出可寄望于对西方文化语言学的借鉴。莫非中国文化语言学经历35年后，定位问题仍然没有妥善解决？

其实并不然。确切地说情况应该是：中国文化语言学的关系论派的学科定位早已解决，学界至今未见从根本上否定关系论派的学科定位和研究模式的意见。为数不多的异议，也属建设性或枝节性的仁智之见。而中国文化语言学的本体论派，尤其是代表人物申

[①]　谢里芬提出的"文化概念"，大致相对于本书提出的"文化符号"。

小龙，从爆红之日起就一直饱受质疑和否定，批评的学者和论著之多，意见之一致，措辞之尖锐，亦为中国语言学史上之少见。而同样少见的是处于批评风暴中的当事人的定力：既然已许身为挽救中国语言学于"科学主义"水火的孤胆英雄，那么自然是"虽千万人吾往矣"，对所有批评意见唯有一概不听不理不改，方能显出初心坚定，信心饱满。总而言之，批评者与当事人有如"鸡对鸭讲"，风马牛不相及，所以才不断有学科定位之议。申氏2004年发表的《中国文化语言学范畴系统析论》一文①（下文简称"申文"）足以为笔者的上述论断做注。作为一篇对自己20来年所提出的大量概念术语的解释性汇编，同时作为一篇对众多批评的唯一一次非正式的回应，此文的最佳功用是使学界知悉了申氏始终如一坚如磐石的立场。然而拜读之后最深的感受却是失望。该文可议之处甚多，这里仅取几处献疑如下：

1. 题中"范畴"一词所指过宽。"范畴"一般指对于事物和现象的本质既具有高度概括性又具有普遍解释力的抽象概念，然而申文"一、四、五"等3个部分列出的"流派"名称、"语法研究"术语、"训诂研究"术语，绝大多数是一些具体的类名或术语，似并无"范畴"资格。

2. 申文已明言中国文化语言学"分为文化认同派和文化关系派"（按即本书所称的"本体论派"和"关系论派"），然而通篇并无关系论派的范畴或术语。文题上用统称"中国文化语言学"偏指自己一个派别，是无意所致的疏误，还是在有意误导读者建立"只有申氏的文化认同派才是中国文化语言学"的印象？

3. "文化认同"究竟认同了哪些中国文化？"对于有着深厚文化

① 见《杭州师范学院学报》2004年第3期。

积淀和文化性征的汉语来说，也只有把它放在中国文化的大系统中，才能真正理解。"（申小龙1988）此话不错，倘能付诸研究实践则更好。然而通观申氏论著，其中罕见关于从上古到近代居主流地位的"儒、释、道"三家互补合一的思想文化对汉语单位和结构系统的形成和演化影响的论析，也少有关于近现代中西文化的接触冲撞对汉语变化的作用的论述。申氏论著中的"中国文化"的指谓重点在于：（1）与句型有"通约"关系的思维方式；（2）与汉语句读"流动铺排"格局做类比的中国绘画技法"散点视"；（3）与汉语组织"弹性实体""以神统形"相一致的中国绘画"拟容取心"的"神摄"方法。其他还有一些提法也大体如此。"中国文化"被抽掉博大精深的思想内容后，在申氏笔下就剩下了一些抽象玄虚的思维方式和出神入化的绘画技巧。如果说，申氏的句型理论只需"认同"这些文化就已足够，那么他至少不应该贬抑主要联系文化的思想内容来研究语言的"关系论派"。

4. 申氏对文化语言学"关系论派"的轻蔑和贬抑，毫不掩饰地表现在"文化关系派"的释文中。该文对"文化认同派"的释文计262字（含标点），对"文化关系派"的释文计97字。比率为2.7：1。不仅是篇幅长短问题，还有名称和内容问题。"文化认同"是申氏自己起的派名，而申氏以外绝大多数文化语言学"关系论派"研究者，没有自称"文化关系派"的。词组"文化关系"只能表示"不同文化间的关系"，不能表示"语言和文化的关系"。申氏把一个表意不确、易致误解的概念强加于关系论派，责之谓欠尊重，当不为过。再看释文内容：

语言学流派之一。形成于20世纪80—90年代。与文化认同派相对。主张语言与文化在词汇平面上相关。基于20世纪上半叶罗常培《语言与文化》的研究范式，研究语言的词汇所反映的社会、历史、文化及其演变。

上引释文的前3句非关实质内容。第4、5两句才是实质性内容。问题在于，这些给中国文化语言学"关系论派"定义的内容，是"关系论派"自己提出的"主张"，还是申氏的一种贬抑性看法？显然是属于后者，因为"关系论派"任何一个具有代表性的人物都未曾发表过语言与文化仅在词汇平面上相关的"主张"。事实上文化语言学的两位发起人游汝杰陈建民分别是从方言学和言语交际两个领域展开研究的，而继起的广大研究者所涉及的更是从语言本体、语言应用到语言演化的方方面面与文化的关系。固然，由于文化范畴中的某些名物和内容最容易以词语的形式体现出来，而罗常培《语言与文化》一书中所举语料也多属词汇单位，但文化语言学的研究者仅把罗氏此著作为获得启示的先声，并未作为步趋其后的"范式"。其实不仅是文化语言学的本体论派以"语言和文化的关系"为研究对象，"申氏范式"归根到底也不过是在讨论汉语和汉文化的关系。只不过由于申氏总以为只有自己才最有资格代表文化语言学，其余都等而下之，加之他的论调确也与众不同，为了称说方便，我们才单独称之为"本体论派"。况且，正是在他列出的作为"文化认同派"代表作之一的他主编的《文化语言学丛书》10种（册）中，至少有7种（册）合乎"关系论派"的模式。文化语言学兴起以来36年中，成绩最大、受诟病最少的即为关系论派的研究，而申氏竟在文中借解释条文之机，对异己的一派做出如此的曲解和贬抑，似乎有欠公正。

　　5. 申文对"文化认同派"条目释文的末句是："代表著作是申

小龙的《中国句型文化》及其主编的《中国文化语言学》丛书。"申氏主编的丛书，除了他自己独著的分册，多数不与申氏同调，倒是与关系论派模式相仿。申氏把它们揽到自己旗下，其实起不到壮大声势的作用，反而显得申氏更像孤家寡人。至于《中国句型文化》，根据张世禄先生1987年的《序》，其研究"开始于6年前"，即1981年，当时中国语言学界还没有"文化语言学"的概念。通观《中国句型文化》1988年的第1版，确实也找不到"文化语言学"字样。《中国句型文化》完工并出版时，正值文化语言学初兴，申氏也觉得文化语言学的旨趣与自己的研究相合，此书就成了他加入文化语言学的"投名状"，而申氏的加入也确实增强了文化语言学的声势和实力。假如不计此书的其他缺陷，仅就他尚在求学时就能力求把汉语研究与汉民族文化心理的特点相结合而言，我们应该对一个青年学子在语言理论上的敏锐和自觉表示赞赏。然而假如始终以仅仅对古今各一部书面语作品的句型做了类别性描述的尚欠完善的一篇博士论文为一个学者或一个分支学派的代表作，似乎多少有点儿寒碜。1991年第2次印刷时，申氏在书末加了一篇长达32页的《重印后记》，除了重申自己的理论要点外，比较令人感兴趣的是提出了一套与形式化研究范型相对的"人文主义范型"研究理念，主要包括"感觉范型""表达范型""语序范型""语义范型""类别相对范型"[①]。从文中的阐述看，应当承认其中包含不少有价值的思路。我们一直期待着建立在这些范型基础上的汉语语法学新体系的问世。

　　6."焦点视"和"散点视"问题。申氏以西方油画的"焦点视"对应并解释印欧语以动词为中心的句法结构，以中国山水画的所谓

---

　　① 申小龙著《中国句型文化》第1版1991年第2次印刷，第542—546页。

"散点视"对应并解释汉语以句读段按事理逻辑的流动铺排而成的句法结构，并以此为独得之秘。问题在于：（1）句法结构是语言规律，与语言的发生和演化同步，源自远古，属于"道"范畴；"视点"画法是美术技巧，在不过千几百年的绘画发展史中形成，属于"技"范畴。以后起之"技"对应并解释亘古以来之"道"，既牵强又扞格，难以成理。（2）透视法（即"焦点视"）作为一种绘画技能，源自视觉体验，同为人类的中国人和西方人应该有共同的视觉上的感受和原理，差异仅在应用且成熟于美术作品中的年代早晚。通常认为，透视画法是文艺复兴时期由弗罗伦斯建筑师菲利普·布鲁内莱斯基（Filippo Brunelleschi, 1377—1446）所发明，西方关于透视画法的第一本书问世于1436年。然而最近有人令人信服地指出，若论透视画法的发明和熟练使用，中国人比西方人至少要早700年，只不过未能及时上升为理论表述而已。他举出的实例是新近发现的完成于公元706年的唐懿德太子墓中的壁画，认为这些壁画中所表现的是典型的立体透视画法①（见下图）：

---

① 天南地北之子的博客《透视画法是中国人发明的》（2014/08/23），见http:// blog.sina.com.cn/s/blog_6205a38a0102uzop.html。

实际上，完成于五代时的南唐画家顾闳中的名画《韩熙载夜宴图》也包含了几何透视的应用。而近现代西学东渐以后，焦点透视也已经成为中国美术学科的基础知识和基本技能，汉语句法则依然故我。这一切表明所谓"焦点视"既非西方人独擅，又和汉语句法风马牛不相及。至于"散点视"，如果可以用来指称长卷中国画的流动视点画法的话，那么它其实也并非中国人所独擅。笔者2016年旅欧时在德国的德累斯顿市就拍到这样一幅陶瓷壁画（见下图）：

壁画位于茨温格宫外墙上，作于1872年至1876年，画的中文译名为《王侯出征图》，作者是画家威廉·瓦尔特（Wilhelm Walther），据称是为了纪念萨克森王国韦廷王朝统治800周年，故将历代的35位王侯骑马出行的形象集中展示于同一画面，加上随从共94人，非常生动壮观。画高10米，长102米，被称为世界最大的陶瓷艺术品。此画的技法就类似于中国长卷山水画的流动视点画法，从头至尾人物大小比例始终如一。可见西方美术如果需要，也能成功使用"散点视"。而西方美术的现代派，则早已把经典的透视画法弃之如敝

屣了。总之可见，印欧语言"动词中心"的句法结构与绘画技法的"焦点透视"并不存在必然的对应关联性。

以上是从申文中随意摘取几处略做评析。实际上申文以及申氏的其他论著中可议之处比比皆是，而总体上最严重的问题则是逻辑问题：从语言逻辑、篇章逻辑到思想理论逻辑都不严谨，令人觉得不可究诘。这大概是评论者一再提起"定位"问题的根源所在。从这个意义上说，申氏在汉语语法学界乃至汉语语言学界发起的"科学革命"并未成功。问题的症结还在于申氏的极度自信，因此他能否如葛静深（2020）所望，通过借鉴和参考"当代西方文化语言学的学科定位与发展路径"使其文化语言学获得"创新性发展"，至少目前尚难断定。

二、中国文化语言学的未来形态

西方文化语言学进入中国以来，已经获得了不错的评价和应用。中国文化语言学尽管也已取得不少成绩，但存在的缺点也不少，有些缺点长期得不到揭示、正视和纠正，如果依然故我，不仅对学科发展不利，而且连自己原有的地盘都可能丧失殆尽。因此，中国文化语言学不应该在原有基础上仅仅做些"补苴罅漏、刮垢磨光"的工作，更应当在整体性质上做优化升级、更新换代的工作。那么，未来的中国文化语言学应该具备怎样的形态呢？

1. 理论语言学形态

文化语言学本来就是一种语言学理论。它要求把语言作为一种文化现象来研究，或者说，以文化（不是文化学）的眼光研究语言，分析和解释一切语言现象。这就要求研究者从语言和文化的关系中提取出高度抽象的范畴，并在其基础上构建成一整套系统严密的概念、理论和方法，如帕尔默（G. Palmer）的"意象"理论、谢里芬（F. Sharifian）的"文化概念/文化概念化"理论等。这样的文化语言学已经具备理论语言学的形态。然而中国的文化语言学还远未达到如此高度。其中的"关系论派"所关注的主要是语言现象和文化事象的因果关联，假如一时没有找到这种关联，就认为不是文化语言学的研究目标。比如前述"文化词语"概念的提出，固然可以算作一个成绩，但是假如因此断定非"文化词语"就一定与文化无关，那就有悖于文化语言学的基本宗旨。至于"本体论派"则一心要使汉语研究"认同"能够"通约"的几项传统文化，逃离"科学主义"藩篱，回归"人文主义"本真。尽管也提出了不少概念术语，构成了自成一家的理论，但意图只在于证明汉语汉字的独特和优越——这样的文化语言学只能算作汉文化认同语言学，与理论语言学形态的文化语言学距离尚远。在西方文化语言学比照之下，新一代的中国文化语言学应该是具有更高的理论性、系统性、宏博性、通透性和可传授操作性，更强大的解释力，更广泛的应用领域的系统性学说。在这个意义上说，西方文化语言学的进入未必是一件坏事，很有可能推动中国文化语言学的升级换代。

2.整合一体性

中国文化语言学兴起之初，学者们都从自己擅长的领域进行探索，难免出现一些"山头"或"门户"。各个"山头"或"门户"都有独到的贡献，也都不免有可议之处。如邢福义主编的《文化语言学》看上去内容确实比较厚重，但正如其中关于整体设计的表述"本书的文化语言学……等于一般的文化语言学加上语言文化学"[①]，

---

①　邢福义主编《文化语言学》，湖北教育出版社1990年第1版，第5页。

全书确实是这二者的相加。游、周的《方言与中国文化》一书中也局部地存在这一问题。然而文化语言学如欲成为一门对象明确、逻辑严谨、首尾一贯、本体论和方法论具有一致性的学科，是应剔除语言文化学的内容的。它应成为"为语言而就文化研究的语言学"，不应成为"为文化而就语言研究的文化学"。再如申小龙提出的作为文化语言学的研究对象"语言的文化功能"三方面之一的"文化渗透语言各领域的功能"①，按其表述方式简缩后应是"文化……的功能"，这样的表述不仅与其上位"语言的文化功能"相抵触，也与同位的其余两项在逻辑上难以并比。而文化语言学研究"文化……的功能"，同样也有成为文化学之嫌。尽管在这一标题下的一节文章并非讨论文化问题而仍是讨论语言问题，但至少这一表述法及题文不副是成问题的。相反，有些"圈外"或国外的学者成绩超卓，其研究也合乎文化语言学宗旨，而论著却从无文化语言学字样，如徐通锵著名的"字本位"理论、〔日〕平田昌司的《文化制度和汉语史》等。当前西方文化语言学的论著或理论有的已经传入中国，有的仅知其名。在这样的背景和形势下，中国亟需的是一位或几位（可通力协作的）具备出入百家、综合权衡、取精用宏能力的"整合创新"高手，不计国内国外、"圈"内"圈"外，只要合乎目标需要的理论、见解、分析，乃至例证，或借鉴，或参考，或援引，或改造，然后加以融合、熔铸，经过"创新性转化"，整合成一体化的新一代中国文化语言学理论体系。"江山代有才人出"，相信新生代的"后浪"中一定会崭露出一批具有相应实力的弄潮儿，实现这样一个历

---

① 申小龙著《中国文化语言学》，吉林教育出版社1990年第1版，第182—195页。

史使命。

3.本土本体性

"本土性"指由中国学者原创，"本体性"不仅指其创生点和研究指归都是中国语言（主要是汉语，也包括相关的民族语言），尤其强调其终极目标是创立一种关于语言本体性质及结构原理的系统理论，而非表述一些关于语言现象和文化现象关系的零星浮泛的看法。在中国现代语言学各个流派中，只有文化语言学是在中国本土诞生的。尽管它有一些西学渊源，但是由于其目的最初是为了研究汉语（包括方言）和中国境内其他语言，因此它最不具备西方色彩，最具本土性和本体性。与文化语言学诞生差不多同期先后从西方传入的生成语言学、功能语言学、社会语言学、认知语言学、类型语言学等，至今仍未摆脱用中国语料填充西方理论框架的宿命，中国学者大量的研究成果不过是西方理论正确有效的佐证。20世纪80—90年代中期西方尚无文化语言学，稍后虽有了帕尔默文化语言学理论而影响力尚未传到中国，彼时中国文化语言学者尚可顾盼自雄。然而目前已经非复往昔。2021年5月11日我们在"知网"（CNKI）做了两项模糊搜索尝试：一项以"帕尔默文化语言学"为主题词，获得120个结果，其中期刊论文86篇，硕士学位论文33篇，报纸文章1篇；另一项以"文化语言学意象理论"为主题词，尽管并未以"帕尔默"为关键词，而得到的10篇文章（其中期刊文章7篇，硕士学位论文3篇），竟全是以帕尔默的意象理论为指导思想写成的。即此可见西方文化语言学在中国影响之一斑。不过由于帕尔默文化语言学著作目前尚未见中文译本，故而其影响力主要还在英语圈内。假如日后西方文化语言学著作有了中文译本，肯定会与原先在汉语和民族语言学界生长起来的中国本土文化语言学形成竞争。为了不至于在未来可能的竞争中落败，也为了保住"纯种嫡系单传"土生土长的"独苗"，中国文化语言学必须急起直追，自我复壮。复壮的途径除了上述1、2两条外，同样重要的一条就是要充分利用自身处于本土、立于本体的优势。须知西方文化语言学毕竟是在西方的语言和文化的土壤中生长起来的，用来研究民族特性极为强烈的中国语言和文化总不免隔靴搔痒，解决不了根本问题。比如把汉语的结构原理和符合汉语本体特性的研究方法能够论述到徐通锵《语言论》的高度和深度的，也只有学贯中西的中国学者才能做得到。中国文化语言学的研究者如果能学习徐通锵的精神，扎扎实实地下苦功夫，把自己涵养于其中的语言与文化的独特个性及其相互关系充分发掘出来，向世界交出既有充分的本土性又能充分解释汉语，透彻分析汉语的中国文化语言学的理论方案，就不仅可以无惧西方文化语言学的挑战，还可以与之建立一种取长补短、合作对话的良性互动关系。

下　编

文化语言学分论

第六章 语言和文化建构

"语言是我们所知的最硕大、最广博的艺术，是世世代代无意识地创造出来的、无名氏的作品，像山岳一样伟大。"[①]这是萨丕尔在他的名著《语言论》结尾时，以满怀诗意的激情对语言的礼赞。文化比之于语言，对于人类的意义同样伟大，已有文化人类学家做出了充分的评价。不过从发生学角度而言，二者依然有根本的性质差异。正是这种差异促成了语言对文化的建构。

第一节 语言的原发性和文化的建构性

"原发性"指事物或现象的发生仅以事物和现象本身的存在为依归条件，而不以事物和现象本身以外的其他任何手段为前提的属性。人类依归并仅仅依归于所存在的地球，人类在地球上就是具有原发性的事物。语言的发生依归并仅仅依归于人类，语言对于人类而言就是一种原发性的能力现象。凡是具有原发性的东西，既然除了自身以外无须任何前提，那么它或迟或早总会发生。语言就是这样，凡是人类总是有语言伴随。没有无语言的人类，正如没有无人类的

---

① 爱德华·萨丕尔《语言论》，陆卓元译，商务印书馆1964年第1版，第136页。

语言。原发性的语言，即便再原始简陋，也都是具备组合和聚合性能的一个功能系统。

然而，文化却不具备语言这样的原发性，也不像语言一样是具有自组织性能和内在一致性的系统。文化尽管依归于人类，但是它的发生却还有一个另外的前提，那就是人类对语言符号的使用。关于这一点，著名文化人类学家 L.A.怀特说得很清楚："音节清晰的语言是符号表达之最重要的形式。""全部文化或文明都依赖于符号。正是使用符号的能力使文化得以产生，也正是对符号的运用使文化延续成为可能。没有符号就不可能有文化，人也只能是一种动物，而不是人类。"[①] 我们把文化的发生建立在语言符号使用前提下的这种性质叫做"文化的建构性"。

"原发性"的意义接近于"天然性"，"建构性"的意义接近于"人为性"。"文化"的英语对应词culture的词源义"种植""养殖"正揭示了人类早期文化的人为性和使用语言符号的建构性。因为"种植""养殖"是需要积累并传授知识的，知识的表达和传播是非用语言符号不可的。至于人类文化进化到成熟发达的阶段后，作为"复合体"的文化所包含的众多部门，除了少数艺术类别（如音乐、美术、舞蹈等）的表现对语言的依赖带有间接性外，绝大多数文化都必须靠语言的直接建构。而且，音乐、美术、舞蹈等艺术的知识内容的表达和传授，仍然离不开语言。因此可以说，文化是语言系统动用自己的全部手段建构起来的大厦。大厦的各个构成部分相当于文化的各个部门和类别。由于设计原理、规划方案、目标功能、原料材料不尽相同或大不相同，所建成的文化大厦的类型、风

---

① L. A. 怀特《文化的科学》（中译本），山东人民出版社1988年，第33页。

貌、结构和使用寿命也不尽相同或大不相同。这就是世界古今形形色色的民族文化差异和存灭的根由。

如此说来，似乎过去某个时代各地各民族真有过一些先知先觉般的文化英雄，他们设计的文化大厦一直存在，至今仍然荫庇着世人是吗？是的。正是如此。尽管总体而言，各个民族的文化大厦具有集体创造的性质，但是各地各时代各民族也确实有一些应时而出的文化创造的杰出者。他们创造的文化业绩穿越时空，代代相传，已经成为民族的、地域的乃至世界的文化传统或文化模因。而这些文化英雄本身则成了神一般的存在。像耶稣、释迦牟尼、穆罕默德、孔子等就已经是世界级的文化神祇。不同国家、民族或地方还都有各自不同层级的文化神祇。

第二节　文化建构的语言手段

讨论文化建构的语言手段，目的是考察语言的文化功能。在考察中可以看到，以往被人们搞得神乎其神的一些所谓文化，不过是或常见或特别的一种语言手段所造成的事象；文化的建构本就是语言性能的表现，是语言的内在可能性在一定场域的实现。不过相对而言，语言对于人类似乎一直具有积极正面的意义，而文化，尽管就可作为人类和动物的界限特征之一而言似乎与语言无异，但由于它和文明的成熟发达程度相关联，又与人性的美丑善恶相关联，其价值或意义必须在各种各样的前提条件下才能论析。不过本文仅讨论文化建构中语言手段使用情况，对所涉及的文化事象一律采取中性立场，不做价值评断。

文化建构的语言手段举例：

一、命名

命名是语言最原始且最具本质性的功能，因此也是最重要的功能。命名起源于对认知对象做区分标记的需要。因此，最初的语言应该是一批分类命名集。在这个问题上，不少人类学家通过实地调查，都提醒人们不要误以为文化建构的早期，原始命名一定十分粗糙和随意。法国著名人类学家列维－斯特劳斯援引另一位人类学家丹勒尔的话说：

> 总之，瓜拉尼人的名称可以说构成了一个精心设计的系统……它们与我们的科学术语有相似之处。这些原始印第安人并非把自然现象的命名诉诸偶然，而是召集部族会议来决定哪些用语最适合物类的性质，十分精细地把群与亚群加以分类……。为本地区动物群保存固有的名称不只是出于虔敬和诚意，这简直被看成是一种科学的责任。[①]

远古时代华夏先民对世界万物的命名的语词，不少早已坠入渺茫的历史长河而难得其详。其中因口耳相传并借助于文字得以留存的主要有：

1. 核心词。"核心词"是历史语言学用于研究语言的亲属关系的概念，指世界不同语言都可能共有的一批既原始又具有基本常用性的词语。由于词语是包含知识内容的命名形式，核心词的创造不仅是早期人类文化建构的一种手段，也是后来民族语言和文化演化趋

[①]〔法〕列维－斯特劳斯《野性的思维》（李幼蒸译），商务印书馆1987年第1版，第54页。

向的预示，因此文化语言学也可以借鉴历史语言学的核心词研究方法。不过文化语言学与历史语言学在方法论原则上的区别在于"求异"还是"求同"，它拒绝相信远古人类有完全一致的核心词的假设。即便是著名的斯瓦迪士核心词表（Swadesh list）的概念词项，也仅适用于它所出自的印欧语言的比较研究，而不宜直接移用于中国文化语言学的研究。比如，在商、周甲金文字中就以多种异体频繁使用的"气""神""金""土""帝""王""命""文"等词项不仅一直是汉语史中的高频使用的词或语素，而且也是中国传统文化重要的文化符号。然而这些概念词项在斯瓦迪士核心词表中都告缺如；而该词表中的"动物"（animal）概念在古代汉语中也不存在。因此，中国文化语言学应该通过自己的切实研究，厘定出合乎汉语自身的核心词表。

2. **古姓**。古姓起源于图腾崇拜，其文化功能在于对内凝聚家族，对外区分血缘。汉语"姓"字从女从生，意味着远古华夏原始姓氏发生于母系氏族社会。从远古到上古，母系氏族社会转变为父系氏族社会，族姓也改由男性继承。在文字产生以前，族姓只在口语中存在。大量古姓由于未能进入后世文本而湮灭无存。能够以文字形式保留至今的华夏古姓可能只占实际存在过的一小部分，如妫（guī）、姒（sì）、子、姬、风、嬴、己、任、吉、芊、曹、祈、妘、姜、董、偃、归、曼、芈、隗（wěi）、漆、允22个，是凭借《春秋》得以留存的。先秦时代，并非人人皆可有姓，姓是贵族地位的标志，须由君主在封土授官时"赐姓命氏"方可得到。上古中国虽讲"夷夏之辨"，也讲"入夷则夷，入夏则夏"。比如上述的隗姓，原为商周时隗国的国姓，春秋时又融入了一支也称隗姓的北方赤狄游牧部族，于是此姓便夷夏混合了。先秦时"姓""氏"有别。秦汉以后"姓""氏"混合为一并统称"姓氏"或"姓",民族融合成为发展趋势,汉族姓氏制度表现出强大的包容性,使得大量外族改为汉姓。至今发展出的数千个姓氏,则是上古姓氏文化建构起来以后华夏民族文化模因进化和变异的结果。①

　　3. **名号**。"名号"包括人名与相关的称号。《说文解字》以"自命"释"名",意为"自称"。"自称"区别于作为"族称"的"姓",其起源当晚于"姓"。因为"姓"作为本氏族内部所有人的"共称",其功能在于区别于外氏族;而"名"作为"自称"(私名),其功能主要在用于区别本氏族的他人。在原始社会,"非我族类"区别的重要性肯定要远远大于同一族类内部"自己人"的区别。关于"名"的造字理据,许慎说:"从口、夕。夕者,冥也。冥不相见,故以口自名。"从字形上看言之有理。但人名的功用远不止此。从"名"的同源字"铭"的意义推断,在汉字发明后,人名的更重要的功用是给属于个人的物品做标记,而这正是私有观念起源的表现,时属原始社会晚期。当然,氏族内只有权贵才能成为剩余物品的拥有者,才能把有价值的物品标上个人名字。在这个意义上可以说,是人名帮助建构成了私有制度。

　　至于"号",只是个人本名的替代形式,只在一定的阶层中用于一定的场景。主要有以下几种:(1)**字**:因古人迷信,以为本名常被人提及会不吉利,就另定一"字"来替代,以保护其本名,用于公众场合(仅只社会上层"文化人"才有必要有"字",底层草民有名就够用);(2)**谥号**:帝王、贵族和权臣死后,依其生前事迹的追

---

　　① 关于中国的姓氏文化,详见葛志毅、张惟明著《先秦两汉的制度与文化》中《先秦姓氏制度与宗法分封社会》一文,黑龙江教育出版社1998年,第1—34页;又见刘静著《文化语言学研究》,中华书局2006年,第163—192页。

称，目的在于怀念或评价，后来多成为史书中的正式帝号；（3）**年号**：是帝王在位期间的年代标号，有的帝王只用一个年号，有的会"改元"多次（清顺治、康熙以后，年号单一，遂成帝号的代称，帝号反而不显）；（4）**法号**：出家的僧尼或道人由师父给起的另名，用以遮蔽出家前的"俗姓凡名"；（5）**自号**：少数文化人给自己起的外号，如"五柳先生""兰陵笑笑生"之类。至清末民初现代出版业兴起，此类自号演化成"笔名"。

4. **职官称谓（官称）**：职官是社会管理者[①]。职官设置及其命名既受社会文化制约，又建构其相应的社会文化体制。无职官，社会体制则无法建立，社会管理亦无法施行。因此职官称谓中包含着相应的名分或权力。社会因时而变，职官称谓及其相关的名分或权力也一直在变化，而有同样名分或权力的职官在不同的时代或朝代中又往往有不同的别称[②]。由于古代官制的变迁繁杂，造成历代官称别名的辨识难度相当大。因此职官称谓的研究就受到了历史学、文献学、文化语言学、辞书学等多门学科的关注。其中以龚延明（2019）、吕宗力（2015）、沈小仙（2017）等学者的编著表现出深到的功力。

5. **亲属称谓**。亲属称谓缘于婚姻关系，其文化功能在于区分亲疏、确定人际关系。上古商周时代父系社会的婚姻制度确立以后，

---

① 有的论著不把社会的最高统治者包括在"职官"范围内，本书认为最高统治者是社会最高的管理者，不仅应包括在内，而且是最重要的职官。此外，天子或皇帝对贵戚和功臣的封赏的"爵号"性质类同职官，亦应受到相关关注和研究。

② 据龚延明《中国历代职官别名大辞典》，"宰相"条目，除辽代曾用为正式官名外，从先秦到明清，它分别为太宰、丞相、三公官、尚书左右仆射、录尚书省事、三省长官、同中书门下平章事或内阁大学士、军机大臣等正式官名的别名，计达34条。

宗法制度在亲属称谓上的表现，就是如《尔雅·释亲》所收录的，其中把亲属称谓严格区分为宗族、母党、妻党和婚姻四类，极为细致。实际上最重要的区分是宗亲与非宗亲。在这个意义上说，上古汉语的亲属称谓系统既是宗法制度的产物，也反过来建构并强化了宗法文化和婚姻制度。西方文化中宗法观念较为薄弱，基本称谓词不明确区分宗亲与否和年岁长幼，仅在必要时用短语或加缀方式表明。这个问题已有多人论及，兹不赘述。

二、叙说

"叙说"有一种"示现"的效果，即把不在眼前的事物和事情说得仿佛在眼前一样。如果叙说中添加一些细致的刻画和具体的形容，那就更活灵活现，易于取信。上古叙说除了用于日常交际外，主要的文化功能是造神。古希腊罗马神话（郑振铎1958/余祖政等2015）不仅创造了一个宏丽的众神谱系和神仙世界，而且保持着永恒的艺术魅力。这种故事叙说以虚构为主。另一种故事叙说中主要人物是真实的，但故事的情节内容则虚实参半。比如包含547则故事的佛教经典《佛本生故事》，就是讲述释迦牟尼在身为菩萨时为了众生，生而又死，死而又生，先后转生为各类动物以及各种身份的人物，生死轮回500次而终于成佛的过程。它不像其他经、论那样论述因缘、道品之类抽象深奥的佛理和教义，而把轮回和业报等难以目验的教理演绎为生动有趣的故事，使故事充满善、慈悲和智慧的力量，以吸引广大信众，加速佛教的传播[①]。再如基督教的《圣

---

① 参见郭良鋆等译《佛本生故事选》（其中选入故事154则），人民文学出版社1985年出版；另见千叶千帆网文《释迦牟尼佛本生传［佛本生经传］》，网址：https://www.hnbllw.com/mingrenmingyan/2019/0130/8239.html。

经》，也是由信徒们叙说耶稣基督神圣事迹的众多故事合成。其中超自然的、神秘奇异的内容对于耶稣作为救世主地位的建立乃至具有普世价值的终极关怀性教义的传播起到了关键作用。尽管1863年出版的勒南所著的《耶稣传》以理性主义抹去了笼罩在耶稣身上神秘的色彩，还原了作为有血有肉的平民之子以及因忠实虔诚传教而殉难者的真实形象，现在即便信徒也已很少有人坚信"圣灵感孕""马厩降生"之类神话，但耶稣作为一个伟大宗教创立者和至高的道德人格的象征者的神圣地位已经不可动摇[1]。中国上古由于不存在印度和欧洲那样的宗教，所以没有把现实人物神化为救世主的叙说。但中国古人信天敬祖，对于传说中大有功绩于部族国家的先祖，往往在叙说中加以神化，使之成为"始祖神"。《诗经·商颂·玄鸟》开篇谓："天命玄鸟，降而生商。"两句叙说有些含蓄。《史记·殷本纪》对此二句具体化为："殷契，母曰简狄，有娀氏之女。……三人行浴，见玄鸟堕其卵，简狄取吞之，因孕生契。"上古多种典籍中对此传说均有类似记载。简狄吞玄鸟（燕子）的蛋生下商王契，是天命所使，她就成了商的始祖神。相似的还有周始祖后稷之母姜嫄履神的足迹而感孕的故事。这样的叙说合乎母系社会"知母不知父"的历史背景。此外还有"盘古开天辟地""女娲抟土造人""伏羲氏造八卦""大禹王治水""神农尝百草""后稷教民播百谷""尧舜禅让"等人所熟知的故事，把神圣化叙说和历史真实混淆不分，致使历史学家顾颉刚为了搞清古史真相，不断地辨

---

① 〔法〕勒南著《耶稣传》（梁工译），商务印书馆2010年出版。按：作为"自由新教徒"的勒南撰写此书不是为了否定基督教的根本教义和普世使命，而是为了拯救基督教在新的时代面临的危机，以便在一个由理性和科学主宰的时代，为基督教争得一个更加牢固的理论基础，重新唤起人们对它的崇拜热情。他的目的达到了。

伪验真，提出了"层累地造成的中国古史"的观点，还原了被神化了的古史面貌[1]。"层累地造成"其实就是"后来居上、不断加料的叙说"。然而奇怪的是，尽管"三皇五帝"的真实性早在100年前已经被古史学家否定，但绝大多数中国人至今不仅没有受骗上当之感，而且依然对相关传说喜闻乐道。这大概类似于成年人对自己童年时代所听过的童话故事所持的态度。

三、会话

会话本是语言使用最为通常的形式。我们这里把它作为文化建构的语言手段，首先要排除那些寒暄、闲聊（有些方言叫"侃大山""摆龙门阵""扯闲白儿"），以及那种假装一本正经的艺术性会话"相声"。作为文化建构手段的会话，是指那种在具体而适当的场景或语境中针对一定对象或内容所进行的言谈。这种言谈有的是即兴的（如《论语》中孔子和弟子们的对话），或貌似即兴的（如柏拉图的《文艺对话集》），有的是精心设计的会话体文章（如范缜的《神灭论》）。孔子的《春秋》，相传足以使"乱臣贼子惧"。可见他不是写不好文章。那么他为什么不写一篇专论来阐述自己的思想呢？下面这段话解释得很精彩：

> 哲学家（至少古代的哲学家）显然宁肯让思想成为活生生的讨论而不是文字。当我们想起古代哲学家（无论是苏格拉底还是孔夫子）的时候，出现在我们头脑中的，是一位和弟子一边走路一边交谈的老师——他对随时出现在自己头脑中的思想

---

[1]　参见《顾颉刚古史论文集》（第一、二、三册），中华书局1988年版。

进行整理，不断地修正它们，让它们闪闪发光，直到真理终于在一连串问答中得以敞亮。①

许多伟大的思想不是靠独断的定义或貌似严密的逻辑论证所能阐释清楚的，因为其思想中包含一种永恒普适的价值。对于这种思想平时只有通过言谈和对话才能领会。试看这段会话：

> 子路、曾皙、冉有、公西华侍坐。子曰："以吾一日长乎尔，毋吾以也。居则曰：'不吾知也。'如或知尔，则何以哉？"子路率尔而对曰："千乘之国，摄乎大国之间，加之以师旅，因之以饥馑。由也为之，比及三年，可使有勇，且知方也。"夫子哂之。"求，尔何如？"对曰："方六七十，如五六十。求也为之，比及三年，可使足民。如其礼乐，以俟君子。""赤，尔何如？"对曰："非曰能之，愿学焉。宗庙之事，如会同，端章甫，愿为小相焉。""点，尔何如？"鼓瑟希，铿尔，舍瑟而作，对曰："异乎三子者之撰。"子曰："何伤乎，亦各言其志也。"曰："莫春者，春服既成，冠者五六人，童子六七人，浴乎沂，风乎舞雩，咏而归。"夫子喟然叹曰："吾与点也。"三子者出，曾皙后。曾皙曰："夫三子者之言何如？"子曰："亦各言其志也已矣。"曰："夫子何哂由也？"曰："为国以礼，其言不让，是故哂之。""唯，求则非邦也与？""安见方六七十，如五六十，而非邦也者？""唯，赤则非邦也与？""宗庙会同，非诸侯而何？赤也为之小，孰

---

① 见张隆溪《道与逻各斯》，四川人民出版社1998年，第58页。

能为之大？"①（《论语·先进》）

这段会话典型地表现了孔子的"传道"方式、政治理想、生活理想
和价值观念。作为一位思想家和教育家，他只是在身体力行地传播
自己的思想，并非刻意地要建构什么文化。我们说会话建构了文化，
是就客观效果而言。柏拉图认为文字扭曲思想，甚至反对把自己的
思想形诸文字。孔子学说最忠实的继承和阐扬者是孟子。《孟子》一
书的表述方法也是效法《论语》的"会话"法。不过其文体较《论
语》规整一些，不像《论语》那样带有语录性。

---

　　① 此节文言大意为：子路、曾皙、冉有、公西华陪孔子坐着。孔子说："不要
因为我年纪比你们大一点，就不敢讲了。你们常说：'没人了解我呀！'假如有人了
解你们，那么你们打算怎么做呢？"子路不假思索地回答说："一个拥有千辆兵车的
国家，在大国之间，有外国军队的进犯，又遇上饥荒。如果我来治理三年，就可以
使人人勇敢善战，而且还懂得做人的道理。"孔子听了，微微一笑。又问："求，你
怎么样？"（冉有）回答说："一个纵横六七十里或者五六十里的地方，如果让我
去治理，三年，就可以使老百姓富足起来。至于修明礼乐，那就只有等待贤人君子
了。"孔子又问："赤，你怎么样？"公西华回答说："我不敢说能做什么，但愿意
学着做。像宗庙里的祭祀，或是诸侯的会盟时，我愿意穿戴好礼服礼帽做一个小
相。"孔子又问："点，你怎么样？"曾皙把弹瑟的动作放慢，接着铿的一声，放下
瑟直起身子答道："我和他们三人的才具不同。"孔子说："那有什么关系呢？不过
是各言己志罢了。"曾皙说："我想在暮春时节，穿上春服，约几个成人、几个孩童
到沂水里游泳，在舞雩台上吹吹风，然后一路唱着歌儿回来。"孔子长叹着说："我
赞同点的想法哦！"子路、冉有、公西华都出去了，曾皙后走，问孔子道："他们
三个人的话怎么样？"孔子说："不过是各言己志罢了！"曾皙说："您为什么笑
仲由呢？"孔子说："治国要用礼，可是他的话毫不谦逊，所以我笑他。"曾皙说：
"难道冉有讲的不是邦国之事吗？"孔子说："怎么见得方圆六七十里或者五六十里
的地方就不是邦国呢？"曾皙又问："难道赤（公西华）讲的不是诸侯的事吗？"
孔子说："宗庙祭祀和诸侯会盟，不是诸侯的事又是什么呢？如果赤只愿意做一个
小相，那么谁能做大相呢？"

四、论说

"论说"与"叙说"不同之处在于它只讲道理而不说事情，与"会话"不同之处在于它只有作者的自言自语或一面之词，而没有对话者或假设的对话者的反馈或反对。其优点是方便长于思辨的思想家用精警洗练的话语来讲述高度概括的抽象理论和深邃的洞见。老子的《道德经》可谓以论说手段建构自家学说成功的典范。全文总共5000余字，而以内涵至深、外延至广的两个概念"道"和"德"为核心展开论述，内容涵盖哲学、伦理学、政治学、军事学等诸多学科，此著从问世至今一直被尊奉为治国、齐家、修身、为学的宝典，具有强大而永恒的影响力，在国际上也有极高评价，认为是中国人精神和学问的象征。在中国宗教界，《道德经》被奉为本土自源的"道教"经典之一。

老子以后，《道德经》的论说手段，被诸子效法为立言体式。其中最著名的是阐述儒家孝道和孝治思想的《孝经》。诸子所论尽管各有所长，对于"百家争鸣"时代思想活跃的造成也都各有贡献，但由于功利之心过于迫切，有些论著的缺陷也十分明显：其一，武断而不容分说。如《荀子·性恶》开篇即谓："人之性恶，其善者伪也。"然后用3600余字反复论述这一命题，间或不断引述并驳斥孟子的"性善"说，粗看似雄辩犀利，细阅却感觉难以令人心悦诚服。其二，逻辑跳荡，没有严密的推理。荀子的弟子韩非继承了荀子的性恶论，认为儒家所说的君臣之间的忠信仁义，是不可靠的，其实质犹如集市上的买卖关系[①]。这种不讲逻辑的武断论说，被郭沫若批

---

① 原话是："臣尽死力以与君市，君重爵禄以与臣市。君臣之间，非父子之亲也，计数之所出也。"见《韩非子·难一》。句中的"市"作动词"买卖"讲。

斥为"矛盾"的"诡辩"①，当代学者朱晓农则讥之为"秦人逻辑"②。先秦诸子中不少论说都有这种"以片面求深刻""为耸听而建危言"的毛病。不过话说回来，伴随着时光的脚步，华夏文化这棵大树的长成，作为在"轴心时代"文化建构过程中的这些毛病，也都像长入大树的枝节一样，成了树干中的节痕和纹理，本身已经是文化构成中难以且不可剔除的一部分了。

五、寓言

司马迁评庄子谓"其学无所不窥，然其要本归于老子之言。故其著书十余万言，大抵率寓言也。"③庄子以老子思想为自己学说建构的"要本"，为什么不取老子论说方式，而取完全不同的另一种语言手段"寓言"呢？"寓言"本意谓"有所寄托之言"，又专指托辞寓意的一种文体。外国著名的寓言文集有古希腊的《伊索寓言》、古印度的《百喻经》、俄国的《克雷洛夫寓言》等。中国先秦诸子论著中散见的不少寓言经过广泛流传已凝定为家喻户晓的成语。这些寓言的共同特点是在短小精悍的虚构故事中寄托一条警醒有趣的道理，寓言形式的作用在于增添趣味性。而《庄子》中的寓言远不止是要讲一条不大不小的道理，而是要以寓言为手段建构一种以"道"为核心概念的无比宏大又无比深刻的学说。他心目中的"道"是什么呢？"夫道，有情有信，无为无形，可传而不可受，可得而不可见；

---

① 见郭沫若《十批判书·荀子的批判》，科学出版社1956年第1版，第217页。

② 朱晓农《秦人逻辑论纲》，收载于申小龙、张汝伦主编《文化的语言视界——中国文化语言学论集》，上海三联书店1991年，第301—322页。

③ 见《史记·老子韩非列传》，中华书局1982年第2版，第2143页。

自本自根，未有天地，自古以固存。"① 这种"道"既包括老子那种从客观世界体认到的无时无所不在的本原性，又包括庄子从主观上体悟出的人生所要达到的无所依待的绝对自由的永生逍遥的最高境界。这样无比玄虚又无比高妙的"道"以及庄子所追求的无待、无累、无患的绝对精神自由，实际上是一种理想化的心境，它缺乏具体的、可用作界定的理论概念，因而难以用论说方式达到明确的表述和深入的揭示，最好的办法就是编造一些宏大不经的寓言故事，借助于超凡脱俗的神话形象或阴阳怪气的譬喻来表达，让人们读了听了后慢慢体会去。比如《逍遥游》一篇，其主旨是讲一种绝对自由的人生观。庄子心目中的理想人格是能够达到物我两忘、无己、无功、无名、无用、无所依凭而游于无穷的境界的"神人"："藐姑射之山，有神人居焉，肌肤若冰雪，绰约若处子；不食五谷，吸风饮露；乘云气，御飞龙，而游乎四海之外。"只有"神人"才能把道的永恒和人格精神的超凡脱俗相统一，实现真正"天人合一"的"逍遥游"。这样的"神人"已经不是人，而是神仙了。庄子思想于是不仅成为中国古代道家思想双璧"老庄"之一，更成为后世道教神仙思想的主要来源。

六、传注

"传"（zhuàn）指解释经典的文字，义近"注"。在古代汉语中，与"传""注"意义相近的还有"训""释""解""诂""疏""正义"等，兼具动、名两种词性。本文以"传注"统指对经典的各类解释。"传注"既然是解经，怎么又能够成为文化建构的语言手段呢？具体

---

① 见王夫之著《庄子解》内篇卷六《大宗师》，中华书局1964年版，第62页。

情形是：

1. 解经者增添了经文以外大量有价值的内容，传注文本本身又成为重要的文化典籍。 比如上古相传为孔子所作的"五经"之一《春秋》，记载了东周时代240多年各诸侯国的大事，但语言极为简练，现存全文不过16000多字。其后儒生在讲学传授过程中，觉得经文言简义深，难以为后学理解，就根据各自的理解及所掌握的资料，在解释的同时又进行增补，于是形成了多种"讲本"，有的讲本已散佚，流传下来的三种即《左传》《公羊传》和《穀梁传》，史称"春秋三传"。《左传》19万6千多字，为经文字数的十余倍，是"三传"中字数最多的，本身就是一部独立的史书和文学作品。[①]到了唐代，"三传"均被列为经书。

2. 解经者依傍经书，名为"传注"，实为发挥经文思想的"撰著"。 比如被称为群经之首、大道之源的《周易》（即《易经》）是中国传统文化中自然哲学与人文实践的理论根源，是华夏先民思想、智慧的结晶，内容极为宏富，在中国历史上的影响极其深刻。相传《周易》为周文王姬昌所作。现行《周易》按内容分《经》和《传》两个部分：《经》主要是六十四卦和三百八十四爻，卦和爻各有"卦辞""爻辞"作为说明，其功用在于占卜；《传》包含解释卦辞和爻辞的七种文辞共十篇，统称《十翼》。实际上假如周文王姬昌果真作过《易》，他至多只作过《经》，而不可能作过《传》。其中主要原因在于《经》的内容具有本原性，文辞奥僻难明；而《传》的内容是对《经》的阐释，用语直白易晓。比如经文中对于"乾""坤"两

---

① 比如《左传》中的名篇《郑伯克段于鄢》，在《春秋》经文中仅有"夏五月郑伯克段于鄢"一句话9个字，在《左传》中则被扩展成情节跌宕、首尾一贯、内容感人的篇幅达600余字的历史故事。

卦，仅分别以"元亨利贞"和"元亨利牝马之贞"作为卦辞。唐代孔颖达"疏"乾卦及"元亨利贞"4字共用了695个字[①]。没有他的"疏"我们今人根本看不明白这样的经文。而《易传》的文字则不然，即便没有"孔疏"，也能大体看懂。比如《易·系辞传下》的一节：

> 子曰：乾坤，其《易》之门邪？乾，阳物也；坤，阴物也。阴阳合德，而刚柔有体。以体天地之撰，以通神明之德。其称名也，杂而不越。于稽其类，其衰世之意邪？[②]

《易传》相传为孔子所撰，上节开头更明确标示"子曰"。其实《易传》作为解说和发挥《周易》经文思想的论文集，从内容和语言风格看，都应该是成于战国时孔子后学之手。托言于圣人不过是为了增加其权威性而已。不过，在充实和阐扬易经思想理论方面，《易传》不仅功不可没，而且由于它参与了易学文化的建构，其本身也已成为经典的一部分。

以"传注"方式参与文化建构的典范之作，当数清代阮元主持刊印的《十三经注疏》。

以上建构文化的语言手段六种，并未穷尽所有，而且偏重于历史的早期。进一步的研究俟诸来者。而凭借语言手段建构起来的文化，在传承、进化过程中与语言的关系，则需要借助"文化模因"（culture meme）理论的分析。

---

① ［唐］孔颖达《周易正义》，见《十三经注疏》中华书局影印阮元校刻本，1980年9月第1版，第13页。

② 同上书，第89页。

第三节　语言系统和文化模因

一、文化世界的两种形态

在人类文明的早期，有一个漫长的无文字阶段，人们一面创造语言，一面也同时创造文化，"言说"就是文化实践的重要方式。这个阶段人类的语言文化世界只有口语一种形态。后来，人类发明了文字。逐渐地，世界大多数文明发达的民族，从口语中分化出了书面语，于是人类的文化世界，也就自然地形成了口头言说的和书面语记述的两种形态。

两种形态的文化世界并非互相隔绝，而是一体两面、互相关联、可以互相转换的。口头言说具有原发性，经过加工记录就成了书面文本。家庭和社会的教育，生活经验和生产技能的传授，多以口头言说方式进行，不过教育和传授所依据的"教材"则常有书面文本[①]（无文字的社群除外）。宗教活动的布道、拜忏、打醮、祝咒、祈祷固然表现为口头言说，但除了个人隐私以外，其内容、仪容和动作姿态必有来自权威的书面文本的规定。历史悠久的经典文化多已载入书面文本，但其信众和学徒在学习中又往往以念诵或朗读的方式使之转变为口头形式。总之，在任何有文字的社群中，人

[①]　在旧时代，不只是入私塾的富家男童才能受到传统文化教育，一般平民父母有识者也会多少让子女"识几个字"，这是童蒙读物影响广泛的重要原因。童蒙读物不仅是识字教材，也是广义的文化读物。我的外祖母生于清末重庆，不识字，在我保留至今最深刻的童年记忆中，在20世纪五六十年代，她已进入老年，仍能极其流畅地背诵整本《增广贤文》，并讲给孙辈们听。我始终不知是谁教给她的，但由此也可见传统文化读本在底层平民中的深广影响。

们不断地出入于口头和书面两种形态的文化世界，正是文化生活的一种常态。如果以雅俗或阶层为标准加以区分，口头文化多为俗文化、草根文化，书面语文化多为雅文化、贵族文化、文人文化。从生命力而言，部分口头文化容易湮没，而作为整体的口语文化世界，会因其拥有者族群的存在而恒久存在；书面语文化便于保存流传，但在传承过程中会发生变异（比如儒家经典传至汉代便产生了今古文之争）。

就进行量化统计的可能性而言，口头言说的文化世界由于是与使用情景共同生灭，对之进行量化统计基本上没有可能性；而书面语建构起来的文化世界，可以从卷、册或字词的数量等不同角度进行计量，尽管经过代代积累后其绝对数量可能极其巨大，但总归可能得出一个相对明确的数字。比如，我国现存最大的一部承载传统文化的语言文字文本，是清乾隆皇帝诏谕编修的丛书《四库全书》，它按经、史、子、集四部分类，收书3503种，79309卷，存目书籍6793种，93551卷，分装36000余册，约10亿字。基本上网罗了清乾隆以前的中国重要文化典籍。乾隆以前甲骨文尚未发现，而乾隆以后至今的文化典籍《四库全书》也自然未及收存，假如加上这两项，那么即便不重复计算，中国文化典籍的字数可能巨大得更加惊人。再比如，基督教的《圣经》据统计现在共有大约14000多种不同语言的版本，在众多古书中是最多种不同语言翻译版本的书，发行量累计已超过40亿本，也是世界销量最多、影响最大的一本书。通过这些典籍我们看到的是一个自古至今生生不息、不断传承和进化的文化世界。套用本章开头所引的萨丕尔的话意，我们也可以说，语言所建构起的文化世界也"像山岳一样伟大"。那么随之而来的问题是：这个文化世界永不衰竭的动力由何而来呢?

二、文化模因和文化符号

1. 模因论及其解释力

1976年,英国行为生态学家R.道金斯在《自私的基因》一书的最后一章中作者首次提出:人类文化传递也有类似生命繁衍的基本单位基因(gene)一样的复制因子。他借取原义为"模仿"的希腊语字根mimeme,去掉其词头mi,以meme命名他所认为的文化复制因子。道金斯以类似基因的发音meme命名文化传递的基本单位,意谓文化传承也有出自相同meme而导致相似的模仿现象,而meme就是文化传承的动力源头。我国学者把meme译为"模因",属"音义兼译",有使人联想到文化的传播和传承是一种模仿现象之意。牛津英语词典对meme的解释是:文化的基本单位,通过非遗传的方式,特别是模仿而得到传播。

模因论提出后,在西方学界引起了极大兴趣,进一步的研究和正反两方的争议一并发生(何自然、何雪林2003;郭菁2005)。2005年英国学者凯特·迪斯汀出版了《自私的模因》一书,在捍卫道金斯模因论的前提下对其基本论断又有所修正、拓展和创新,甚得学界推重(李果红2007)。迪斯汀的理论有广泛的适用性,这里试取她的几个论点来验证其对中国文化问题的解释力。

关于"模仿"和"进化"的关系问题,迪斯汀质疑道金斯及其片面追随者关于文化进化与生物进化完全相同、模因传递类似于基因的复制、模仿是文化复制的关键等说法,认为"文化复制过程就其本质而言是复杂的,因为被拷贝的信息有时复杂得令人难以置信","不能期望像模仿那样相对简单的过程在所有情况下都能肩此重任"[1]（130页），因此，模因复制并不简单地等同于模仿，文化的发展既是模因进化的结果，也是人类创造力的产物。中华文化作为一种绵延数千年的自源文化，就不是单纯依靠模仿复制而传承发展，而是不断在继承中扬弃，通过包容、吸收、创新而壮大复兴的。2000多年前孔夫子总结夏商周三代的文化历程，就说过："殷因于夏礼，所损益可知也；周因于殷礼，所损益可知也。其或继周者，虽百世，可知也。"（《论语·为政》）话的大意是：夏商周三代的典章礼仪不尽相同，后一代对上一代都有所损益，未来周的继承者也会这样做的。"损"指对过时的旧典章礼仪的革除废弃，"益"指对合乎新需要的典章礼仪的增补创设。后代正如孔子预言的，凡有所作为的朝代都不死守"祖宗家法"，而是有所损益。"损益"是一种选择。这种选择看似人为，而取舍的依据，在迪斯汀看来，实际在于文化模因的本性。因为文化模因就是文化中的DNA，它与生物基因的可比之处在于它也像生物基因一样通过遗传、变异和选择来实现进化。

　　然而"模因是文化中的DNA"毕竟是个比喻性说法，具体而言模因究竟指什么呢？迪斯汀说："模因是文化信息表征的内容"（24页），"是文化选择的单位""是文化信息的单位"，文化信息内容是"通过自然语言和人工语言来表征的"，"人工语言"是指"诸如书面文字、乐谱或建筑图纸的惯例等表征系统"，因而"模因既存在于人脑之中，又存在于承载着思维内容表征的文化媒介（如书籍、言语、地图、记忆棒）之中"（《作者序》Ⅴ页），"自然语

----

　　[1]　参见凯特·迪斯汀著《自私的模因》（李冬梅、谢朝群译）世界图书出版公司2014年。引文后括注页码即该书页码，本节以下不另标脚注。

言……是人类开发出来的最强大、最适合的RS"[1]（183页）。概而言之，文化模因和与语言系统的关系，就是信息内容和表征、载体间的关系，即"里""表"关系，双方谁也不能脱离对方而存在。那么只要语言系统存在，文化模因也就存在，文化也就能够得到传承和发展。这样，中国文化史上甚有争议的两句话"崖山之后无中华""明亡之后无中国"也就可以获得更为恰切的解析了。两句中的"中华""中国"均指中华文化。"崖山之后"指崖山决战之后南宋灭亡，开启了异族政权蒙元的统治；"明亡之后"则再次开启了异族政权满清的统治。然而上层统治政权并不等于民族文化，汉族和外族政权的更迭也不等于文化的交替。在元、清两代，汉族尽管在政治上备受统治民族的压迫摧残，但作为华夏文化模因表征系统的汉语汉字却依然活跃在占人口绝大多数的汉族社会中，华夏文化模因也就依然保持着顽强的生命力。到清中期以后，北京内城的旗人及驻防各地的八旗官兵均逐渐放弃了满语满文的使用，转为汉语汉文，满族及其祖先女真的文化模因也随之消隐，满语满文化的部分因子则融入了汉语汉文化。辛亥革命以后，满人已不再以规模族群独立聚居的方式存在，大量的满人改为汉姓，同化于汉人社会中。事情正如迪斯汀所说，模因在文化竞争中是否有优势得看它是否能够"成功地吸引足够多人的注意力"（213页），"文化的发展最终取决于模因和它们所处环境之间的相互作用"（244页）。中华文化在与蒙古游牧文化、女真狩猎文化的竞争中终于都取得了完全的胜利，因而可以说"崖山之后无中华""明亡之后无中国"是两个伪命题。

---

[1]　RS为英文representational system的缩写，意为"表征系统"。

2. 文化符号：文化模因的焦点表征

迪斯汀认为："文化信息以表征的形式被保存起来，表征形式会对获得它的人产生潜在的效应，并通过这些人来传播这一效应。"（《作者序》Ⅲ页）如果语言是文化模因的最主要的表征系统，那么作为这一系统的基本单元的词，就是这一系统的基本表征形式[①]。不过并非所有词语的表征功能都是均衡一致的。语言中有少量词语，在表征文化信息方面具有比其他词语更为强大的功能，成为文化模因的焦点表征，本书称之为文化符号。文化符号不仅具有元表征功能，还有超强的文化指令、文化区分和文化模因传承的功能，是民族精神、民族性格、民族特征最为集中的语词体现。不同民族语言中的文化符号不尽相同，或大相径庭，以致部分概念此有彼无不可通译，只能借用。这里仅就汉语汉文化的文化符号分类列示如下：

A. 思想文化类。分两组：

a1. 范畴、理念：天、地、人、道₁、气、心、性、理、命、物、体、用、象、易、变、文、武、一、二（两）、三、四、五、九、十、学、思、知、行、言、意、中（庸）、禅、阴阳、五行、纲常、道统、有无、名实

a2. 学派、宗师：儒、法、道、释、孔孟、韩非、老庄、荀子、董仲舒、许慎、达摩、鉴真、朱熹、王阳明

B. 精神文化类。分两组：

b1. 信仰崇拜：日、月、龙、凤、神、佛、道₂、仙、魔、鬼、

---

① 尽管迪斯汀认为语言是文化模因的表征系统，但她却否认"模因是由词汇本身来体现"的说法（175页）。这可能使其论证自相矛盾。本书不赞同其观点，但也不拟在此驳议，宁肯认为是她为与论敌争辩而故作的姿态。

山、水

b2. 伦理品性：仁、义、礼₂、智、信、德、敬、忠、孝、慈、爱、善、圣、贤、节、廉、耻、雅、俗

C. 制度文化类。分四组：

c1. 制度风习：礼₁、乐、律、政、治、制、婚、风、习（俗）、度、量、衡、币、字

c2. 族群标记：华、夏、夷（蛮、戎、狄、胡）、汉、中（土）、西（洋）、姓、氏、国、族

c3. 亲属称谓：祖、宗、夫、妻、父、母、伯、叔、舅、姑、嫂、姨、甥、兄、弟、姐（姊）、妹、子、侄、男、女、儿、孙

c4. 职位身份：后₁、王、君、臣、帝、皇、后₂、妃、将、相、官、吏、士、民、农、工、商、兵、师、生、主、奴①

以上所列文化符号系举例性的，尚未穷尽所有。分类只是为了列述方便，其中有的文化符号具有跨类性，如b1的"佛"也可置于A类。

三、文化模因的语言传承

迪斯汀说："文化遗传取决于模因保存和拷贝能产生效应的信息的能力。"（41页）"唯有内容具有可确定性的表征才能当作模因，因为任何复制因子的关键性因素就是保存指定的信息。"（42页）这两句话意思是：（1）模因所具有的保存和拷贝信息的能力使文化得以遗传；（2）模因所复制（"保存和拷贝"）的内容必须"具有可确定

---

① "道₁"指一种哲学范畴，"道₂"指道教。"礼₁"指上古礼制，"礼₂"指作为教养的礼貌。"后₁"指上古君王，"后₂"指帝王正妻。

性的表征"（语言形式）。文化符号就是华夏文化模因内容的最具确定性的表征，它们所保存和拷贝的文化信息自上古至现当代，虽历经磨难而始终未尝湮灭。其根本原因在于文化符号多是汉语核心词，它们所包含的文化信息就是这些核心词的词义，核心词的高频常用性和作为根词的强造词能力使它们与人们的日常生活密不可分，它们所包含的文化内容已经熔铸成汉人的民族特性，与其相应的文化行为也已成为民族风习或集体无意识。于是这些文化符号就成了文化模因的语言传承。

这里举三个文化符号为例加以说明。

孝：中国传统文化重要的伦理思想，也是中国社会衡量人品的重要尺度。"孝道"在儒家学说中居于核心地位，儒家经典《孝经》甚至把"孝"置于哲学范畴的高度。历代统治者并推"忠""孝"，认为孝敬父母者必能为国效力，故"求忠臣必于孝子之门"。绵延数千年的"孝道"在中国家喻户晓，在其他语言中却难以找到与"孝"相对应的概念和词语。20世纪初新文化运动"反封建"，累及儒家学说，孝道尤遭池鱼之殃。在革命年代，甚至带"孝"字的地名也难以见容，谐音改名成为权宜之法。北京的贤孝牌胡同1965年改为先晓胡同，孝顺胡同1974年改为晓顺胡同。1966年，湖北孝感县改为东风县。学术界像挖祖坟一样发掘"孝道"的"反动本质"，一直追溯到殷周金文（李裕民1974）。《新华字典》1971年修订版的"孝"字条目下的释义是"儒家宣扬的反动说教，指对父母无条件地顺从"。然而正如西谚所说："凡是用笔写下的，即使用斧子也砍不掉。"几千年中有关话语文本及亿万民众语言传承中关于"孝"的精义不是一时的政治手术刀所能阉除的。"文化资料这一庞大的整体的存在意味着，新假说、科学发明，甚至道德观点的成败与其说取决于内在优势，不如说取决于对这种模因库的适合度。"（244页）"礼失而求诸野"，即便在"文革"中，大多数百姓依然尊奉并身体力行着孝道，"孝子、孝女、孝妇、孝鸟、孝心、孝衣、孝服、孝性、孝情、孝行、孝顺、孝敬、孝慈、孝养、孝亲、尽孝、吊孝、挂孝、守孝、重孝、热孝、孝子贤孙、母慈子孝、披麻戴孝"等词语依然存活在话语中，传递着孝道模因。新时期拨乱反正后，孝道终于复兴，成为学校品德培养和社会教育的重要内容。

龙：从概念上讲，"龙"并非对实有生物的指称，而只是对传说中的一种具有神性的动物的命名（恐龙类化石"龙"的名称是对中国"龙"名称的借用）。在远古时代，龙是中华大地上众多先民氏族的图腾，是备受崇拜的神灵。龙是中华民族的象征，中国人自称"龙的传人""龙的子孙"。在科学尚未昌明的时代，龙在民众心目中的地位至高无上，是人类命运的主宰。于是"龙"这一词在使用中通过隐喻获得了"帝王"的意义，有关词语如：龙飞（帝王即位）、龙兴、龙体、龙颜、龙心、龙袍、龙庭、龙种、龙子龙孙、攀龙附凤等。龙有广大的神通，于是又被喻为具有远大前程的优秀人物，如"望子成龙""鱼龙混杂""藏龙卧虎"。传说中的龙善于飞腾变化，于是用"龙腾虎跃""生龙活虎"等词表示生动壮观的姿态和形势，用"龙飞凤舞"表示书法笔势的雄壮奔放。中国以"龙"命名的人名、地名和事物名称不可胜数。地名如：龙岩、龙海、龙井、龙口、龙江、龙泉、龙游、龙川、龙门山、黑龙江、黄龙洞、神龙岛等。"龙"本身是一个姓，又是十二生肖之一。以"龙"命名的名人如：赵子龙、贺龙、李小龙、成龙、石天龙等。近现代以来科学昌明，人们已经相信"龙"并非实有之物，帝制也随辛亥革命而被唾弃，但几千年来"龙"作为中华民族的精神信仰，已经随着有关"龙"的词语、话语文本、艺术形象代代相传，融入民众精神之中，成为"天行健，君子以自强不息"的阳刚之气的文化模因。

理："理"的本义是"治玉"。这里的"治"指把玉璞加工成器。"治玉"技术性极强，其关键如段玉裁《说文解字注》所说，在于"得其鰓理"。"鰓理"指玉石上天然的纹理。可见在上古，"理"兼有动、名两种词性。在其动词义上扩大范围使用发展出了"治理、管理、处理、料理、整理、办理、董理、审理、受理、襄理、清理、调理、自理、理财、理家、理发、理睬"等复合词。在其名词义上扩大范围，凡天然、自然的纹路皆可称"理"，如"木理（木纹）、肌理、腠理、地理、纹理"等。天然的纹理是具体的，再进一步上升，抽象化为"天理"，即指天下万物的根本道理、基本规律。这个"理"就与"道"相当，成为哲学范畴、文化符号了。上古时这一抽象过程已经完成。《易·系辞上》谓："易简而天下之理得矣！""天下之理"即"天道""天理"。故《广雅·释诂三》释"理"为"道也"。"道理"一词即由此构成。"理"的这个意义到宋明，就发展成了"理学"。朱熹强调"理在气先"，认为先有理，气才构成物。甚至说："万一山河大地都陷了，毕竟理在这里。"（《朱子语类》卷一第四十条）"理气之辨"从宋明一直辨到清代。理学的张扬使"理"这一作为最高范畴表征的文化符号，在近现代一方面深入科学世界，一切追本溯源的学问都名之为"理"，如：原理、哲理、物理、心理、生理、病理、药理、画理、法理、伦理、学理、乐理、理科等；另一方面又普及到平民生活中，像"讲理""说理""评理""论理"等"理"并非程朱的"理学"，而是日常道理。合乎道理叫"合理"；

儿童开悟，说是"懂道理"。公说公有理，婆说婆有理，歪理也是一种"理"，借口、原因都可以成为"理由"。"理"作为思想理论方面的文化模因，从最抽象的范畴到最日常的生活，贯穿了中国人所有的思维和话语。①

① 20世纪80—90年代，张立文主编过一套《中国哲学范畴精粹丛书》，包括《道》《理》《气》《心》《性》五种，在中国人民大学出版社出版，2004年又在四川人民出版社出过一种《知》；其间还在台北出版了《天》《变》等数种。2020年，曾振宇主编的一套《汉字中国》丛书，包括《仁》《义》《礼》《智》《信》《忠》《诚》《命》《孝》《廉》计十种。这两套丛书的选题和内容分别侧重于思想史和伦理史。尽管其选目与本书的"文化符号"部分相合，可供文化语言学研究者参考。但研究角度与文化语言学不一致。

第七章　语言和思维

思维是高度组织起来的物质即人脑的机能。作为一种认知活动，它表现为人的大脑对客观事物和现象做概括反应的过程。作为人的一种基本属性，它表现为人所特有的认识现实世界的能力。古罗马哲学家塞内加（L. A. Seneca）说："人是会思维的动物。"意思是说思维能力是人之区别于动物的根本特点之一。尽管有的科学家认为动物也有思维，但是它同人类思维肯定有根本不同。动物最重要的特点不是思维，而是代代相传的适应环境的习性，它同世界是浑然同一的；人却能通过思维使自己独立于客观世界，把握和认识客观世界，从而决定自己对世界应取的态度和行为。思维同语言一样，都是人性的表现，是人的文化属性的表现。思维是众多人文科学和自然科学所研究的对象，也是普通语言学所关心的课题。文化语言学则从本身角度来考察语言与思维的关系。

第一节　语言和思维的一般关系

语言是人类社会的交际工具，也是人的思维工具。从种系角度而言，人类的语言和思维都有一个发生和发展的过程；从个体角度而言，从幼儿到成人，每个人的语言和思维也有一个发生和发展的过程。在这样的过程中，语言和思维似乎互相伴随、紧密相连，形成一种难分难解的状态。但是语言和思维的关系究竟如何，却一直是一个观点纷呈、争议颇多的问题。归纳起来，主要有以下3种见解[①]：

1.认为语言和思维是同一个东西。美国行为主义心理学家华生（J. B. Watson）认为，思维是无声的语言，思想只是自己对自己说话。他说，"大声言语所习得的肌肉习惯，也负责进行潜在的或内部言语（即思想）。"后来的新行为主义者斯金纳（B. F. Skinner）也持类似看法。他说，"思想，仅仅是一种行为，语词的或非语词的，隐蔽的或公开的。"他们把语言和思维都看作是一连串的刺激和反应，认为思维并不是脑的机能，而是全身肌肉，特别是喉头肌肉的内隐的活动。

2.认为思维和语言既不等同又不能割裂。早在2500多年前，亚里士多德就提出过思维范畴决定语言范畴。他说："语言是思维范畴诸经验的表现。"20世纪30年代俄罗斯心理学家列夫·维果茨基通过自己独特的研究创立"心理学的文化历史"理论，提出4项结论：（1）思维和言语在个体发生的过程中具有不同的根源；（2）在儿童的言语发展中，有一个前智力的阶段，而在思维发展中，有一个前语言阶段；（3）在某个时刻之前，两者沿着不同的路线发展，彼此之间是独立的；（4）在某个时刻，这两根曲线会合，因此思维变成了言语的东西，而言语则成了理性的东西[②]。著名的瑞士心理学家皮

---

① 参见朱智贤、林崇德著《思维发展心理学》，北京师范大学出版社1986年，第343—344页。

② 见〔俄〕列夫·维果茨基著，李维译《思维与语言》，北京大学出版社2010年，第54页。

亚杰也认为，语言是由逻辑构成的，无论从语言和思维的种系发生的起源史看，还是从语言和思维在儿童个体身上的发生形成过程看，逻辑运演都要早于语言或言语的发生；逻辑思维不仅早于语言，而且比语言更为深刻，因此思维对语言有决定作用。[①]

3. **认为语言决定思维。**西方的一些语言学家，如美国的萨丕尔、沃尔夫等持此观点，已如前述（见本书第四章第一节）。另外，恩格斯关于语言的"劳动起源说"，也认为人类思维的发生（即"猿的脑髓变成人的脑髓"），是由于劳动和语言的"推动"："首先是劳动，之后和劳动一起的还有发音清晰的语言，这两者乃是促使猿的脑髓逐渐变成人的脑髓的最主要的推动力"[②]。接受此说法的苏联语言学家多主张在人类的种系发展中，劳动及其所产生的语言是思维和意识产生的最主要的推动力；各种活动（包括动作）和有声语言是个体思维产生的基础[③]。同时，苏联心理学家还认为思维对语言的发展也起着反作用。

此外还有一种看法，认为语言和思维的关系是形式和内容的关系。如德国自然主义学派语言学家施莱赫尔说："思维与语言之同一正如内容之于形式。"索绪尔认为，语言和思维的关系是一张纸的正面和反面，语言和思维就是符号的"能指"与"所指"之间的关系。我国不少语言学家也持这样的看法。

那么，语言和思维的关系究竟应该怎样看待呢？

---

① 见〔瑞士〕皮亚杰著，王宪钿等译《发生认识论原理》第一章《认识的形成》，商务印书馆1986年，第21—57页。

② 见恩格斯《劳动在从猿到人转变过程中的作用》，收载于《马克思恩格斯文选》（两卷集Ⅱ），人民出版社1958年第1版，第84页。

③ 见A. C. 契科巴娃（A. C. ЧИКОБАВА）著，周嘉桂译《语言学概论》第一编上册，高等教育出版社1954年，第117—123页。

第一，首先应当看到，语言和思维属于不同的范畴。思维是人脑的一种机能，是人的大脑反映客观世界的过程。这个过程表现为一个逻辑过程，即遵循概念、判断和推理的思维规律来实现主观世界对客观世界的认识和把握。在思维过程的进行中，语言是它所凭借的材料。就是说，思维是凭借语言的材料（词的声音、意义、句子及其组织结构）才得以进行的。但我们不能据此就认为思维和语言是同一个东西，说自然语言（有声语言）就是说出来的思想（而且思想并不等于思维），内部语言是不出声的思想。因此行为主义的观点是不正确的。但是另一方面，把语言和思维看成形式和内容的关系也是不恰当的，因为思维既然是一个过程，它就不是内容，而是活动，思想作为这一活动的成果，才是内容；语言本身又不仅仅是形式，而是形式和内容（意义）的统一体。因此，把语言说成是思维或思想的"物质外壳"的说法也是不确切的，因为语言不仅有可感知的物质材料（声音），而且也包括可体会的精神内容。语言在充当思维的工具或手段时，物质材料和精神内容是共同参与进去的。既然语言和思维属于不同范畴，所以也并不存在"语言思维统一体"。即便是内部语言，也并不就是思维，不就是思维的物质外壳，它只是思维活动借以进行的、不能被外人感知的语言材料而已。

第二，同时也应当承认，语言和思维具有极为密切的关系。这种关系表现在，一般地说，思维无论就其过程而言，还是就其结果形式（思想）的表述而言，都离不开语言材料。即便是形象思维和直觉思维，也必须有词语的参与，只不过是比起逻辑思维来这种参与有时不易被正在思考的本人察觉而已（但文学创作时的形象思维同语言的关系比其他艺术创作的形象思维更为密切）。而无论何种类型的思维，当要把其形成的思想加以表述时，更非借助语言而不能为人所理解。造型艺术虽有些不同，但当要对其意蕴进行阐释时，仍少不了语言。就这一点说，"语言是思想的直接现实"，确实是至理名言。

第三，无论就种系发生，还是就个体发生而言，假如一定要坚持语言和思维二者都纠结在一起，不可分离，恐怕也难以成立。因为据知人类进化和语言起源的历史都很漫长，但语言的历史比起从猿到人的进化历史要短得多，我们总不能说人类前语言的阶段都是没有思维的。再者从现代人类个体语言发生前的状况看，婴幼儿也是有思维表现的。因此维果茨基和皮亚杰等现代心理学家的科学研究成果值得重视。另一方面，还应当看到，当儿童获得语言能力后，在进一步的社会化、知识化、生活化的过程中，思维和语言确实如影随形，伴随终身。无论是群体还是个体，思维的成长过程就是语言的成长过程，语言的精密化、完善化过程也就是思维的精密化、完善化的过程。语言的形成和发展同思维的形成和发展具有相辅相成的关系，语言促进思维的发展，思维的发展对语言的发展又有反作用。就任何一个思维过程而言，思维质量对言语作品的质量有极为重要的影响，反之，语言形式的质量高低也直接关系到思维质量的优劣乃至思想表达效果的好坏。

第二节　语言和思维问题的文化学价值

一、人类的语言思维是人类文化的开创者

在表现人的本质属性方面，思维比语言具有更重要的意义。现

代文化人类学和心理学研究表明，在早期的原始人类社会中，可能存在一个前语言的阶段，在这个阶段的人类思维属于动作思维和表象思维类型。现代人类社会尽管已经有高度发达的语言系统，但是儿童的语言能力仍不能通过遗传获得，而是儿童在语言社会中通过学习获得。幼儿在习得语言之前，已经具有一定程度的思维能力。这种广义的思维活动的能力，也存在于某些高等动物身上。但是与某些高等动物思维不同的是，人类终于创造了语言，学会了使用语言来进行思维。语言是一种符号系统，在人类所创造的各种符号中，语言符号是最为复杂和最为重要的一种。卡西尔认为人和动物的根本不同之处在于人能创造和使用（包括语言在内的）符号，因此，"应当把人定义为符号的动物"。一旦人类获得了创造和运用符号的能力，就使自己生活在一个符号的宇宙之中。于是"符号化的思维和符号化的行为是人类生活中最富于代表性的特征，并且人类文化的全部发展都依赖于这些条件"。"符号系统的原理，由于其普遍性、有效性和全面适用性，成了打开特殊的人类世界——人类文化世界的大门的秘诀！一旦人类掌握了这个秘诀，进一步的发展就有了保证。"[1]就是说，人类的符号化的思维和随之而来的符号化的行为开创出了根本不同于动物世界的新世界——人类的文化世界。

二、人类的语言思维是人类文化发展的推动力

思维的本质是一种认知性的符号活动，文化则是人类在这一活动过程中建立起来的符号系统。人类运用其独特的思维能力获得了

---

[1] 见卡西尔《人论》（中译本），上海译文出版社1985年，第31—45页。

对客观世界的认识，并运用所获得的知识改造了客观世界，同时又改造了人本身。人在求得生存生活的过程中创造了巨大的物质文明，也创造了巨大的精神文明，在这一创造的过程中使人本身变成了文化的人。文化发生发展的过程也就是人类发生发展的过程。在这个意义上可以说文化就是人化。文化的发展史就是人类本身的发展史，也是人类的语言思维和语言创造活动的历史。

既然人类文化的创造是以人类的语言思维作为前提条件的，那么人类语言思维的发展也就决定了人类文化的发展。人类文化的每一进步都是人类思维不断进步的成果。在这一点上科学技术发展同科学思维发展的关系表现得尤为明显。在人们的社会实践中，正是科学思维提供了客观世界的真实情况和运动规律，从而推动了科学的发展；而科学的发展，又对人类的思维提出了更高的要求。这种周而复始的螺旋式前进，使人类思维经历了一个从低级到高级、从简单到复杂、从具象到抽象的发展历程。思维的每一变化发展和飞跃，对于当时的历史时代和社会来说所起的作用和影响都非常巨大，它是创造的源泉，它推动了社会生产力的发展和人类文明的进步。

正因为思维进步对人类科学文化的发展有如此重大的意义，在我们进行改革开放、实现现代化和民族复兴的当代，如何改进整个中华民族的思维以适应变革时代的需要，已经成为一个日益迫切的现实问题。

三、语言和思维问题研究的现实意义

当前，我国的现代化事业面临着利用信息化技术促进产业变革的第四次工业革命（工业4.0）浪潮的严峻挑战。工业4.0时代也就是智能化时代。这场革命的目标是实现智能化社会。发挥智

力，创造知识的主体是人，人的潜力是无穷的，关键在于如何培养和开发。然而，智能化制造和管理的高端、精细与我国广大国民素质的严重不适应已成为十分尖锐的矛盾。现代化首先是人的现代化，没有人的现代化、没有思维方式的现代化，就没有国家的现代化，这已是有识之士的共同见解。文化学是研究人的科学。培养具有高度的现代文化素质和现代文化意识的人是文化学研究的现实目的。思维科学是培养人才的科学，它所要解决的具体任务就是提高全民尤其是青少年的思维能力和思维水平，以造就具有科学思维和创造性思维能力的适应现代化建设需要的一代新人。这就是思维问题同现代化之间关系的关键之所在，也是思维问题的文化学价值之所在。

思维的能力和水平的具体表现则是语言（包括外语）的能力和水平，即运用语言进行思考、表述和交际的能力和水平。科学思维的抽象性、逻辑性和系统性需要作为思维主体的人具有与之相适应的高水平的语文能力。因此，思维现代化问题就同全民语文水准的提高联系到一起。在这个意义上说，语文现代化就不只是语言文字的规范化、标准化问题，还应包括语文运用的能力和水平的提高问题。语文现代化、思维现代化同国家现代化已经形成具有因果联系的链条关系。这正是研究语言和思维关系的现实意义之所在。

第三节　语言和思维方式

一、思维方式是文化模式的决定者

思维是作为主体的人对于独立于人的外在客观世界的认识过程，

它表现为一系列复杂的心理活动。思维的最深刻的根源在于，人为了达到它所追求的生存目的和生活理想，首先必须从主观上实现对外在世界的把握和了解，并由此出发能动地决定自己对外在世界应取的态度和行为。外在世界由于其时空上的广大无际、存在方式的森罗万象、相互关系的复杂多变、本质规律的深玄难测，对于思维的主体——人来说，似乎永远是一个不便把握、难以破译的谜。人类在漫长的生存斗争、进化发展的历史中，经过无数次尝试、失败、成功，似乎隐约地感到了世界是一个具有广泛联系的统一体，人的认识可以从总体上加以把握，这种总体把握的方式有点类似把地球支起的"阿基米德支点"，有了它，认识似乎就有了出发点。比如原始人的认识能力有限，他们不能把自身和其他事物从本质特征上加以区分，就以人作为出发点，把自然物都设想成和人一样，都是有灵魂的。"万物有灵"就成为他们看待事物的固定出发点，从这一点出发，就形成了原始思维的拟人化的方法。思维作为脑的机能，作为对客观世界的反映过程，它有自身的客观规律，但是如何进行思维，却常因认知者不同的条件和态度而异，于是就有种种不同的思维方法。当一定的思维方法在一定的社会范围内被普遍接受，就具有了稳定性，它可能被进一步结构化、模式化和程式化，从而使思维活动表现出条理性和规律性。因此，所谓思维方式，就是人类在认知过程中形成的带有一定普遍性和稳定性的思维结构模式和思维程式，它是思维规律和思维方法的统一结合形式。

一定的思维方式是在一定的自然条件和社会历史条件下产生的。某种思维方式产生出来后，也不是一成不变的，而是随着自然条件和社会历史条件的变化而有所变化。但是由于思维方式是一种比较稳定的思维结构模式和思维程式，它一旦形成，往往形成一种"思维定势"，或者叫做"思维惯性"，它是人们看待万事万物的具有普遍效应的方式方法。于是人们就按照这种一定的方式方法去获取知识，构造起自己的文化世界来。

在上古时代，中国和西方的文化虽然起点不尽相同，但是因于当时科学知识有限，人们认识世界和征服自然的能力也有限，因此对于客观世界的把握和认知都是在经验直觉基础上的混沌整体型的思维方式的基础上进行的。比如中国上古早在西周就提出了"先王以土与金木水火杂，以成万物"的说法，西方早在古希腊时代也曾有过水气火土四元素构成万物的自然观。这种万物统一于几种主要元素的观点，便是在经验直觉基础上的混沌整体型思维方式的产物。但是由于古代中国和古希腊的自然条件和社会条件都不尽相同，古代中国和古希腊具有共同特征的原始朴素的思维方式却向着两个方向发展变化。

中国大陆地处北半球温带，濒海靠山，西高东低，寒暑有节，季风有常，这种自然条件导致了以阴阳学说为核心的朴素辩证法思想的产生，但是由于中国大陆土地条件和水利条件并不优越，人们的生存斗争十分严酷，长达数百年的春秋战国时代又一直战乱频仍，社会不得安宁，人生祸福难测，因而如何处理人同自然（包括社会）的关系就成了头等重要的问题。迫于严峻的自然条件和社会条件，先秦时代的思想家都没有把外在世界（自然和社会）当作人的对立物进行思考，而是把天地（包括社会）和人（群体和个体的人）统一起来考虑，把人作为"天地之心"，从人出发体验天地万物，"万物皆备于我"；从身家出发体验国家天下，要修身齐家治国平天下。这种思维方式，就是古人称之为"天人合一""天人感应"的思维方式，今人称之为"经验综合型的主体意向性思维"，它的基本模式和方法，是"经验综合型的整体思维和辩证思维"。[①] 这种思维方式，主要针对社会管理，而不是针对自然研究。所以中国传统文化中，有汉儒、宋儒提出的非常精密完善的政治伦理学说，却没有系统周密的自然哲学。

　　古希腊的自然条件与社会条件与中国古代大不相同。古希腊有十分优越的自然地理条件，古希腊人领受到大自然的特殊恩惠，他们对大自然不仅没有压抑恐惧的感觉，反而十分热爱和崇尚。又由于手工业、商业和航海业的推动，引起了天文学、气象学和数学的产生和发展。因此，古希腊思想家不必把自然和人笼统不分地加以思考，而可以把大自然作为人的对立物进行考察。于是古希腊哲学家往往兼为自然科学家。如果说古希腊的自然哲学还带有朴素的整体思维的特征的话，那么到近代经过培根和牛顿的创造性研究，它又有了极为重要的变化，它把自然界看成是一个自组织的有机系统，构成这个整体系统的又有许多小系统，每个部分又由不同部分组成，整个部分就是由这样的部分构成的系统化整体。在对之进行考察时，就要分析详尽，注重实证，力求精确，以达到建立合乎逻辑法则的理论系统的目的。这种思维方式被称为"实证分析型的客体对象性思维"。因为注重实证，就要向不同方向去寻求答案。因此就方法和模式讲，它属于"实证分析型的发散思维和动态思维"。[②] 它产生了不同于中国的西方文化。

　　由此可见，思维方式不仅是文化的组成部分，而且是文化的核心部分。它是一切文化的主体设计者，是文化模式的决定者。

---

　　① 　蒙培元《论中国传统思维方式的基本特征》，《哲学研究》1988年第7期。
　　② 　同上。

思维方式的特点，自然也要表现在语言的特点上。

二、思维方式和语音特点

语音是语义的载体，是意义的物质外壳，语音和语义的结合具有任意性，它是使用该语言的社会成员约定俗成的结果。但这只是就一般意义而言。如果按照这一原则进一步推断，认为任何民族语音结构体系的形成纯属偶然，而没有丝毫道理可言，那么这样的结论就未免轻率，其可靠性就至少要打一半折扣。因为世界上的各种语言的语音体系居然如此千差万别，如果我们把这种差别造成的原因仍然笼统归之于任意性和约定俗成，那就等于什么也没有说。因为任意性主要是指某一具体的意义不是必然地只能由某一声音来表示，它也可能用其他声音来表示，之所以它要用这一声音而不是另一声音，只不过是大家都这样而已。从具体意义和具体声音的关系而言，说语音和语义的结合没有必然性是可以的。但就整个语言的语音体系而言，它为什么会成为这个样子而不是另一个样子，则肯定是有某种历史的必然性在起作用。这种历史的必然性很可能就是作为文化内核的思维方式对于语音的不自觉的选择。

根据语言研究，人的发音器官可能发出的音素的种类大约有数百之多，如果加上由元音的音强、音高和辅音的口形、松紧等因素，实际能发出的声音的数目还要大得多。但是一般的语言都选取其中几十个作为语音体系的构成要素。这几十个音如何组合，组合以后的总体面貌怎样，往往显出很强的民族性。以汉语为例，从上古到现代，语音面貌有很大变化，但以下几个特点却一直保留着：

1. 每个音节由两个部分拼合而成，开头部分一般是辅音（声母），辅音之后是元音或元音同某个鼻／塞辅音的组合（韵母）。

2. 每个音节都有由音高形成的声调变化，声调有区别意义的作用。

3. 声母、韵母的拼合情况显出严整的规则性。

4. 各种语音范畴在构成聚合类的同时又表现出对称性的对立。

这种语音结构状况不由使我们想到了《易·系辞》中的"易有太极，是生两仪，两仪生四象，四象生八卦"的话。《易经》是我国上古时代朴素辩证法的理论总汇。其中系统地阐述了我国古代建立在阴阳论基础之上的世界观：凡物皆分阴阳，阴阳交感，产生万物。"一阴一阳之谓道"，凡物皆一分为二又合二而一。在这种经验综合型辩证思维影响下，汉语语音结构也是一分为二又合二而一。"生生之谓易"，八卦可以两两组合，构成六十四卦象，代表万物。有限的声母韵母两两组合，再加上声调，可构成上千个音节，表示不可计数的意义。中国古代学者根据汉语音节结构的这种特点，又把汉语音节分成阴声阳声、阴调阳调、平声仄声、舒声促声等两两相对的组类。这种分析结果是符合汉语语音体系的实际情况的。其中每一对立组类的基本特征都是鲜明的。汉语的语音结构最容易纳入表格，显出井然有序的情况。对立并非绝对的，而是相对的。在发生功能性音变、历史性音变和地区性音变时，对立的一方可以向另一方转化。这种情况至今犹然。这种对立齐整而又有转化机制的语音结构体系是西方语言所不具备的。汉藏语系的不少语言也具有类似汉语的语音结构体系。

与汉语语音体系辩证统一的齐整性相映成趣的是日语的语音体系。日语以一些辅音同五个基本元音相拼，一律形成辅音在前元音在后的开音节（只有一个拨音ん可用于音节末尾），表现出一种单调、刻板的整齐划一性，它的重音是乐调重音，并不固定在某个音节上，不是音节本身的构成成分，只是由一个词内几个音节之间的音高的对比形成。日语语音缺乏汉语语音在整齐中求变化，既对立又能转化的内在机制。这种情况似乎同日本民族文化思维的特点有关。日本是一个缺乏文化创造精神的民族，在历史上一直靠吸收外国文化的乳汁来养育自身，古代日本民族的思维方式显得比较单纯、机械、刻板，基本上属于收敛式思维。日语的语音体系的特点正是这种思维方式的写照。明治维新后，日本文化的表层面貌有了较大变化，但是作为文化内核的思维方式没有根本变化，日语的语音体系在此前早已形成，尽管在音译西方语词过程中新添了不少"仿拗音"，仍然没有因受到西方文化的冲击而改变其结构模式和基本面貌。

同汉语和日语中比较严整的语音组合规则相对的是印欧语系中看起来似乎很不规则的语音组合。印欧语系语音组合的主要特点是：1.元音和辅音在音节中没有像汉语和日语那样相对固定的位置；2.复辅音较多，且可以位于词的任何部位（即复辅音的位置不固定）；3.某些音节可以没有元音而独立成词（如俄语中的一些前置词）；4.音节的长度差别较大，显出参差不齐的特点。这些特点同西方社会中常见的发散式思维的特点相吻合。发散式思维不仅不要求一个问题只能有唯一的解决方式，而且容许甚至鼓励多种解决方式的同时并存。

我们说思维方式影响了语音结构的特点，并不是说一种语言的语音体系是事先设计出来的。语音体系是语言在漫长的发展过程中自然形成的，它不可能由人按照一定模式设计出来。但是思维方式在一定社会中是一种"集体无意识"，它在冥冥中决定着语音的发展方向。当文字发明以后，文字读音的规定性对于语音发展的影响就更为明显。汉语上古时代曾有许多复辅音，汉字产生以后，由于"一个汉字是一个音节，一个音节由声母和韵母合成"的模式的影响，许多复辅音声母由于模式化类推的结果，最终都变成了单辅音声母。这是思维方式对于语音特点影响的最明显的例证。

三、思维方式和词汇特点

1. 词汇的概括程度所反映的思维方式

词是人类在认识客观世界过程中通过命名活动而给予特定事物或现象的语言标记。它是一种纯粹的符号，由声音和意义两个方面构成，用以指称某一个或某一类事物或现象。词汇是人类认识成果的体现，因而总是反映着人们在认识过程中的思维特点。

在人类进化的早期，人的认识能力有限，对于事物不能像文明社会中的人有通过分析再加以综合概括从而找出其本质属性的逻辑思维的能力。他们的思维是建立在"心象-概念"基础上的"原逻辑"思维方式。[①]这种思维方式在语言中的表现，就是几乎没有符合一般概念的属名，而表示人或物的专门用语又特别丰富。比如澳大利亚泰伊尔湖的原住民的语言中没有相当于"树""鱼""鸟"等属名的"概括词"，但他们对于每一种鱼，如鲷鱼、鲈鱼、鲻鱼等却又分得很清楚；塔斯马尼亚人没有表现"树"这一概念的词，但他们对于每种灌木、橡胶树都有专门的称呼。他们没有表现硬的、软的、热的、冷的、圆的、长的、短的等性质的词。为了表示"硬

---

① 〔法〕列维-布留尔著、丁由译《原始思维》，商务印书馆1981年，第163页。

的"就说"像石头一样";表示"长的"就说像大腿;"圆的"就说像月亮、像球一样。因此,这些原始语言拥有大量为我们的语言中所没有的词。在阿拉伯语中,用于描述骆驼的词不下五六千个,它们都是分别对于骆驼的形状、大小、颜色、年龄以及走路姿态等具体细节的表现,其中却没有一个能给予一般生物学意义上的骆驼概念。在许多美洲原住民部落里,对于一个特殊的动作如走或打,有着令人惊讶的词语,它们都是并列的关系,用拳头打与用手打、用武器打、用鞭子打、用手掌打都不能用同样的词。这说明这些土著居民还缺乏抽象概括的思维能力。与此类似,中国古代关于牛羊的词语也特别多。如《说文解字》中关于不同年岁牛的字(词)有"牸"(bèi,二岁牛)、"㹀"(sān,三岁牛)、"牭"(sì,四岁牛)、"犊"(牛崽);关于不同性别牛的字有"牡"(公牛,也指公畜)、牝(母牛,也指母畜);不少不同颜色或花色的牛也有专门的字,如"㹊"(yuè,白牛)、"牻"(máng,白黑杂毛牛)、"捈"(tú,虎纹黄牛)、"犡"(lì,白脊牛)、"犖"(luò,驳牛)、"怦"(pēng,牛驳如星)、"驫"(biāo,黄白色牛)、"犉"(chún,黑唇黄牛)、"牷"(quán,纯色牛)。与澳大利亚原住民居民语言不同的是,我国早在殷商时代的甲骨文中就已有了"牛"这个表示属概念的总名。上面这些不同年龄、性别、毛色等牛的专名,可能是殷商以前尚缺乏概括能力的先民们"心象-概念"思维方式在语言中留下的痕迹。

从比较原始的"心象-概念"思维走向抽象的逻辑思维要经过一个漫长的发展过程,它要求发现无数个别具体事物之间具有普遍意义的更为本质的属性,从更高的总体角度对事物和现象进行更为广泛的概观,把客观外界的图像在大脑中做一番重新的调整和安排。

这一过程必然要体现在词语发展史中。就汉语词汇发展史所提供的情形而言，这一过程的主要表现方式有：

（1）给某些具有同一属性的事物以一个"总名"。如给各种不同年龄、毛色的牛以"牛"的总名。又如，古代中国大地上的江河都各有专名，如江、河、浙、沅、洮、漾、渭、洛、汾、湘、淮、颍等，都见于说文条目，其下并不加"水"以表示河流，这是因为它们都是在各地分别取的名，绝不重复，而"水"在古代起初并不专指河流之水，这从"益"字由皿、水会意可以看出。而许慎在解释这些河流专名时，用"水"作为通名，使"水"成为众多河流的概括性的称呼。

（2）扩大概念的外延，把专名变成通名，如"江、河"本指长江、黄河，以后演变成通名。又如起初对牛、豕、羊等牲畜和鸟、人的不同性别各有专门称呼：

牛	豕	羊	鸟	人
牡	豭	羒	雄	父/男
牝	豝	牂	雌	母/女

但是后来，人们发现凡是上行词语所指的都有共同属性，下行亦如此，便不再细别。开始时把"豭""豝"等省去，扩大"牡、牝"的外延及于各种牲畜，如《说文》以"牡豕""牝豕"分别释"豭""豝"，以"牡羊"释"羒"。然后又扩大到鸟类，如《诗经·邶风·匏有苦叶》："雄鸣求其牡。"又如《书经·牧誓》："牝鸡无晨，牝鸡之晨，维家之索。"继而又扩大到人类，如唐代人称武则天当政之时为"牝朝"。同时，"雄、雌""父、母"等词的外延也扩大开来。"雄、雌"不仅扩大到畜兽类、人类，而且扩大到植物类，

如雄花、雌花，雄株、雌株。而"父、母"也可用于鸟兽，如《说文解字》："牡，畜父也。""牝，畜母也。"现代汉语中又把它们进一步扩大到植物范围，如"父本、母本"。

2. 词源结构所反映的思维方式

词源结构是"用作命名的事物的性状特征和功能特征在词里的表现"（周光庆1989），又叫"词的内部形式"或"词的理据"，古人称为"得名之由"。中国古人在给事物命名时，往往对事物从直观上做整体把握，把人和其他事物进行类比，使事物人格化，从而把握人和事物相似的外部特征，在此基础上给予一些相近或相似的命名。如人的头顶叫做"颠"，山的顶部叫做"巅"，树木的顶端叫做"槇"，三字语音相同，字形不同，其词源结构是"物体的顶部"。由于人的目上的毛叫"眉"，因而房屋的横梁、门框上的横木、屋檐口椽端的横板都叫"楣"，水边水草相交处为"湄"，三词的词源结构是"濒临某一空明之所"。"兼"本指一手同时持两个禾把，引申为兼并，"縑"是用双线织成的丝织品，"鹣"是比翼鸟，"鰜"是比目鱼。它们的词源结构是"同时有两个"。"卷"的本义是膝曲，"捲"是卷起来，即动作的卷曲，"棬"是用树条弯曲编成的小篓，"拳"是卷起来的手，"鬈"是卷曲的头发。它们的词源结构是"卷曲的样子"。①

由上述例子可以看出，中国古代人在给事物命名时常常在事物的外在特征上进行"类比"，把由经验观察所得的事物外在性状上某一方面的共同特征作为分类命名的依据，而不是把事物的本质属性作为分类命名的依据。凡是外表性状上有共同的特征的事物，就可

---

① 据王力《同源字论》，见《同源字典》，商务印书馆1982年版。

以给予相同的名称（尽管字形上可以加以区别）。事实上，这些事物的本质属性完全不同，逻辑上不是一类，但是在注重外在特征的直观思维中，它们是属于同类的，可以给予相同的名称。在下一章中，我们将在"表象的范畴化"的题目下从认知角度对此做进一步讨论。

这种思维方式指导下的命名活动，在现代人中自然存在，如"线"本指丝、麻或棉纺成的细绳，可是现在也用来指铁路、公路（如京广线、哈黑线）、金属导线（电线），以至想象中的"线"（如航空航海中的路线）。这些"线"共同的词源结构是"可以引向一定方向的东西"。与古代不同的是，现代命名多用隐喻方式使词义引申，所形成的名称往往有修饰语，故一般不另造新字，于是掩盖了直观思维的命名方式。但现代汉语中也有从字形上加以区分的，如皮肤上的突起物或肌肉结成的硬块写成"疙瘩"，土包叫"圪垯"或"屹嶝"，线绳的结叫"纥繨"。如果不分字形，一律写成"疙瘩"也是可以的。

四、思维方式和语法特点

语法是组词成句的规则系统。语法的最根本的意义在于，当人在认知过程中获得一定感受，产生一定意念之时，怎样把头脑中处于朦胧囫囵状态，不易被他人感知的东西，赋予一定清晰可感的形式，从而进行条理分明的表述，使他人得以理解。一方面要自己感到说明白了，另一方面也要使对方感到能听明白，这就要求说的人和听的人在规则方面有一致的认同。所以语法总是语言社团成员集体活动的共同产物，是大家共同遵守的言语习惯。语句是体现思想的，是思维活动的外化，语法就是思维活动的产品。但是这种产品同具体语句的意思不一样，意思是即人即时即地具体思维的结果，而语法则是语言社团（主要是民族）的思维长期抽象化的结果。思想可以因时因地因人而异，语法却不这样，所以我们对贾宝玉或阿Q的思想可能感到隔膜，但是对他们使用的语法并不感到陌生。

语法既然是思维长期抽象化的产物，就必然带上说这一语言的民族的思维方式的印记。不同民族的语言上的语法差异，往往可以反映该民族的不同的思维方式。在这个意义上可以说，语法也是一种"集体无意识"。语法的这种基于思维方式上的民族特点，往往使一种语言中所具有的某些语法范畴，在另一种语言中根本无法体现，成为几乎不可理解的东西。比如俄语名词中的阳、阴、中三性，日语中宾语一定要放在动词前，对于中国人就是不可理解的东西。这种情形使得民族语言之间语法范畴和语法形式的借用比词语借用困难。

1. 原逻辑思维方式的语法特征

由于现代发达语言的原始状态已无法知晓，所以只能根据现存的一些无文字的原住民族语言来分析。据列维-布留尔《原始思维》，原始语言的语法特征主要有：

（1）特别注意表现那些不为发达语言所表现的具体细节。如朋卡族印第安人要想说"一个人打死了家兔"，就应当说："人，他，一个，活的，站着的（用主格），故意打死，放箭，家兔，它，一个，动物，坐着的（用受格）。"动词除了通过词尾变化或加接词的办法表示人称、数、性（生物或非生物），以及坐着或卧着的性和格，还表现"打死"的动作是偶然完成的呢还是故意完成的，是用射击的办法来完成的呢，……如果是用射击的办法，是用弓箭呢还是用枪……，[①]又如，为了表现具体的需要，有许多原始语言不仅有单数、双数，还有三数、四数。

（2）动词的形式极为繁多。南非卡弗尔人的语言中，动词可以借助于助动词构成六七种命令式形式。在北亚的阿留申语中，一个动词甚至有400多种词尾来表示式、时、人称等。之所以是这样，因为"原逻辑思维"很少使用抽象，它的抽象也与逻辑思维的不同，这种语言在说话中所要追求的是"绘声绘影的"效果，也就是如画地描绘出说话人所要表现的那种东西。

（3）人称代词或指示代词拥有极大量的形式，以便表现主语与补语之间的距离关系、相对位置、可见程度、在场或不在场等。

2. 西方抽象思维影响下的语法特征

西方民族从古希腊开始就注重形式逻辑，形成了较强的抽象思维能力，力求从独立于自我的自然界中概括出某种纯粹形式的简单观点。表现在语法上就是：（1）力求用内涵比较丰富的语法范畴概括一定的语法意义，通过语法意义和语法形式的固定结合形成一定的语法手段；（2）它的语法手段追求的目的是对于客观现象的准确表现，而不是像某些原始语言追求详细和生动的表现（因为仅能满足于生动表现的过于详尽反而使人不得要领，失去了准确性）；（3）它的语法意义是通过直接外露的丰富的形态变化来显示，而不是依靠词语顺序或言语情境（上下文）隐含在其中靠人去领悟（如汉语"菜烧好了"，"菜"的"受事"含义是靠从情境中领悟来的）；（4）因此，它的语法规则的外在形式比较明显，容易把握，使用要求比较严格（性、数、格一致，人称、时态一致），体现出一种

---

① 列维－布留尔著《原始思维》，商务印书馆1986年，第132页。

法的精神。

3. 辩证式整体思维影响下的汉语语法特征

中国在上古时代就形成的辩证式整体思维，使中国人对世界的认识和把握带有综合性和灵活性。先秦思想中形式逻辑学说不发达，这说明中国古人纯粹的抽象思维能力不如古希腊人。相反，中国古人隐喻式的形象思维能力却很发达，对于一些哲理性概念，或者用形象描述的方法解释（如"仁者爱人""克己复礼为仁"之类），或者用寓言故事来影射（如庄子《逍遥游》）。这种思维方式重领悟而不重实证分析。在这种思维方式影响下，汉语语法特点从古到今都有如下共同特点：

（1）缺乏形态，即缺乏表示特定语法意义的外在形式，如实词只突出其意念（概念），而无明确的词性的表现形式。

（2）灵活性。无论词法和句法都有极大的灵活性。很多词的词性都是亦此亦彼，可此可彼，可虚可实，以致有人断言汉语根本不能划分出西方语言学意义上的词类。句法上虽说以词序和虚词为主要手段，但词序仍不很固定：一床被盖三个人——三个人盖一床被，饭做好了——做好饭了——做好了饭，他去过北京——北京他去过。此外，灵活性还表现在结构中的成分经常可以省略，其中包括某些虚词。

（3）意合性：无论词法和句法都重意合，不重形式分析。词法意合的表现是合成词特别多，派生词较少。合成词的意义不是各成分意义的简单相加，如东西≠东+西，聪明≠聪+明，头痛≠头+痛，词的意义要通过意合去领悟。句法的意合如："今天星期四"，不必用判断词，只要两个词合到一起就能产生句意，表示判断。"这个人大脑袋"，不必加"长着"就可表示对主语的描述。"他有病没来"不用表示原因的"因为"就能看出原因。"他正在排公共汽车"没有表示目的的介词就能看出"为了上公共汽车排队"之意。

这种意合性和灵活性都是讲究形式的西方语言所不可能有的，它造成汉语的简练性。汉语的简练程度，使汉语的信息量非常之大，是任何其他语言所不能具备的。但是重领悟不重分析，重意合不重形合，也使汉语语法规律极难把握和阐述，造成外族人学习汉语的困难。

第八章　语言和认知

在本书上编第二章第三节，我们提出了文化语言学的一项重要任务：探索基于汉语汉字特色的认知科学；并认为与认知语言学合流，创建完全基于汉语事实的"汉语认知语言学"，推出适用于描写和解释汉语现象的概念理论体系和方法论系统，应该是中国文化语言学的奋斗目标。这个目标任重而道远。汉语属词根语类型，其词法和句法迥异于印欧语言，作为书写系统的汉字的命意属性及其独特的形音义关系，都使得汉语认知有不同于印欧语言的特点。全面讨论汉语认知问题并非本章篇幅所能，只能概论一下认知策略和汉语词汇系统的关系。

第一节　"知识·语义"是涵盖词汇
系统的最高范畴

认知是人类特有的心智（mind）活动。心智活动的结果成为语言知识。语言知识不仅包括语言符号（词和短语）指称具体的事物、性状或动作行为，而且包括它们表示的抽象的概念和语义。任何词语都有概括性，都能表示一定概念，也就是说，概念的产生和存在须依附于词语；词语是概念的语言形式，概念是词语的思想内容。

不过，有些词语所表示的，是感官察知并经心智体验的世界知识；另有些词语并不表示世界知识，而表示词语之间的语法关系，或话语之间的逻辑关联，或说话人的主观情绪，这些被统称为语法意义的也是一种广义的观念性语义。于是全部词语所共同表现的，就是由"知识·语义"所构成的人类认知成果文化世界。

在展开本章论析之前，需要树立两个公设：

1. 词汇是一个系统；

2. "知识·语义"是涵盖词汇系统的最高范畴。

先讨论第一个公设。语言是一个系统，作为语言的组成部分，语音、语法也各是一个系统，这已经没有疑问。而且把语音和语法作为体系来研究的方法论思想，在语言研究中已经获得了巨大的成功。然而，词汇同样是语言的组成部分，其系统性或体系性在很长时间内一直是个疑问。有的教科书为了避免正面回答"是"或"不是"，就使用"词语的总汇"或"词语的集合"之类同义重复的"定义"敷衍一下。有一个阶段，刘叔新（1964、1984）曾经否定过词汇具有体系性的说法，并且曾得到邢公畹先生的肯定[①]。但后来他改变了这一观点，从词语的"意义结构关联"角度描绘出11种词语结构组织，并因此认为现代汉语词汇"已基本上取得体系的资格"，只不过还"不是完善的体系"（刘叔新，1990）。不过何谓完善的词汇体系他未加说明。徐国庆（1999）一书从本体、构成、动态3大方面详述了现代汉语词汇的系统性。两位学者着眼点和路径不尽相同，但共同之处是都从语言自身、语言系统内单位和单位之间的关系来论证词汇的系统性，尽管也给人以一些启示，不过从方法上有循环

---

① 见邢公畹为刘叔新（1984）《词汇学和词典学问题研究》一书所作的《序》。

论证之弊，从效果上看给人以散漫无统之憾。为此我们应该另寻汉语词汇系统性之根本所在。

"系统"是由一系列元素（基本单元）组成的具有一定层次、结构和功能的有机整体。语言是一个符号系统。然而符号是什么呢？当然不是语音，语音只是符号的形式元素（物质外壳）；当然也不是语法，语法只是语言符号的结构规律。符号是音义结合的词语，词语的整体称为词汇。这样一来，"语言是一个符号系统"是否可以转换为"语言是一个词语系统"或"语言是一个词汇系统"呢？正是这样。"符号"和"词语"这一非常简单的同义关系居然会被人们忽略了，以致在很多研究者的心目中，"语言是一个符号系统"已经被误会成了"语言是一个语法系统"的同义语。

文化语言学的一个基本原理，就是人的世界是个语言世界，具有语言性。人对外在世界的把握是通过语言来进行的。语言是人认知世界、理解世界的工具，更是人类所获得的概念、意义和知识的储存所。世界是经过语言的改造才变成了可理解的存在。伽达默尔说"可以理解的存在就是语言"，这句话里的"存在"就是指世界的非语言状态，"可以理解的存在"就是世界的语言状态。换句话说，"语言"首先就是对世界万事万物（包括人的经验、感受）进行命名和指称的一系列词语。没有经过词语命名的世界往往是一片不可理解的混沌之物，因此，如维特根斯坦所说"我的语言的界限意味着我的世界的界限。""语词破碎处，万物不复存。"独立于人的世界不仅在自在状态是统一的，在进入人的认知领域后仍是统一的，统一在语言之中，也就是说，统一在人所掌握的词语系统中。如果我们不怀疑世界的统一性和系统性，我们也就没有必要怀疑反映世界、表现世界的词汇的统一性和系统性。一种语言的词汇系统记载了该民族对非语言世界的全部认识和感受，因而词汇的本质问题是"知识·语义"问题，词汇统一性的根本所在就是世界的统一性，涵盖词汇系统的最高范畴就是"知识·语义"范畴，"知识·语义"的系统性正是词汇系统性的内在依据，词汇的系统性则是"知识·语义"系统性的外化结构。因此，我们了解和描述一种语言的词汇组织结构就必须以该民族的知识范畴和语义范畴为前提和框架，而不是单纯求之于词语之间的关系本身。相反，词语之间的关系正好作为"知识·语义"范畴的分析验证手段。

　　然而，词汇的系统性和语音、语法的系统性有完全不同的特点。语音、语法基本上是形式体系，具有较明显的公共性、普遍性、一致性。在共时意义上，一个语言社区可以有（最好有）大致相同的语音系统和语法系统。这个语音系统和语法系统可以被年龄、职业和经历极不相同的人共同掌握和使用。而词语的意义包含着人类的知识、经验和感受。知识是需要学习的，经验是需要积累的，感受是需要体验的（至少要能够在想象中体会）。因此，不同年龄、职业和经历的人可能各自拥有一套差异极大的词汇系统。就是说，词汇系统永远伴随着个体差异而存在于每个人的语言系统中，缺乏语音和语法系统所具有的那种普遍性、公共性和一致性。而且，即便是共同掌握和使用的词语，比如"北京"这个地名，久居北京的老人和从未到过北京的人都会使用，但各人提到此词时的意谓和感受绝不会相同。儿童听不懂成年人之间的某些谈话，因为他们缺乏成年人的那些知识和经验。没有经历过"文革"的青年人听到老人谈论"文革"时总是一脸懵懂，也是这个原因。另外一个现象是现代人经过学习可以掌握古代的词语，这些词语用现代的语音包裹着古老的意义、知识和经验，这些古老的意义、知识和经验甚至可以通过古文的记诵和使用流传开来，进入现代语言中构成一个特殊的词语知识类聚。这些现象仍然说明词汇问题是一个"知识·语义"问题，"知识·语义"是涵盖词汇系统的最高范畴。

但是，我们指出词汇系统的个人性特点，只是为了便于说明"知识·语义"系统与词汇系统的因人而异的一致性，并不是说词汇系统只有个人性，绝无公共性。全语言社区共有共用的词汇系统的建立，无论在理论上还是在实践中都是可行的。

第二节　认知策略和词汇系统的发生

关于原始语言的起源的时间问题，王士元、柯津云（2001）的研究报告认为，"很可能是在五万多年前"，而关于词汇和语法发生的先后问题，他们的看法是："从没有语言演化到现代语言，主要是要跨越两个大门槛。第一是词汇的形成。……第二是语法的形成。"[①]这个顺序也同现代关于言语发生的个体研究结果相合。这里需要说明一点的是，本书不拟讨论如王、柯文中所推测的词汇形成中复杂混乱情况下茫无端绪的认知问题，而仅拟讨论华夏族群种系形成中汉语汉字使用中所表现的认知问题。由于上古汉语的"词"的书写单位即为个体汉字，因此在讨论中默认的规则是字词不分，字即是词，字组即是复合词或短语。

认知语言学认为，词语并不是任何个别事物或现象的简单标签或直接指称，而是一个个概括性的"类名"。这些"类名"是人在

---

① 王士元、柯津云《语言的起源及建模仿真初探》，《中国语文》2001年第3期，第196、199页。

"范畴化的"认知活动过程中获得的。范畴化（categorization）"是人类高级认知活动中最基本的一种，它指的是人类在歧异的现实中看到相似性，并据以将可分辨的不同事物处理为相同的，由此对世界万物进行分类，进而形成概念的过程和能力。"（张敏1998）大千世界森罗万象，各种事物林林总总，事物和事物的关系、人和各种事物的关系、人和人的关系、人的行为和感受等，无不纷繁多样，令人常常困惑不堪。然而尽管如此，人们在长期的观察中又体会到，事物和现象又是以类相从的，可以分类的。为了从观念上加以把握，在语言上便于称说，以归类和划分为目的的"范畴化"就是一种最好的认知策略。它把具有广泛联系而似乎浑然一统的外在世界条理化、层次化了，把人与事物、人与人的复杂关系以及人的各种行为和感受类型化了，使非语言世界（外在的和内心的）获得了一种语言形态，变成了可以理解的"语言世界"——琳琅满目的词语世界。"范畴化"的着眼点不同，可以构成不同的认知范畴，形成不同关系的词语聚合群。本文这里着重分析三种主要的范畴化策略。

一、属性的范畴化

属性认知是人类最基本、最普遍、最常用的认知方式。这种认知方式的现实基础是世界"物以类聚"的可划分性，划分的依据则是事物的相同性和差异性。广义而言，它是对非语言世界的百科性分类，结果形成的是层次不等、范围大小不同的一个个百科式词语聚合群。"属性范畴"划分事物（包括相关的现象、性状、动态等）的基本思维模式是："a是A类，b、c不是A类，b属B类，c属C类，原因是……"这里大写的A、B、C代表先期知识中的已知概念，小写的a、b、c代表须待划分归类的认知对象。在这一认知过程中，认知主体心目中有一个关于A（或B、C）的"原型"，它在心理上是作为该范畴的"最佳成员"或"典型代表"而存在，是一种认知参照点。"原型"具有该范畴所有成员的某些重要属性，而a的下位成员 a_1、a_2、a_3 … a_n 等等也许因只有其中的某一两项重要属性而被归入这一范畴。比如《说文解字》的"鱼部"："鱼，水虫也，象形，鱼尾与燕尾相似"。可作为"原型"的鱼也许是鲤鱼、鲢鱼等鱼，但该部把"鰂"（音 zéi，乌贼）和"鰕"（虾）也归入此部。实际上造字的古人何尝不知，除了"水虫"这一属性外，乌贼和虾同鱼的原型差得甚远。然而之所以把它们也以"鱼"为义符，首先在于语言认知并不完全等同于科学认知，它并不要求所划分出的范畴类别完全等同于自然范畴。况且自然范畴中也有不少边界模糊的过渡类型。不少范畴的边界只能大致划分，更多的则是相当模糊。然而语言认知中用于描述现实的范畴单元数量毕竟是有限的，不可能过于琐屑，因此各种范畴所指的也只能是一个中心清楚、边界模糊的范围。如《说文解字》"玉部"所属的字不仅有各种玉名，也有指称出自蚌中似玉的"珠""玑"，还有表示比"原型"差很多的"石之似玉者"，如"玖（jiǔ）、玙（yú）、玆（sī）、瓃（wéi）"等，还有实非玉质的"珊瑚""璧琉（bìliú，即琉璃）"。而"石"符中也有表示"石次玉者"的字。这正表明自然界中本不存在"玉"和"石"的截然分界。因此认知策略中的"属性范畴化"划出来的只能是一个大致范畴。

语言认知中最有用的范畴应该是日常习见性和广泛涵盖性的统一。中国古人在从事汉语书面语词汇（文字）的创造过程中，"近取诸身，远取诸物"是提取认知范畴的基本思维方式，也是汉字构形中作为核心成分"部首"意义确立的基本途径。在中国《说文解字》中，作为统领众字的"部首字"，不仅是该部字的字形纲领，更是该部字所记录的词语的意义纲领。这个意义纲领是一种范畴化的知识。每一部首字下的"凡某之属皆从某"所表示的不仅是部首法字典的编排原则，也是同部字（词）所概括的现实范畴的建立原则。[①]

属性范畴是一种知识范畴。知识是一种精神现象。人类的精神生产必然要受制并取决于当时当地的社会物质条件和生存生活方式，受制并取决于当时当地人们的认识水平和知识发展水平。《说文解字》中"牛、豕、马、羊、鱼、犬、豸、鹿、鸟、隹、田、土、禾、艸、糸"等部的设立，无论其中包含多少字，都反映了上古中国狩猎、畜牧、捕捞、农桑等多种生产生活方式的重要；而"土"部131字，"木"部420字，"火"部112字，"金"部197字，"水"部456字，这些可观的字数不仅彰显着这五种范畴所包括的众多事物和现象在当时生活中的地位，而且也是战国至秦汉时"五行"学说曾经盛行一时的遗痕。

二、表象的范畴化

这种范畴化并不关注事物之间属性上的一致性，而主要着眼于事物互相在表象上的共同点。这种共同点有的是形象上的，有的仅是意象上的。形象或意象在认知上带有表象性，因此称此类范畴为"表象范畴"。这种范畴化发端于原始语言的无文字阶段。其具体做法如骆鸿凯说："盖太初语言以一意一象为纲，若意象相符，则寄以同一之音，故声类韵部同者义为近。"[②]这里的"太初语言"即尚无

---

① 属性分类是逻辑划分，而《说文解字》的"凡某之属皆从某"是依据字形结构的分类原则。同部字所指属性较为宽泛，而且不仅指事物，而且也包括相关的形状，变化等"事类"。

② 骆鸿凯《尔雅论略》，岳麓书社1985年，第147页。

文字的口语阶段。"以一意一象为纲"就是在认知命名过程中，给表象相同或相近的事物以同一个语音名称。比如蜗牛具有螺旋形外壳，人的指尖也有螺旋形的纹路，二者表象相同，就都称之为［luɑ］^①。不过尽管都叫一个名称，二者得名还是应该有先后的。蜗牛形象鲜明生动，应该是先得名者，螺旋形指纹之名［luɑ］由隐喻而来，是后得名者。蜗牛是"螺旋形"这一意象的起源。后来发明了文字，才给指称蜗牛的［luɑ］造了一个"蠃"字。大概到了汉代，人们又给"蠃"造了一个异体字"螺"（文字学称二者为"古今字"）。《说文解字·虫部》："蜗，蠃也。"段注：蠃者，今人所用螺字。可见"蠃""蜗""螺"当初是同物异字。后来"螺"字通行，"蠃"字逐渐废弃，"螺"字所指还扩大到指类似蜗牛的各种带螺旋形甲壳的软体动物（今统称"螺蛳"）。但"螺"的指纹义仍照用不辍^②。大约直到汉代以后，才造出了专指环形指纹意义的字"腡"（音同"螺"，见收于《玉篇》）。像"蠃、蜗、螺、腡"这样因所指物表象的相同或相近而得到相同或相近的名称，在词源学研究上被称为"同源字（词）"或"同族词"。这种以表象为纲的范畴化策略，在古代汉语的词语创造和使用中很常见。于是在中国训诂学中产生了与之密切相关的"声训"法、"右文说"和"因声求义"法。

　　"声训"法在经文、传注以及《说文解字》中已有零星表现^③，东汉刘熙《释名》不仅以专门、丰赡而闻名，且使其成为训诂方法

① 郭锡良《汉字古音手册》"蠃"字拟音，北京大学出版社1986年，第35页。
② 《汉语大字典》"螺"字条目释义⑦："螺旋形的指纹。宋苏轼《前怪石供》：'石似玉者……其文如人指上螺，精明可爱。'"
③ 例如：《易·说卦》："乾，健也。坤，顺也。夬，决也。坎，陷也。"《论语·为政》："政者，正也。"《说文解字》："媒，谋也，谋合二姓。"

之一。其宗旨在以汉字的同音、双声、叠韵、音转相近等声音方面推求命名的依据和词义的来源（即其《序》中所谓名之"所以然"）。尽管由于其中臆测的成分较多而一直备受诟病，但其中合理可取的内容也不少。如"皮"本指兽皮，在表层而有覆盖意象，"被"（被衾）为卧寝时覆盖之物。《释形体》："皮，被也，被覆体也。"《释衣服》"被，被也，所以被覆人也。""被"由名词义"所以被覆"转为动词义"被覆"，后来写成"披"。又："帔，披也，披之肩背，不及下也。""帔"即今之披肩。"皮、被、披、帔"4字之间起关联作用的是共同的意象"被覆"。尽管这4字（词）的概念所指似乎并无关联，但1800年前的刘熙能够从字音和偏旁上认识并推求到字义和命名的共同缘由，在于"被覆"意象，其思路已经与"表象范畴化"认知策略相近，可谓有先见之明。

"声训"法原非单纯以形声字的声符为训释思路。但汉字发展到后代，形声字逐渐占了多数。当初声符的功能是表音，但是在后来大批产生的形声字中，类似上述以"皮"为同一声符而在意义上有联系的多个单字大量产生，文字学上称之为"声符兼表义"。由于声符大多在形声字右旁，宋代的王圣美提出了从声符推求字义的主张，认为声符相同的形声字具有共同的意义，被称为"右文说"。据沈括《梦溪笔谈》引例，"所谓右文者，如戋，小也。水之小者曰浅，金之小者曰钱，歹而小者曰残，贝之小者曰贱。如此之类，皆以戋为义也。"就是说，凡以"戋"为声符的字都有"小"的意义。"右文说"可以解释一部分声符兼表意义的形声字的字义来源，但问题在于欠缺普遍适用性，为此也受到很多訾议。然而假如从认知的角度论析的话，"右文说"所发现的同一声符字的共同意义，其实并非概念义，而是所指事物范畴化的表象义。范畴化的表象义在汉人对事物、现象和行为的认知命名中的作用之大，有时甚至超过作为汉字义符所表示的事类属性范畴义。汉语中具有这种范畴化表象义的形声字为数之多可能超过预计。这里仅举4组字为例：

声符字	概念义	范畴化表象义	"声符兼表义"字组
包	衣胞	包、裹、圆形	胞苞雹抱泡袍鲍龅疱饱砲
兒	婴孩	小、弱、娃娃形	倪霓睨婗麑堄蜺睨鯢齯
巠	水脉	直、长、挺	經徑脛頸莖逕勁桱弪鏗輕
甬	桶	直、通、桶形	涌勇桶通诵捅痛踊恿蛹俑

据此可见范畴化表象义的研究在汉语认知语义学中地位之重要，而"右文说"的现代性价值似应得到新的评估。

"因声求义"是指借助语音研究词义的一种训诂方法。由于"音同义近，音近义通"的现象在汉语汉字中很常见，汉代的郑玄就已开始利用这一现象来解决经书字义的一些训诂问题（李玉平2018）。清代"小学"成就辉煌，尤其是有古音学的成果为基础，"因声求义"作为一项重要的训诂方法获得了系统化、科学化和理论化。"因声求义"遍涉音转、联绵、假借、谐声等多方面内容，而与本书所论直接关联的则是在戴震、段玉裁的推动下谐声研究的进展。因为谐声研究所关注的对象"会意形声两兼之字"即上述"声符兼表义"的形声字，段玉裁通过注《说文解字》揭示出了一个声义同源的"凡某声字多训某"的汉字造意谐声系统，而这个系统正是"范畴化表象义"。

王力（1982）在《同源字论》中把同源字按词义联系的情况分为（一）实同一词、（二）同义词、（三）各种关系三大类，并把第

（三）大类分为15种"关系"小类。其中（二）、（三）两大类所包括的"同源词"基本相当于本文所说的由"表象的范畴化"构成的词语类聚。

现代口语中，这种建立在表象范畴上的同源孪生现象仍在发生。不过所用的方法类似古代汉语的"破读"法。如东北农村妇女称乳房为"奶（nǎi）"，哺乳称"奶（nài）"，一为名词，一为动词，此动词可带宾语，如说"奶（nài）孩子"。二词不同词性而有表象义关联。又如，象声词"啪"有piā一音（词典未收），指打耳光声，读为去声pià，就变成了动词"掌掴"的意思。如说"我啪（pià）你"。不过现代通过破读来孪生新词的例子不多。

三、构成的范畴化

构成的范畴化是指一个完整的事物、现象、事件或过程由一些要素、部分或部件构成。其基本的认知模式如下图：

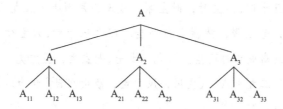

从下到上，是从局部到整体的"构成"；从上到下，是从整体到局部的"划分"。认知过程就是这样上下体察的过程。不过上图中每个级次一分为三，整体为三个级次，并非现实的确切情况，仅仅是示意而已。实际上一分为二和一分为多的情况更为普遍。而从上到下（从大到小）的级次，理论上更是无穷的。"一尺之棰，日取其半，而万世不竭。"（《庄子·天下》）意思是一尺长的棍子，每天截取它的

一半，永远也截不完。可见上古中国学者就有事物无限可分的观念。

　　事物和现象的复杂性和构成认知理念的不同，形成的构成范畴的类型和词语都不尽相同。主要有以下3类：

1. 数理构成

　　"数理构成"的理念来自上古中国具有哲理意味的"象数"观念。这一观念认为不仅万物皆有定数，而且这数又必与上天或天道的某数相应相合（戴昭铭1989）。如《大戴礼·易本命》中对万物之生合乎"天数"的观念的表述：

　　　　夫易之生人、禽兽、万物、昆虫、各有以生。或奇或偶，或飞或行，而莫知其情，惟达道德者，能原之本矣。天一、地二、人三，三三而九，九九八十一，一主日，日数十，故人十月而生。八九七十二，偶以承奇，奇主辰，辰主月，月主马，故马十二月生。七九六十三，三主斗，斗主狗，故狗三月而生。六九五十四，四主时，时主豕，故豕四月而生。五九四十五，五主音，音主猨，故猨五月而生。四九三十六，六主律，律主禽鹿，故禽鹿六月而生。三九二十七，七主星，星主虎，故虎七月而生。二九十八，八主风，风主虫，故虫八日[①]化也。其余各以其类也。

尽管行文的语气决绝无疑，但用我们今天的眼光去审读，除了开头两句抽象的意思有点儿靠谱外，其余所言十之八九武断而牵强。再看《黄帝内经》则据天地的象数演绎出一套"天人合一""人副天

[①]　"八日"原文为"八月"，据中华书局1983年版王聘珍《大戴礼记解诂》正。

数"的人体结构和功能的理论：

> 天有日月，人有两目。地有九州，人有九窍。天有风雨，人有喜怒。天有四时，人有四肢。天有五音，人有五脏。天有六律，人有六腑。川地有十二经水，人有十二经脉。
>
> 岁有三百六十五日，人有三百六十节。

这种认知逻辑现在看来似乎荒唐，结论也经不起科学验证，但就当时而言，能从数量的角度思考万物构成的原理，已经很了不起了。况且从根本上说，事物和数量的关系本就是一个永恒的原理性命题。古希腊的哲学家和数学家毕达哥拉斯就坚持认为"数是宇宙万物的本原"，"数在物之先"。中国古代的思想家以数理为范畴认知世界万物的构成，尽管有不少论断未能经得起历史和科学的检验，但也创建了不少有价值的洞见和学说，并留下了不少相关的概念和词语。其中以十以内的自然数为构成范畴的数有以下几个：

一：用以体察和表现世界的统一性。"惟初太极，道立于一，造分天地，化成万物。"（《说文解字》）"道生一，一生二，二生三，三生万物。"（《老子》）"一"在中国古代哲学范畴中指宇宙初始和万物本原，同"万""众""多"等概念是相对而言的。太极、太始、太虚、太玄、大（泰）一、道、气、精气、一气、元气、天等都是"一"的别名。"大一"和"小一"则分别表示宇宙的无穷性和物质的最小基元单位。在政治领域，"大一统"观念源远流长。

二（两）：用以体察和表现构成统一世界的具有对立、相依和转化关系的两个方面，所形成的抽象理论即以"万物负阴而抱阳"（《老子》）为核心观念的"阴阳论"："易有太极，是生两仪，两仪生四象，四象生八卦。"（《易·系辞传》）其基本思路就是一种朴素的""一分为二"的辩证法，常见的图示如下[①]：

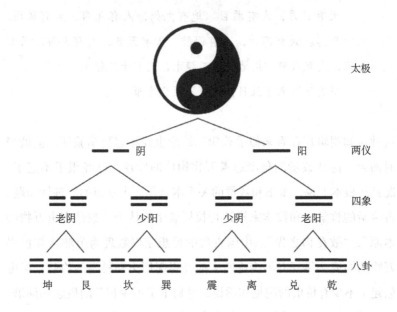

八卦象征天、地、雷、风、水、火、山、泽八种自然现象。八卦再两两叠合，生发出六十四卦，以表示世上万千事象。由于易学把"阴阳"上升为"范围天地""曲成万物"的范畴，"阴阳论"就成了集世界观和方法论为一体的文化哲学，也是一种普遍适用的认知策略和思想方法。在不少知识领域和生活部门中具有深刻影响。其中传统中医学受阴阳学说影响最深。《黄帝内经》把阴阳学说作为自己的理论基础，认为阴阳二气及其作用不仅表现在万事万物中，也表现在人体的生理和病理之中。"人生有形，不离阴

① 图片取自http://baijiahao.baidu.com/s?id=1710505404675828522&wfr=spider&for=pc。

阳"。而人体的正常生命活动，是由阴阳两方保持协调关系的结果。"阴平阳秘，精神乃治；阴阳离决，精气乃绝"。疾病发生，是阴阳失去平衡，出现偏盛或偏衰的结果。症状尽管复杂多变，但都可以用表里、寒热、虚实、阴阳等"八纲"进行"辨证"，而阴阳又是"八纲"的总纲，所以任何病症都可以分别概括为"阳证"和"阴证"，"善诊者，察色按脉，先别阴阳"。而辨证施治，调整阴阳，补偏救弊，促使阴平阳秘，恢复阴阳相对平衡，就是治疗的基本原则。这种建立在阴阳二气学说基础上的医学理论在世界上是独具一格的。

三、九："三"及其倍数"九"在中国古人的观念中似乎是有神秘性的数字。神话传说中神怪不少以"三"或"九"之数命名。如：三足乌、三足龟、三足鳖、三头人、三面人、九头人、九头鸟、九头蛇、九色鸟、九尾狐、九尾蛇，等等。瀛洲、蓬莱、方丈等海外"三神山"是仙人居住之处。"九辩""九歌"都是传说中的"天乐"名。"九韶"是舜乐名。舜死后所葬之地是有九个山峰的"九嶷山"。而舜（天）传给禹的治国大法则是"九畴"。到了"九畴"，神话和现实开始结合，天神之数开始成为人间的礼法之数。

"三"是用于规划"礼"的一个基本数。这一数的选取，除了神秘原因外，还同古人对世界的"三才"（天、地、人）构成观念有关①。于是在中国古代礼法、政军、文教制度中就有了很多以"三"为构成单位的事项和词语，如：

---

① 《荀子·礼论》说"礼有三本：天地者，生之本也；先祖者，类之本也；君师者，治之本也。……故礼，上事天，下事地，尊先师，而隆君师，是礼之三本也。"

> 三礼 三牺 三牲 三俎 三献 三族 三党 三老 三公
> 三卿 三官 三公 三官 三考 三典 三刺 三宥 三赦
> 三军 三鼓 三德 三行

然而天下之大，事项之多，常有容纳不进"三"的框架的。这时人们便用"九"来解决。何况"九者，阳之数，道之纲纪也。"（王逸《楚辞章句》）于是以"九"为构成单位的事项多具隆重性，相关词语如：

> 九州 九山 九川 九薮 九鼎 九天 九重 九泉 九经
> 九纬 九服 九贡 九赋 九卿 九命 九府 九职 九锡
> 九法 九伐 九刑

如果事项多到"三""九"仍难概括，古人就再进一步用"三""九"的倍数，使之成一递增序列。在这方面以后妃制度和职官制度最为典型：

> 古者天子后立六宫，三夫人，九族，二十七世妇，八十一御妻，以听天下之内治。……立六宫，三公，九卿，二十七大夫，八十一元士，以听天下之外治。（《礼记·昏义》）

五："五"作为数理构成的重要数字，与中国古代的五行学说密切相关。五行学说可能起源于殷商时期的"五方"（东西南北中）观念和西周时期的"五材"（土金木水火）思想①。但使这种朴素的思想观念变成带上神秘色彩五行学说，则源自《尚书·洪范》，其中箕子以"天乃锡禹洪范九畴"为辞向周武王陈述的治理天下的九条大法中，有五条是由五项构成的，而第一条就是具有纲领地位的"五行"。尤为重要的是，《洪范》并非把事物"一分为五"就了事，而是接着又对各项事物的性能、作用及其效果做了描述："水曰润下，火曰炎上，木曰曲直，金曰从革，土爰稼穑；润下作咸，炎上作苦，曲直作酸，从革作辛，稼穑作甘。"在古代的神秘文化中，描述是否准确可验无关紧要，重要的是在表述中有性能、有作用、有效果。这就为后人把《洪范》中仅具粗略轮廓的"五行"说改进成为具有认知并描述事物之间相生相胜功能的框架式理论提供了启示。到了西汉，经学大师董仲舒把五行思想改造成了系统周密的以天人感应为主旨的神学目的论，在中国古代政治学中影响极深，而天人感应论中的迷信成分到了东汉则演变成了谶纬迷信，直到魏晋以后方才被禁。但作为一种认知构成框架的五行思想，影响已经遍及众多领域，成了万物一分为五的僵化的思维方式。以下这些以"五"总括其构成的概念和词语，多与五行思想有关：

五木　五脏　五中　五内　五玉　五正　五石　五色　五音
五味　五辛　五均　五酉　五材　五辰　五位　五兵　五河　五记
五夜　五京　五府　五房　五性　五毒　五刑　五门　五果　五姓
五始　五郊　五星　五牲　五香　五侯　五海　五神　五畜　五仓

---

① "先王以土与金木水火杂，以成万物。"见《国语·郑语》。

五气　五臭　五伦　五常　五章　五情　五义　五教　五度　五顶

五冕　五众　五彩　五欲　五劳　五云　五驭　五都　五菜　五虚

五瑞　五鼓　五辛　五损　五禁　五饮　五雉　五鸠　五遁　五经

五精　五际　五罚　五管　五谷　五种　五调　五噎　五征　五纬

五乐　五谏　五壅　五学　五声　五隶　五岭　五岳　五钟　五礼

五爵　五药　五关　五兽　五属　五猖　五服　五听　五权　五灵

五蠹　五衢　五色石　五色云　五色笔　五行草　五行阵　五行舞

五时衣　五禽戏　五熟釜

2. 部分构成

由部分构成整体，可分为两种类型：

（1）部分的数量、范围和整体的关系相对固定不变。正常状况中的物理"时间"属于这种类型：60秒构成1分钟，60分钟构成1小时，24小时构成1天，7天构成1星期，30或31天构成1个月（2月为28天），365天构成1年（公历）。这种固定性是由于时间人类在地球这个固定位置上认知一些天体（主要是与地球人类关系密切的日、月）运行规律的结果。如果需要变通做"微调"（如闰年2月为29天，1年则为366天），也须相关权威部门规定，共同遵照执行，个人不得随意变动。这类知识都是客观知识。现代自然科学所遵循的认知规则以及所表述的"构成"概念，多属这种类型。

（2）部分的数量、范围和整体的关系具有时空的相对性和可变性。比如"中国"一词最早见于西周初年的青铜器"何尊"铭文中的"余其宅兹中国，自之辟民"。由于当时周朝认为自己所处的地区，在"天下"的中央，所以他们便把自己的王国，称为"中国"。

作为一个概念，当时的"中国"与"华夏""中华""诸夏"等词相同，与蛮夷戎狄等"四夷"相对，是一种文化地理概念。尽管范围还很小，但周初所封的诸侯国有71个（据《荀子·儒效》）。就是说，当时的中国由71个部分构成。经过春秋的兼并，到战国时仅存"七雄"。秦灭六国，天下一统，划分为36郡，此时的中国由36个部分构成。分久必合，合久必分。中国的疆域和构成部分一直变动不居。如今的中国，有4个直辖市、23个省、5个自治区、2个特别行政区，即由34个部分构成。

3. 部件构成

"部件"指构成一个整体机能运行体的零件。与"部分"不同的是，"部件"不可或缺，缺了会影响整体功效，或导致整体的残废甚至死亡，"部分"的缺失并不会影响整体的存在。比如车不能缺轮子、轮轴，房屋不能缺屋顶、门窗和墙，它们就是"部件"。砖是墙的构成部分。一面墙掉了一块或几块砖只要没影响墙的存在，墙还是墙。有机体的任何部分，在理论上都有"部件"的性质。不同的部件区别在于性能和重要程度。

不过，对多数整体事物而言，究竟由哪些层级构成、各层级又都包括哪些部件，并不都是十分确定的。比如"人体"的一级部件究竟是由头、颈、躯干、四肢构成，还是由头、颈、腹、背、上肢、下肢构成？似乎都无不可。就是上肢，究竟是由臂、掌构成，还是由上臂、下臂、肘、手掌、手腕、手指构成，也不易获得共识。就是手掌，到底有哪些部位划分，可能也是言人人殊。至于"房子"究竟由多少"部件"构成，更是难以说清。在这里，作为构成的部件或部位，有无名称、有什么样的名称，名称是否通行，与表达或交际的重要性往往有关。比如地基当然是房子的重要构成部分，但现代城市日常交际中经常使用的则是房顶、墙壁、地面、房间、楼梯、窗户、门、走廊、窗台、阳台等词，很少有人提到地基，其中原因就在于缺少交际需要。另外，对于同一个对象，一般的语言使用者和专业技术人员心目中的"构成单位"有相当大的差别，所掌握的相关词语也多寡悬殊。

"构成范畴"和"属性范畴"有相似之处，也有明显的区别。相似之处是作为认知对象的个体都可归于一个整体，区别点在于：在"属性范畴"中，所有个体同归于一个抽象的、概括的"类"；在"构成范畴"中，所有个体（或部分）组合成一个具体的、实在的"整体"。属性范畴的认知方式是析取"类"的同异点，同的归为同类，"异"的分为不同的类。构成范畴的认知方式把一个整体切割成部分或部件，各部分有的有属性的一致性，如每星期的7天都各是24小时，但切分时的着眼点并不在此，而在于每天都是一个"星期"的组成部分；大多构成整体的部件并无类属上的同一性，只有结构和功能上的联系，如飞机的发动机、机身、机翼、机尾、机舱、起落架、轮子……

第三节　认知发展和词汇系统的演进

人类的生活、实践和认知是一个不断发展演变的无限开放过程，作为这一过程的记录和表述形式的词汇系统也是一个不断发展演变的开放性功能系统。为了适应记录和表述的需要，词汇系统会不断完善自身，吐弃旧形式、旧手段，创造并吸纳新形式、新手段。大概远古时代概括能力差，当以一音一意为造词单位时，曾造出许多同一范畴内仅表细微差别的个体事物名称。后来在造字阶段虽经过一定的范畴化处理，但仍留下不少早期语言认知注重意象的痕迹。但上古人类生活简单，知识贫乏，与此相应，词语总数仍然很少。《说文解字》收列了九千多个汉字，以一字即为一词计，不过九千多词。现代汉语常用字仅三千多，但常用词语却有数万，如果加上科技术语可能达到数十万。在淘汰了六千多"死字"后仍能组成如此巨大数量的词汇，在现代语言生活中应付裕如，汉语词汇系统所仗赖的是完全不同于上古的造词手段——复合[①]，即把两个或两个以上的字组合成一个结构紧凑的词语形式。"复"是相对于单字词的"单"而言的。但"复合"只是语言手段，还不是认知手段。从认知角度分析，复合词的创造过程对应着认知实践的深化过程，复合词的形成意味着一次新知的完成。汉语复合词在创造过程中，使用的认知策略主要有两种：

一、内涵分化造词

词尽管不等同于概念，但词义的理性成分确实与概念大体相当。概念的内涵反映的是事物的本质属性。一个深刻的内涵可以涵盖众多不同种差的同类事物。如"车"的内涵是"有轮子的陆上运输工具"，古代的车只是木轮的人力或畜力车，现代的"车"形形色色，但都不出这一内涵，所以都仍叫"车"。但是内涵深化后，外延过广，反而不易确切化，为了准确区分、恰当称呼，每有一种新车被设计和制造

[①]　此处的"复合"单位，包括两字以上（含四字格）的各种可独立使用的词汇单位。除复合外，还有一种是"加缀"。但是被"加缀"的单位，如"桌、凳、被、褥"等，本来就是一个词，加上"子"后，并未改变词义，只是变成了一个与原词同义的双音词。严格地说，这样的"造词"不是认知的结果，并未产生新概念，而是语言节律调整的结果。汉语中真正的词缀既少，加缀造词又同语言认知关系不大，故此处存而不论。

出来，都得分化其共有的内涵，从种差上认定和命名，使之构成一个从原有内涵分化出来的外延的明确形式。分化内涵的手段是在单字词上添加一个修饰性成分，使之成为一个偏正结构的复合词。如：

马车、汽车、火车、电车、柴油车（从动力种类上分化"车"的内涵）

班车、餐车、灵车、囚车、货车、客车、战车、赛车、急救车（从功用种类上分化"车"的内涵）

大车、敞车、罐车、面包车、列车、独轮车、装甲车、轿车（从外形特征上分化"车"的内涵）

快车、慢车、卧铺车、硬座车、专车（从速度性能上分化"车"的内涵）

形容词和动词也有很多类似的分化形式，其或前或后的添加成分除了分化内涵的作用，还有主观化和生动化的效果：

飞快　死寂　粉红　碧绿　天蓝　溜圆　绵软　风凉　笔直　毒打

美滋滋　暖烘烘　空洞洞　穷嗖嗖　胖乎乎　胖嘟嘟　绿油油　圆滚滚　冷冰冰　脏兮兮　紧巴巴　乱糟糟

漫步　轻视　高看　规定　倒退　轰动　汇报　伪造　欣赏

有意思的是，不少单字原已带有表属性范畴的形旁（义符），在双音节化或多音化时却又再次被赘上了一个表示范畴的"类名"。这个"类名"看似多余，但实际上也是在认知策略上明确属性的需要。

语词首先是被说出的，其次才是被写出的。当口语中单音节"lǐ"难以明意时，只有加上一个"鱼"字才能确指鲤鱼。于是，赘加类名的复合形式在功能上也等同于一个内涵分化形式：

鱼：鲤鱼　鲫鱼　鲢鱼　鲇鱼　草鱼　鳜鱼　带鱼　鲸鱼　鲨鱼

树：杨树　柳树　松树　榆树　柏树　杉树　桃树　梨树　杏树

二、隐喻造词

词语创造实际上就是用已有的语言单位去喻明新知，隐喻是最常用的喻指手段。隐喻造词可分两种：

1. **借称式隐喻**。即新创之乙物像原有之甲物时，就直接借甲物之名命名乙物。如"枪"，本指木枪。《说文解字》段注引《通俗文》曰"剡木伤盗曰枪"。可知在上古"枪"是削尖木杆作防盗之用的非正规武器，正规武器是与"枪"形状相近的"矛"。后来"枪"也安上了铁头（俗称"扎枪"），逐渐与矛混淆。宋元时代出现了管筒状射火药的武器，无以名之，就称为火枪。鸦片战争后从西方传入比土造火枪更为先进的洋枪。火枪、洋枪与原来的"枪"原理不同，但功能相似，故谓之借称。"砲"也是这样，最初的"砲"是作战用的抛石机，又叫抛车。因所抛者为石弹，故字从石。后来出现了火炮，字又从火。"砲"与"炮"共同点是"抛射"意象一致，也可以说"砲"是"炮"的借称。借称式隐喻既可以原词称呼新事物，亦可以因需要而加上修饰语分化内涵，构成复合词。如：手枪、步枪、机关枪、三八枪、卡宾枪、来复枪；大炮、高射炮、平射炮、迫击炮、火箭炮……。

动词和形容词也可用借称式隐喻。如"射"本指射箭，其意象是"迅速弹出"。这一意象向与以下现象相似：（1）枪弹、炮弹的发出，（2）液体从孔隙中喷出，（3）光、热、电波等的发出。于是这些现象也都可以借"射"来喻指，如说射出一发子弹/一颗炮弹/一支水柱/一束光……。还根据不同情况，用分化内涵的方法创造出以"射"为中心成分的复合词：点射、扫射、攒射、喷射、注射、放射、散射、投射、斜射、衍射、照射、折射、反射、映射等。

形容词例子，如"红"本是指粉红色的丝帛，名词，后借用为颜色词，逐渐取代了"朱""赤"的地位，又分化出一系列复合词：大红、桃红、紫红、绯红、品红、肉红、水红、枣红、殷红、血红……。

2. **分化式隐喻**。这种类型的复合词隐喻成分只是中心成分，这个中心成分不单独使用来指称新事物。如"丝"本指蚕丝，因其细长，故把类似形状的事物也名之为丝，但须加上修饰限定成分才可使用，如粉丝、钨丝、铅丝、铁丝、钢丝、青丝（黑发）、银丝（白发）、玻璃丝、蛛丝、游丝等。不少水生生物的命名也是从其外形特征着眼，看其与已命名的陆上某种动物有某点相像，就以该陆上动物名称加以隐喻，再以"海""河""江"等字加以修饰，复合成一个新名称。如：海象、海豚、海狮、海马、海狗、海豹、海獭、海牛、海兔、河豚、河马、河狸、江豚、江猪等。对于人来说，没有比对自己的身体更熟悉的事物了。因此，"近取诸身"不仅是象形字构造原则，也是许多复合词构造原则。许多表示人体的部位、器官的单字词都被用来喻指其他事物，并在其前加一修饰成分以明确所指，使这个复合形式成为一个新的名称。如：

头：	山头	灯头	报头	刊头	笔头	葱头	蒜头	弹头
	镜头	乳头	钻头	指头	榔头	芋头		
脚：	山脚	墙脚	地脚	裤脚	韵脚	注脚		
口：	山口	隘口	门口	入口	海口	关口	街口	渡口
	路口	风口	河口	壶口	瓶口	碗口	袖口	进口
	出口	裂口	切口	缺口	伤口	刀口	心口	胸口
	闸口	窗口						
心：	江心	圆心	球心	重心	地心	版心	页心	笔心
	空心	军心	砂心	手心	掌心	脚心	岩心	焰心
	轴心	靶心						
脊：	屋脊	房脊	山脊	书脊	路脊	高压脊		
目：	纲目	项目	细目	节目	剧目	科目	名目	书目
	要目	账目	总目					

　　动词和形容词也可以用这种隐喻的分化方式造成。如"吞"指"不嚼或不细嚼，整个儿地咽下去"。这一意象可喻指较抽象的"占有、据有"，在"吞"前加修饰成分造成的复合词有：独吞、并吞、侵吞、鲸吞。又如"柔"本指树木曲直可变的性质。《说文解字》："柔，木曲直也。"这一意象与"刚、硬"相对，可喻指态度、性情、声音的柔和和触感的绵软，于是复合成了"娇柔、温柔、轻柔、柔和、柔情、柔顺、柔韧、柔软、柔嫩"等词。

　　以上分析了汉语复合词在孳生创造过程中与认知发展的关系。需要说明的是，与认知有关的词汇创造，必然伴随新概念的创造。

汉语复合词构造形式多种多样，语义来源也多种多样，并非所有复合词的形成都与新的认知有关。如：

艺：	工艺	手艺	技艺	文艺	武艺	艺术	
中：	中间	中心	中级	中等	当中	其中	
保：	保护	保卫	保持	保证	保人	担保	确保	准保
好：	安好	和好	完好	友好	良好	美好	正好	好好

上面4列左首的单字词对其后的复合词有很明显的孳生源流关系，但复合词同单字词之间是一种语境同义词的关系，复合词是在语言运用和发展中因节律调整和语义精确化的需要由单字词衍生而成的，每个复合词都分别是相应的单字词的众多义项中某一义项的双字表现形式。在从单字词到双字词的转化过程中并无新的概念或新的意义生成，因而其中不存在认知发展关系。但是尽管如此，单字词和复合词之间有同义、同族、同源关系，形成一个个系列。这种关系也是词汇系统性的表现之一。

三、词汇系统的义类存在和网状关联

"义类存在"指反映和表现世界的词汇系统是以"知识·语义"为纲领分门别类地存在着的。"网状关联"指这个词汇系统的各个成员不是一堆沙砾，而是在世界知识的总范畴（"大一"）中以各种语义关系和变化关系①像网络一样互相牵连着，而网络的节点就是一个

---

① 这里的"变化关系"包括由各种历史演变、地域分化和社会语用变化所形成的变体关系。索绪尔认为系统是共时的，不是历时的。从汉语语源和词族的研究成果来看，语言的历时系统应该是存在的。

个的词汇单位。下面我们以最新产生的词族——网络词族为例显示汉语词汇"义类存在"和"网状关联"之一斑：

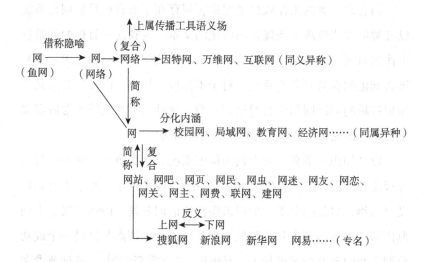

这是现代汉语词汇大系统中最新生成的"网络义类"里由根词"网"滋生出的一个小义类。在这个小义类词群里，起点是最古老的汉语核心词"网"①。这个词经过隐喻，被借用为最现代化的传播工具"网络"的单字简称，"网络"有好几个"同义异称"，又有许多"同属异种"；"网"经过复合，滋生出"网站"以及与"网站"有关的一系列词语，其中有名词，有动词，有反义词偶，有网站专名。这个小义类词群词语不多，却充分显示了汉语词汇的系统性特征：不仅有共时的多种聚合（类聚）关系，而且有演化的源流关系。系统论思想的"关系"就是指整体事物的各个部分、单元之间的有机联系。"系统"是指整体事物分成的大小不等、层层统属的级次，并由此结合而成的具有自组织能力、外在功能和滋生性能的有效机

---

① 《说文解字》：网，庖牺氏所结绳，以田以渔也。

制。上面这个义类词群中各词间的关系无疑都是客观存在的"网状关联"。

语言研究者的工作就是要把这客观存在于语言世界的词汇系统以义类的方式整理成条理化网络化的文本。达到这一目标的基础性工作是对语言中的世界知识进行百科式的认知分析，构建成一种对语言词汇的百科式分类系统，对于不能按"知识·语义"归入某科知识领域的词语则归为普通语词一类。这种词汇系统即通常所谓义类系统。体现义类系统的词典就是义类词典。

以"知识·语义"为纲领的词汇系统观在汉语词汇研究中其实源远流长。《尔雅》为义类词典的鼻祖。《说文解字》基本上也是以义类为纲，只是拘牵于字形而未将普通语词分列。1998年汉语大词典出版社出版的董大年主编的《现代汉语分类词典》又是一个成功范例（2007年在书名前加上"辞海版"3字重新出版）。该词典参考我国传统义类辞书和现代中外分类词汇、分类词典的分类方式，收词49000条，分为17大类，143小类，共计3717个词群，把表达一个或一类概念的词语汇集一起，按一定的分类系统排列，把语义上有联系的一系列同义词、类义词编在一起，读者可以按照事物概念的类别和语境语用之需查选词语。这一词典的编成不仅是词汇系统"义类存在"的明证，而且表明尽管古今汉语词汇面貌变化巨大，但可作"义类统属、分类部居"的处理仍是汉语词汇系统一脉相承的特点。

然而本文的目标不只在于对汉语词典编纂中业已存在的编排法做一个理论阐释，更在于认为建立在认知理论基础上的词汇系统理论在信息处理用的词汇研究中有更为广大的应用前景。以"知识·语义"为纲的词汇系统理论的最大优长之点在于：一、包罗无遗性，即它可以把一种语言的所有词语了无遗漏地网罗在其"义类统属、分类部居、兼类分居、层层系联"的策略大网之中；二、多元兼容性，不仅可容纳传统的词汇学和语义学关于词语间的意义关系（类义、同义、同源、近义、对义、反义、多义等）的理论，而且可吸收现代语义学的语义场理论、词义网络理论、义素分析法的积极成果。具有这样特点的词汇系统理论最适用于用来编制囊括世界知识的规模极为宏大、词语数量极为浩繁的电子词典。当代电子计算机技术和大数据技术的进展已经使这样的电子词典的编成成为可能。

第九章　语言和哲学

　　一般认为，哲学是人类文化的核心层次，它所要探究的是人和独立于人的外在世界的最根本关系的问题。人对世界的本原及其存在形式进行思维的结果产生了一些概括性的看法，就是通常所说的哲理。这些哲理在哲学家那里，则成为概念化、精密化、条理化、规则化的理论形式。通常所谓哲学是关于世界观的学问，是对于世界的总的看法，就是这个意思。然而当我们提到语言和哲学的关系的时候，我们所关注的问题并不是那些形形色色的哲学流派本身的理论是非，而是这些理论观念是怎样被语言表述出来的，是那些哲学体系的理论大厦是怎样用语言建构起来的。既然是语言而不是其他什么东西被选用来表述哲学观念和建构哲学理论，这表明语言本身存在着这么一种潜能，它可以充当哲学思想的叙说者，语言在哲学领域的创造性活动再次证明了洪堡特关于语言不是一种功（Ergon）而是一种能（Energeia）的论断。那么反过来，哲学对于它的叙说者语言本身又是怎样看待和对待的呢？这就是我们考察语言和哲学关系问题的第二个问题。随之而来的第三个问题就是：有关语言的学说和有关哲学的学说是怎样纠结到一起，互相渗透到对方之中，成为推进对方学说发展的动力的。

第一节 哲学——语言编就的世界图式

一、认识世界——哲学家与语言的搏斗

哲学家要对世界做根本性的考察，要用高度概括的语言表述世界的本原、结构及其变化规律，这是一个极其巨大而艰难的任务。世界的本原似乎是一个永远也猜不透的谜，世界的变化似乎呈现出规律性，但又似乎变幻莫测，总之它们并不是清楚明白地、现成地呈现在面前以供表述之用的。这种形而上的东西似乎从来就是一种"不可言说的东西"。这种"不可言说的东西"在被表述出来之前，并未成为我们语言世界的一部分，它们仍然属于非语言世界的"彼岸"世界。然而哲学家身处的此岸世界也和我们常人一样，是一个既成的语言的世界。他必须借用此岸的语言材料，对彼岸那似乎不可言说的东西加以言说，才能揭开那巨大的谜。然而我们此岸这语言世界的语言材料和语言规则并不是为揭示彼岸的哲学玄秘而准备的。在这里语言的界限便暴露出来，它的表述功能遭到极大的考验。正如当代分析哲学家维特根斯坦说："我的语言的界限意味着我的世界的界限"[①]，"由于不可能描写与语句相适应的（相转化的）事实，语言的界限显示出来。"[②]哲学家虽然都是一些极其聪明睿智的人，也常常感到语言的无能。但是他们并不甘心，他们的使命正在于要克服这一在常人看来是极其艰巨、几乎不可能克服的矛盾。于是当哲

① 维特根斯坦《逻辑哲学论》，转引自〔荷兰〕范坡伊森《维特根斯坦哲学导论》（中译本），四川人民出版社1988年。

② 维特根斯坦《文化和价值》，清华大学出版社1987年，第14页。

学家把他心目中的世界镜像进行表述之时，他就必须与语言搏斗。维特根斯坦又说："哲学是以语言为手段对我们智性的蛊惑所做的斗争。"[①] "我们正在与语言搏斗。我们已卷入与语言的搏斗中。"[②] 对于维特根斯坦来说，这种与语言的搏斗固然指的是他自己的那种哲学意义上的语言分析，然而实际上他以前的传统哲学家在表述自己的哲学思想时，何尝又不是一场与语言的搏斗呢？

二、隐喻和"制图"——哲学家的"语言游戏"

哲学家的思考和表述同我们日常的思考和表述区别何在呢？日常的思考和表述一般是对具体事物、现象和感受的个别的"复述"，词语在语言中是现成的；而哲学家则要把作为对象的整个世界在他心目中的"镜像"进行抽象的总体描绘，使之成为简洁的"世界图式"。哲学思维是一种高度抽象的纯理性思维。哲学家必须把现实世界的事物现象进行高度概括，于森罗万象之中寻出其共同的根本属性和内在联系，然后用一定的语句加以表述。要绘制这一图式，首先要准备好工具。哲学术语是他必不可少的工具，是他心目中哲学范畴的词语表现。于是建立范畴、确定概念术语、探求各范畴之间的内在联系就成了建立哲学体系的首要工作。然而现成的语言是表现日常生活的语言，并不是为他准备好的表述哲学思想的语言。哲学家必须自己寻找另外的途径。这个途径一般是这样两个步骤：

1. **隐喻。**就是把日常语言中表现普通、具体事物或现象的词语，通过类比和暗示的途径，赋予抽象的、高度概括的意义，使之

---

① 维特根斯坦《哲学研究》，生活·读书·新知三联书店1992年，第66页。

② 维特根斯坦《文化和价值》，清华大学出版社1987年，第15页。

变成哲学术语。这是中外哲学研究中常见的手法。比如我们在中国传统哲学中就见到的道、气、天、心、性、理、命、阴、阳、乾、坤、金、木、水、火、土、形、神、体、用、刚、柔、有、无等术语，就是这样形成的。有的虽非直接用现成词语隐喻，而是创造新的复合词，但其中仍含有隐喻成分。如"大一、小一、元气、精气、天道"等。甚至纯粹的数词，也可以通过隐喻而成为哲学术语，如《老子》中的"道生一，一生二，二生三，三生万物。"这里的"道、气、元气、天、一"等都是指世界的本原。《说文解字》对"一"的解释是："惟初太极，道立于一，造分天地，化成万物。"这是对作为哲学概念的"一"的解释，不是对作为数词的"一"的解释。在古希腊哲学那里，我们看到的有"水、火、土、气、种子、胚芽、热、冷、干、湿、爱、一、多"等哲学术语。它们也都是由隐喻形成。当然，有的术语也并非由普通词语隐喻而成，而是专门创造的新词，如古希腊哲学中用"奴斯"指一种精微、能动的物质，用"以太"指一种有本原性的物质。

通过隐喻创造术语的办法，在近现代哲学中仍然使用着。如"矛盾、斗争、认识、（经济）基础、上层建筑、机械（论）"都是比较晚近形成的术语。有的哲学术语虽源于上古，但通过隐喻赋予了新的含义，成为当代新兴哲学流派的术语。如"控制论"（Cybernetics，源于希腊文 κυβερνήτης），原义为"掌舵术"。柏拉图用它表示掌管国家的艺术，而维纳则用来指他创立的研究动物和机器中的控制和通讯的理论。在控制论学说中，"黑箱"也是普通词语通过隐喻成为术语的，指那些具有某种功能而内部结构不清楚的系统。在广义相对论中，"黑洞"（Black hole）喻指那种时空曲率大到光都无法逃脱的天体。

　　另外，在上古时代，有的哲学家觉得单靠隐喻的词语构成的抽象术语仍难以表述他的哲学思想，有时就干脆编造一篇寓言故事，在这种寓言故事里，全篇都是用隐喻来讲道理，如庄子的《逍遥游》就是用一系列寓言故事讲述作者超越现实、任性逍遥的理想。

　　2. 编制图式。被确定为某一哲学体系基础部分的基本范畴，一般都有极大的涵盖性，它们各自能代表具有某一属性的许多不同事物，或许多不同事物的某一方面的性能。比如《易·说卦》对于八卦所代表的事物和所表示的性能有如下的陈述：

　　　　乾，健也；坤，顺也；震，动也；巽，入也；坎，陷也；离，丽也；艮，止也；兑，说也。

　　　　乾为马，坤为牛，震为龙，巽为鸡，坎为豕，离为雉，艮为狗，兑为羊。

　　　　乾为天，为圜，为君，为父，为玉，为金，为寒，为冰，为大赤，为良马，为老马，为瘠马，为驳马，为木果。

　　　　坤为地，为母，为布，为釜，为吝啬，为均，为子母牛，为大舆，为文，为众，为柄，其于地也为黑。……

　　但是，各种事物不是孤立的，而是有联系的，不是静止的，而是变化的。哲学家们确定了术语以及它们所能表示的象征意义之后，还要借助语言的描述功能，对事物之间的联系及其转化关系做进一步描述。如《易·系辞传上》中的第一章：

　　　　天尊地卑，乾坤定矣。卑高以陈，贵贱位矣。动静有常，刚柔断矣。方以类聚，物以群分，吉凶生矣。在天成象，在地成形，变化见矣。……鼓之以雷霆，润之以风雨，日月运行，一寒一暑。乾道成男，坤道成女。乾知大始，坤作成物。乾以易知，坤以简能。易则易知，简则易从。易知则有亲，易从则有功。有亲则可久，有功则可大。可久则贤人之德，可大则贤人之业。易简而天下之理得矣。天下之理得，而成位乎其中矣。

又如《老子》：

> 昔之得一者：天得一以清，地得一以宁，神得一以灵，谷得一以盈，万物得一以生，侯王得一以为天下贞。（第三十九章）

> 故有无相生，难易相成，长短相形，高下相倾，音声相和，前后相随。是以圣人处无为之事，行不言之教，万物作焉而不为始，生而不有，为而不恃，功成而弗居。夫唯弗居，是以不去。（第二章）

《易传》和《老子》通过运用各自确立的范畴和术语，为我们描绘出了一幅生动的世界结构和变化的图式。所不同的，是前者有一种积极进取的精神，后者最终表现出消极无为的态度。而共同之处在于都富于朴素的辩证法思想。这种通过游戏式的"语言搏斗"来编制世界图式的做法，历代莫不如此。战国时的邹衍绘制的是关于王朝更替规律的"五德终始"图式。在汉代董仲舒的《春秋繁露》中，他给我们绘制了一张以天人合一为核心、以阴阳五行学说为框架的"天人宇宙论"图式。而马克思主义经典作家为我们所绘制的，则是一张充满生机的关于普遍联系，对立统一、斗争转化的唯物辩证法图式。正如维特根斯坦所说："思想家与制图员十分相似，制图员的目的在于表现事物之间的各种相互联系。"①当然，哲学家的这种"制图"是靠语言的表述功能来完成的。

第二节　语言——哲学思辨的重要课题

哲学家要用语言来对世界做本质的、总体的、规律性的描述，然而哲学家本人处在万花筒一样的语言世界的包围之中，人们对于语言和语言运用的态度又是形形色色，五花八门，语言本身的局限性又使得名实之间、言意之间的关系显得错综复杂，因此语言的如何使用问题、名实问题、言意问题始终是哲学思辨的重要课题，长期思辨的结果，最后导致哲学研究转向了对语言的研究。

一、对语言运用标准的讨论

哲学家不是诗人。诗人用语言抒发对世界的感受，因而要求诗歌语言有煽起感情的效果；哲学家用语言对世界做理智的描述，因此要求语言有启迪人类理性的功能。诗歌语言允许而且要求意象的丰富、手法的夸饰、感情的充盈、词语的华美，而哲学语言则要求概念的明确、风格的朴实、感情的冷却乃至排除。因此很多哲学家对于华美的语言都持反对态度。柏拉图甚至由反对华美的语言走向反对诗歌本身，他认为"诗对于听众的心灵是一种毒素"，是足以使听众迷狂、德行败坏的东西，为了对之"消毒"，必须建立对诗歌的检查制度，由城邦的长官判定诗歌是否适于朗诵或公布。孔子虽

---

① 维特根斯坦《文化和价值》，清华大学出版社1987年，第15页。

然不反对诗歌，而且亲自编定过诗集，但他是着眼于诗歌有教化的功能，他自己不仅不作诗，而且明确反对过"巧言"，认为"巧言乱听""巧言令色，鲜矣仁"，主张"辞达而已矣"。当然，他的观点有时也前后矛盾，如他也说过"情欲信，辞欲巧""言之无文，行之不远"等话。不过从他自己的言谈风格来看，还是表现为信达朴实而不是华美巧饰。孟子对于自己谈话时用了比喻也要加以辩解，说自己是不得已而为之的。老子则明确表示过对美言和辩言的反对："信言不美，美言不信，善者不辩，辩者不善。"主张"希言自然"（少说话是合乎自然的）。墨子认为"慧者心辩而不繁说"，韩非子认为"好辩说而不求其用，滥于文丽而不顾其功者，可亡也"。这些学者之所以反对华美巧饰的语言，主要是因为认为它是干扰思想的障碍。这从原则上看是正确的。至于因此而反对辞句上的任何修饰，乃至如柏拉图反对诗歌本身，则又有失于偏颇了。

二、历史悠久的"名实之辨"

那么，是否去掉语言形式浮华巧饰，哲学家就能够为我们提供一幅关于世界的真实图像了呢？事情远非这么简单。我们且不必说影响哲学理论正确性的有关哲学家们的政治立场、知识构成、研究方法等主观方面的众多重要因素，仅就哲学借以描述世界的工具——语言符号而论，就有名与实、言与意之间的深刻矛盾。于是在中国哲学史上就形成了历史悠久的"名实之辨"。

语言符号就是"名"（包括言辞、语句等），名有指称功能，它所指的客观存在就是所谓"实"。语言符号是指向客体的，是客观事物的名称，但是人们给事物的命名基础是它的意义，所以名称并不直接指向事物，而是通过意义指向事物。于是名、意、实之间就存

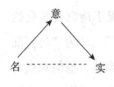

在一个三角关系（如图）。名实之不尽副是常见的事。名实之难于一致，原因首先在于命名本身是件困难的事，名称不是客观事物本身固有的，而是人根据对它的意义的理解给予它的。意义是对客观世界认知的结果。要有认知的理解，就得把所要命名的事物放在一个恰当世界秩序的背景之上，然后才能看出它的意义来。（尤其是涉及文字时，汉字是表意文字，用汉字或造新字给新事物命名都必须遵循六书的准则。）比如，蝙蝠是鸟呢，是兽呢，还是虫呢？熊猫是熊呢还是猫呢？犀牛是牛科吗？如果它们的位置放置不妥，就难以有恰当的名称。至于有些哲学范畴尽管可能已被感觉乃至认识到，但它的意义几乎无法说得清，而它的名称又几乎是根本无从给予的。比如老子哲学体系中的"道"就是这种东西。他的"道"是非常之道，因此是不可道（不可言说）的。它是这样一种东西："有物混成，先天地生。寂兮寥兮，独立不改，周行而不殆，可以为天下母。"（有一个浑然一体的东西，它先于天地而存在。无声又无形，永远不依靠外在力量，周而复始地不停运行，可以算做天下万物的根本。）这样的东西当然无法起名了。所以他说"吾不知其名，字之曰道，强为之名曰大"。如前所述，"道"这个名也是一个借用现成词语的隐喻式名称。强起的名字恰当与否呢，只好不管它，语词不过是个意义的代码，只要能代表意思就可以将就使用。但是，正因为"强为之名"的"实"至为玄奥复杂，纷然的聚讼便从此不断，唯物唯心等时髦的标签人人可贴，至今仍无人能彻底讲明老子哲学的"道"这一术语的含义。

名实之不尽副的另一重要原因是名实的稳定程度不同。名称一旦起出，约定俗成，就有相对稳定性，而它所指称的客观对象随着社会生活的变化而有了变化，人们对它的意义的理解和所取的态度也有了变化，循名责实，便发生了"名实相怨"的现象。孔子所处的春秋末期，早已礼崩乐坏，天下无道，可孔子仍固守周礼中君臣父子那一套名分，认为"名不正则言不顺，言不顺则事不成"（《论语·子路》）。孔子要通过"正名"来恢复周礼那一套典章制度的目的没有实现，但他第一次提出了名实应当相副的观点，这还是有一定的认识论意义和逻辑学意义的。稍晚于孔子的墨子给"名"和"实"第一次下了比较确切的定义："所以谓，名也；所谓，实也。"（所用来作为称呼的叫名，所称呼的事物叫做实）又说："声出口，俱有名。""故言也者，诸口能出之名者也。"（《墨子·经说上》）墨子也强调了"名"与"实"要一致的思想观点。

孔墨时代，名实问题虽然已经提出来加以讨论，但其目的还在于对于各自政治思想的论述，名实问题在当时尚未成为一个哲学问题。到了战国的中后期，认识本身成为人们研究的对象，名实问题便成为哲学家们关注的重要问题，出现了一批专门研究名实问题的哲学家，这些人被统称为"名家"。他们提出了一些对当时和后世都很有影响的哲学命题。如惠施的"合同异"说认为："至大无外，谓之大一；至小无内，谓之小一""天与地高，山与泽平""天地一体"（《庄子·天下》）。万物都统一在"一"里，即既包容在"大一"中，又都由"小一"构成。这种观点已经有点像近代科学的宇宙论和原子论了。

战国末期的荀子对名实问题阐述得比较精当。他继承前人学说中的合理部分，去掉其中偏颇之处，提出了颇为后世所推重的观点："名无固宜，约之以命，约定俗成谓之宜，异于约则谓之不宜。名无固实，约之以命实，约定俗成谓之实名。"（《荀子·正名》）他这种名实关系"约定俗成"的观点不仅在哲学史上，而且在中国理论语言学史上也有重要意义。荀子以后，汉代的董仲舒、南北朝的刘昼、清代的王夫之对名实问题都发表过自己的见解。对名实问题的思辨在语言里留下的痕迹是许多有关成语，如名不副实、有名无实、循名责实、徒有其名等。

三、饶有兴味的"言意之辩"

与名实问题相关的还有言意问题。历史上最先提出言意关系的是《庄子》的《外物》篇。庄子学派喜欢用寓言来说明哲理。据《外物》篇记载，当惠子（惠施）对庄子说"子言无用"时，庄子有一段精彩的解释："筌者所以在鱼，得鱼而忘筌；蹄者所以在兔，得兔而忘蹄；言者所以在意，得意而忘言。"这话的意思是：使用"筌"（捕鱼器具）的人目的在抓鱼，得到鱼就可以把筌忘了；使用"蹄"（捕兔机械）的人目的在于抓兔子，抓到兔子就可以把"蹄"忘掉了；言辞就像"筌"和"蹄"之类工具，使用者的目的在于使人通过它领会意思，当你领会了意思时，就可以把言辞搁置一旁了。庄子在这里主要强调言辞对于理解的引导作用，但已开始对言与意做了区分。《周易》分别用卦象和卦辞（言）来表示意思，但是由于高度概括抽象，往往难以使人得其要领。《易·系辞》中托言孔子对言、象、意三者关系做了解说："书不尽言，言不尽意，然则圣人之意，其不可见乎？""圣人立象以尽意，设卦以尽情伪，系辞焉以尽其言。"这里值得注意的是，古人已经认识到言是不能尽意的，设立卦象的目的就是为了"尽意"，即通过卦象所能代表的事物加以类推，以穷尽所有之"意"。六十四卦之所以能代表天下万物，就是因为它有这种通过类推来"尽意"的功能。

魏代的王弼对于言、意、象三者的关系做了比较系统的阐述："言生于象，象生于意。"这是就言和象的来源而言。又说"象者，出意者也；言者，明象者也。"象是表达意义的，言是用来说明象的，它们都是获得意义（理解）的工具。他又说："意以象尽，象以言著。故言者所以明象，得象而忘言；象者所以存意，得意而忘象。"（《周易略例·明象》）这种说法同《庄子·外物》"得意忘言"说相仿。这种"忘言""忘象"之说，强调不必拘泥于言辞，要着重领会义理的精神实质，对于提高理论思维水平有积极意义。但是过于强调"言""象"皆可忘，对于"言""象"在深化理解和提高认识方面的作用未免有所忽视。因为语言符号的意蕴有时十分深厚、丰富而又不十分显露，人的理解和认识不可能一下子一览无余，这时就需要反复探究，而如果满足于浅尝辄止，把言象一齐忘掉，那是无助于深化认识和理解的。

魏晋时期，"言不尽意"是一种很流行的观点。荀粲、何晏、嵇康、郭象等都持此说。唯有欧阳建（？—300）独立不群，作了一篇《言尽意论》。其文为：

> 有雷同君子问于违众先生曰："世之论者以为言不尽意，由来尚矣。至乎通才达识，咸以为然。若夫蒋公之论眸子，钟傅之言才性，莫不引此为谈证。而先生以为不然，何哉？"先生曰："夫天不言，而四时行焉；圣人不言，而鉴识存焉。形不待名，而方圆已著；色不俟称，而黑白已彰。然则名之于物，无施者也。言之于理，无为者也。而古今务于正名，圣贤不能去言，其故何也？诚以理得于心，非言不畅；物定于彼，非言不辨。言不畅志，则无以相接；名不辨物，则鉴识不显。鉴识显

而名品殊，言称接而情志畅，原其所以，本其所由，非物有自
然之名，理有必定之称也。欲辨其实，则殊其名；欲宣其志，
则立其称。名逐物而迁，言因理而变。此犹声发响应，形存影
附，不得相与为二。苟不其二，则无不尽。吾故以为尽矣。"
（《艺文类聚》卷十九）

他认为客观事物不以人们对它们的"言""称"为转移，客观事
物在没有获得人们给予的名称之前，早已按其本来面目存在着。
"言""称"不能对客观事物有任何作用。但是人们对物、理的认
识，不用言辞就不能表达出来，客观事物没有名称就不能辨别。他
充分肯定了"言"对"理"、"称"对"物"的反映、标志作用，还
指出名称是约定俗成的，客观的事物和道理是不断变化的，因而
"言""称"也应随之而变。既然名物之间、言理之间的关系如同声
和响、影和形一样相随相附，就不能"相与为二"，言就能够尽意。
这种观点虽然对当时流行的过于强调"言不尽意"的倾向有纠偏补
失之用，但又倒向了另一极端，把名与物、言与意完全同一起来，
忽视了其中的区别，对语言符号在表情达意的局限性方面认识不足。

四、文化语言学的"名实"观和"言意"观

我们今天来回顾历史上的"名实之辨"和"言意之辩"，从文化
语言学的角度而论，不仅应看到语言和哲学之间的密切关系，更应
看到名实问题、言意问题所涉及的是语言和现实、语言和思想的关
系问题。其实，中国历史上"名实之辨"和"言意之辩"，其发生大
多有当时的社会现实问题和思想问题为背景，并非仅仅是纯粹的学
术思辨。如果我们仅仅以学术思辨的态度来对待这两个话题，就会

在一定程度上降低文化语言学的意义和价值，把文化语言学变成一种仅能满足少数人谈玄爱好的玄学。

文化语言学充分估计到语言在建构文化（尤其是作为文化的核心层次的哲学）中的巨大功能，充分认识到语言在表述思想、反映现实中的巨大作用，但是我们并不认为这种功能和作用是毫无缺憾、无可挑剔的。

首先，从名实关系而论，正因为语言符号的能指（名）和所指（实）之间并不存在必然关系，名称只不过是人创造出来的为了便于指称的一种代码，因此尽管在不少情况中名实可以相副，但是无论如何我们对二者相副的需要和可能不应抱有过高的期望。第一，现实情况复杂而名称却需要简明，二者有时便容易发生矛盾。比如，"夫""妻"当然是指已婚者，可是又有"未婚夫／妻"的名称，如果一定要"正名"，否定"未婚夫／妻"的称谓资格，另造名称，恐怕不易成功。这类属于名称的超前使用，另外更多的则是滞后使用，如"退伍军人""退休干部"实际上已并不是军人、干部，"美籍华人"也并不是真正意义的"华人"，"刑满释放犯"的"犯"当然就更不妥当。第二，名称中包含一定价值，为了情感、伦理、名誉的原因人们宁可使用"不副实"的名称。比如，"父母－子女"的名称表示的是血亲（生育）关系，而"养父／母－养子／女"的名称则表示不存在血亲关系，仅有养护关系，但通常在非特别需要的情况下，后者宁肯使用前者的名称。还有，作为当面的称呼，女婿称呼岳父母，儿媳称呼公婆，都是称"爸""妈"而不称表示实际关系的"岳父／母"和"公公／婆婆"（或"公爹／婆母"）。至于在现代科技条件下由人工授精或胚胎移植所造成的单方或双方非血亲的"父母－子女"关系，如果不沿用"父母－子女"的名称而另起一种表现实际的名称，显然反而会给当事人和社会造成更多的麻烦。第三，权威者、名人、名牌事物所具有的社会声望可以给假借者带来非分的实利，因此无论古今社会都有层出不穷的假冒名义者。在古代有"挟天子以令诸侯"者，有矫诏夺位者，有托名伪作者。在现代商业社会中，则有屡禁不绝的假冒名牌的商品，大街小巷到处是未必正宗的"正宗××××"。"名实相怨"和"循名责实"已远非哲学家和政治家的思辨性话题，而已成为商品经济活动中关系到买卖双方切身利益的现实问题，成为工商管理和法制管理中的永久性话题。总之，作为人类文化创造伟大成果的语言符号，它给人类带来了巨大的便利，同时也给人类带来了诸多的困扰，名实关系问题始终是人类思考和人类生活受语言符号困扰的重要表现之一。只要有人类和人类语言存在，这个问题就永远存在。

至于言意关系问题，我们今天也不应仅仅止于古典的"言意之辩"中所讨论的言辞是否能尽意和得意是否应该忘言之类问题的辨析。语言是意义得以显现的形式和手段，没有语言，我们对世界的体验和认识无从传达（音乐美术等手段所表现的大多是情感而非事实或理念）；没有语言，我们对身外复杂世界的理解也同样缺少门径。语言在表现主观世界和理解客观世界过程中的引导功能是毋庸置疑的。然而"言有尽而意无穷"是普遍现象，语言的功能并不是无限的、尽善尽美的，语言在成全表达的同时也束缚了表达，语言在帮助达成理解的同时也用它的能指限定了理解的范围和深度，语言把丰富、立体、多维的意蕴变成了单向直接的线性叙说和线性理解，在使思想清晰化和理解明了化的同时也使世界在人们心目中简单化了。语言表达过程中所舍弃的东西和语言理解中被语言符号"遮蔽"而未获领会的东西也许是十分重要的，因此既要承认言可表

意又须承认言是不可能完全尽意的，既要借助言辞达成理解又应肯
定在一定程度上不受言辞束缚的"得意忘言"的必要，尤其要看到
揭开言辞所遮蔽的丰富意蕴和解开"言外之意"的必要。然而文化
语言学对于言意关系的辨析仍然不能仅止于此。因为这种辨析仅仅
在言意关系的表层上面讨论，未深入到语言和现实、语言和真实，
语言和真理的深层关系，它是在肯定语言的正面标引功能的前提下
来谈论言意关系的。还没涉及语言的负面的标引功能——为了方便，
我们姑且称这种功能为"伪饰功能"。

　　所谓"伪饰功能"，指的是这样一种现象：语言可以而且常常构
成对现实或真实的虚假表述，成为错误和谬见的传达者，它扰乱人
们的理智，把人们引向危险和谬误的陷阱。无论在日常语言、哲学
语言还是科学语言中，这种伪饰现象都随处可见。这种功能已不是
索绪尔的能指、所指理论所能概括。尤其是这种功能被人类本性中
恶的一面所利用时，可以造成灾难性的恶果。虚假的广告、黑白颠
倒的宣传、江湖上的骗术、冤假错案中莫须有的罪状和诬蔑不实之
辞，与政治野心相辅而行的空洞理论，等等，莫不是语言使用者对
于语言的伪饰功能的利用，这种利用的结果使得整个语言世界成了
真实世界的扭曲的、颠倒的反映，使整个人类社会充满了虚伪。至
于思想史和科学史上的种种似是而非的学说和数不清的谬见，有些
固然不一定是恶意所为，也是当事者对语言潜在的伪饰功能不自觉
的利用所致。为此，追求真理的思想家和科学家不得不一代又一代
地同层层积累的语言假象做斗争，批判其中的谬误和偏见，从而推
动人类知识的发展。由于语言有这么一种功能，因此对表现在语言
中的东西不仅不可轻信，不可全信，而且首要和更可贵的倒是具有
一副独立判断的头脑，具有怀疑和批判的精神。中国古人早就认识

到这一点，并且一代又一代地传下"尽信书则不如无书"的箴言。有的明智的学问家甚至明白告诉自己的后学不要相信他已经写出的一切，只有那些思想欠开通的学者才要求后学步趋自己而不得越出雷池。然而，尽管人们早已认识到识破语言假象、具备独立头脑的重要，但是仍然不免一再陷入语言文本的迷阵而不能拔出，其中原因从认识论上说是人类个体认识能力的有限性和客观真理的无限性，而从语言本性上说则是语言的伪饰功能的无所不在而防不胜防。培根把语言文字造成的假象称为"市场的假象"，把语言描述为永恒存在着的幻象和偏见的源泉。他说："人们是靠谈话来联系的；而所利用的文字则是依照一般俗人的了解。因此，选用文字之失当害意就惊人地障碍着理解力……弄得一切混乱，并把人们岔引到无数空洞的争论和无谓的幻想上去。""人们相信自己的理性管制着文字，但同样真实的是文字亦起反作用于理解力；而正是这一点就使得哲学和科学成为诡辩性的和毫不活跃的。"①

　　我们揭示语言存在"伪饰功能"的更为深广的意义，在于把新文化的建设过程变成对全部历史文化和现存文化的"语言批判"的过程。中国两千多年的封建文化史，为我们创造并留下了丰富灿烂的文化，但也创造并留下了无数的谬误、迷信和偏见。中国现代革命史上曾对这些封建文化的糟粕实行过文化批判甚至政治批判，但都未能彻底。近些年许多沉渣又突然全部泛起，关于算命、看相、风水、占卜等内容的书，充斥着个体书摊，各种迷信活动也披上文化甚至科学的外衣堂皇登场，大有向过去的批判反攻倒算之势。其

---

　　① 见〔英〕培根著、许宝骙译《新工具》，第四三节、第五九节，商务印书馆1984年，第21页、第30—31页。

中原因颇为复杂，但是过去那粗枝大叶的单纯的文化批判和政治批判不可能彻底也是主要原因之一。要想彻底把文化糟粕除尽，就必须彻底揭穿语言在其中所施的鬼蜮伎俩。这就必须对全部文化进行"语言批判"，从而进一步提高人们的良知良能，培养起真正具有科学思维能力的独立头脑。

第三节 语言学和哲学的互相渗透和沟通

由上面两节的讨论可以看出，语言问题和哲学问题、语言研究和哲学研究始终是纠结在一起的，中外历史上许多著名的语言学家都关注哲学问题，而许多著名的哲学家也都关注语言问题。语言学和哲学的互相渗透和沟通的传统可以说是由来已久。这一传统在西方的发展结果则是现代语言哲学的兴起和转换生成语言学的兴起。因此可以说，语言学和哲学的互相渗透和互相沟通已经分别在哲学领域和语言学领域产生了革命性的效果。

一、哲学研究的"语言转向"和语言哲学的兴起

20世纪以来，国际学术界普遍认为，西方哲学从古到今的研究传统经历了3个发展阶段，即本体论阶段、认识论阶段和语言论阶段。古希腊哲学是本体论阶段，主要探讨世界由以构成的本原或基质，回答"世界是什么""世界是由什么构成的"之类问题，力图通过这种探究找出现象后面的本质或者某种形而上的"本体"。到近代，以笛卡尔、康德的研究为标志，哲学研究的中心开始由本体论转向认识论，研究认识的来源、人的认识能力的界限、认识世界的途径和方法等。哲学研究的"认识论转向"的背景是随着近代自然

科学的发展而产生的人们对于探求新知识的需要。到了现代，以弗雷格、罗素、维特根斯坦等著名哲学家的研究为开端，哲学研究的传统又由认识论转向了语言论，形成了哲学的现当代形态语言哲学。这次"语言转向"的背景则是对传统哲学"语言混乱"的揭破和现代科学"基础危机"的认识，其根本动力是对传统哲学、传统文化乃至全部现代科学的"语言批判"。

1. 对传统哲学的"语言批判"

语言哲学家们都具有极强的思辨理性、怀疑精神和对语言的逻辑分析能力，他们从语言分析活动出发，对传统哲学中的一些基本术语和基本命题及其提供的知识体系提出了根本的质疑。他们认为，建立在本体论和认识论基础上的传统哲学所提供的世界图像是不真实的，"世界是什么的"之类独断式的解答其真实性是不可靠的；传统哲学所表述的知识也是不可靠的，哲学不应当像在黑格尔那里那样，成为君临一切知识的关于整个宇宙的普遍性理论或学说体系，而是一种具体的语言分析活动。当代西方语言哲学把矛头集中指向集传统哲学之大成的黑格尔哲学，通过语言分析，批判他的像上帝一样的"绝对观念"之类哲学术语。通过这种语言批判，他们进一步发现黑格尔哲学乃至全部传统哲学中存在着严重的语言混乱，而全部哲学争端或哲学混乱也都产生于语言混乱。因而，要清除哲学中的混乱，解决争论不休的哲学问题，就必须从研究语言入手，弄清词和语句，或概念和命题的真正意义。语言哲学家用自己的研究实践完全改变了人们对哲学的性质、任务和对象的传统看法。比如弗雷格把研究意义理论看作哲学研究的首要任务，罗素提出逻辑是哲学的本质，维特根斯坦也认为哲学不是理论，而是对哲学命题进行逻辑分析的活动，奥斯汀强调对概念的分析，等等。总之，这一派哲学家把语言问题提到首要地位，甚至把全部哲学问题归结为语言问题，以致其他哲学派别批评他们不是在研究哲学而是在研究语言。[①]

语言哲学的基本问题是语言与实在的关系问题。这一问题的研究中心是语言的意义问题以及科学知识的合理表达形式问题，它涉及语言与思想、语言与意向、语言与信念、语言与真理、语言与逻辑、语言与用法、语言与符号、语言与信息等十分复杂的问题。[②]可以看出，它与一般意义的语言学和文化语言学都有某些交叉之点。但它是对语言作哲学分析，是哲学而不是语言学。

2. 对科学"基础危机"的反思

语言哲学的兴起也是与现代西方的所谓科学的"基础危机"直接联系着的。19世纪后半期以来，西方科学飞速发展。科学知识的应用又促使生产和技术的飞速发展。于是科学本身成为人们研究的对象，这一研究力求发现并建立科学的"基础学科"。由于数学具有严密的准确性、必然性和普遍的有效性而被当作科学的基础学科加以研究。对数学的基础研究引起了关于什么是数学的基础的研究，于是首先发现了数学的必然性和普遍性的基础是逻辑。可是，在对数学基础做逻辑分析时，数学家们却发现数学的许多基本概念术语却经不住逻辑分析，如"数""基数""序数""无穷数""集合"等概念的定义都包含着矛盾，原来数学这门被视为绝对可靠的科学的基础却是不可靠的。于是出现了所谓数学的"基础危机"。而且，随着科学的进步，这种危机在其他领域也表现出来。如以牛顿力学为

---

① 参见周昌忠著《西方现代语言哲学》，上海人民出版社1992年。
② 参见车铭洲编《西方现代语言哲学》前言，南开大学出版社1989年。

代表的经典物理学，在爱因斯坦相对论原理的分析下，也出现了危机。科学的"基础危机"原因何在？科学家们发现，知识都是由符号或语言表述的，科学知识的基本概念的矛盾或混乱，就是语言表达式的混乱。因此，要使知识成为科学的知识，必须研究什么是可以表达科学知识的正确的语言表达式，什么是有意义的表达式，什么是无意义的表达式，什么是语言表达式的真，什么是语言表达式的假，等等。总之，原来一切知识的实质问题，归根结底都是语言问题。这样，哲学也只能是语言哲学。语言哲学就是在这种科学"基础危机"中被激发出来的一种哲学思潮。

二、"乔姆斯基革命"：语言学还是哲学？

在索绪尔的语言学著作中，由于系统语言观、符号学说、结构分析方法的提出，已经使他的语言学理论带上了浓重的哲学色彩。正是这种哲学成分的方法论化，在20世纪60年代的欧洲学术界形成了一股声势赫奕的结构主义思潮。尽管我们觉得结构主义最有资格充当的仍然只是一种方法论，而不是一个哲学流派，然而导源于索绪尔的结构主义语言学到了美国，经由布龙菲尔德和哈里斯的发展，成为被称为"美国结构主义"的描写语言学派后，再经过"乔姆斯基革命"而成为转换生成语言学，哲学的色彩就更加浓重了。"乔姆斯基革命"的成功，在很大程度上就是他把哲学考虑引入到语言学研究，对语言做哲学思考的结果。他的主要思想来源有：

1. **笛卡尔的唯理主义**。乔姆斯基反对经验主义，反对建立在经验主义基础上的行为主义心理学和行为主义的语言理论。他彻底否定行为主义的核心概念"刺激""反应""强化"等，十分推崇笛卡尔的唯理主义思想，他从笛卡尔的唯理主义方法中受到启示，提出了人类具有天赋语言能力的大胆假设，从而认为语言学应当是一种心理学，其目标是"尽可能精确地描述语言和心理活动的现象"。

2. 古德曼的分析哲学。乔姆斯基曾师从分析哲学家古德曼，从他那里学到了用数理逻辑的工具分析自然语言的方法，并通过对语言的逻辑分析来研究和认识心理。他对语言的本质持形式观点，对语言的研究重视句法结构形式的分析和转换，这也是受分析哲学方法影响的结果。

另外，在语言理论上，他推重洪堡特的学说。他自称："深层结构"和"表层结构"两个概念是从洪堡特的"句子的内部形式"和"句子的外部形式"这两个概念发展而来的。①

有意思的是，乔姆斯基使语言学和哲学互相渗透、交叉、结合所产生的语言学思想，既是语言学在当代的新进展，又是语言哲学的一个支派，对语言学和哲学都产生了巨大而深刻的影响。并且在此基础上对心理学、逻辑学、计算机科学、生物学、人类学、神经生理学等众多领域的研究都产生了推动作用。这一事实给我们的启发就是：由于语言学和哲学二者都涉及人类区别于一般动物的根本特征之一的心智活动，由此二者不可能在完全隔绝孤立的状况下进行，只有把二者结合起来研究才能产生互相推动的效应，获得根本性的进展。我们今天研究文化语言学，在文化语言学理论的建设过程中，固然不应步趋乔姆斯基，把他的理论搬一部分到文化语言学理论中来，但是却可以学习他重视哲学的态度，并参照他借鉴哲学

---

① 《乔姆斯基语言哲学文选》，商务印书馆1992年，第7页。

思想的方法，把切合文化语言学需要的哲学思想吸收到文化语言学理论中来，使文化语言学的理论和方法具有深厚的哲学根基，使文化语言学的研究成果既不是博物馆式的标本总汇，也不是七巧板式的机械拼合，而是能对人类的语言存在和语言生活做出独特的文化解释的语言学新体系。

第十章　语言和政治

第一节　政治的本质和语言符号

一、政治的本质问题

要讨论语言和政治的关系问题，首先得明确究竟什么是政治。人是一种"政治的动物"（亚里士多德语），政治在现代已渗入人类生活的一切领域。由于观察问题的着眼点不同，关于政治的定义可谓形形色色。但是从文化语言学角度而论，政治的本质不能由其他学科来界定，政治这一概念也不能仅从流行的使用法方面去理解。

所谓不能由其他学科来界定，就是说其他学科关于政治的定义不适于文化语言学。比如马克思主义认为，政治是经济的集中表现，这个定义本来不错，但它是政治经济学关于政治的定义，它对于阐述政治和经济之间的关系是适合的，但对于阐述政治和语言的关系就未必适合。因为我们总不能从考察语言符号在经济领域中的运转情况来看它与政治的关系。又如毛泽东认为，政治就是阶级斗争。这一定义对于他的民族民主革命学说是适合的，但仍不适于文化学和文化语言学。因为从文化学角度看，阶级斗争只是政治活动的一种形式，既不是全部政治活动，更不是政治本身。而文化语言学既不研究阶级斗争，也不考察各种政治学说和政治体制的具体内容，仅仅关注语言符号在政治建构和政治运作中的功能。

所谓不能把政治这一词语的流行用法当作政治概念，比如在中国曾有一种政治万能主义，当要强调某件事情之重要时，就说是当前最大的政治，如我们国家曾把合作化、公社化、资本主义工商业改造、整风反右、"大跃进"、"文化大革命"都当作当时压倒一切的政治运动来搞，但我们从文化语言学角度考察语言和政治的关系，显然不能把这些被一律当作政治看待的性质不同的活动（其中有经济体制改造活动，也有政治斗争活动）都看作是政治。同时，我们也不能把同政治有关的其他领域的事情拿来当作政治。比如文学艺术、教育、法律、外交、商业、科学技术等领域，或多或少都和政治有关，但这些领域本身仍然不是政治，不论其中有些领域（如法律、外交）同政治有多么密切的关系。

《说文解字》："政，正也。""正，是也。""是，直也。"可见"政"的本义是"正""直"。"治"在"政治"一词中的意义是"治理，管理"。"政治"的本意就是按照正直、正确的要求对社会加以治理。尽管不同时代不同阶级其治理的标准不同，但是共同之点都是要求社会太平、安定。这一点可以从"治"的一个反义"乱"看出。但是社会无论范围大小，并不是随便哪一个人都有资格来治理的。尽管任何人都可以为尧舜，但是尧舜之所以成为尧舜，是因为尧舜获得了治理天下的权力。秦末天下大乱之际，陈胜、项羽、刘邦都想治理，陈胜的呼声是："王侯将相宁有种乎？"项羽的说法是："彼（秦始皇）可取而代也。"刘邦的想法是："大丈夫当如是（指秦始皇）乎！"想法不一，实质相同，都是要夺取秦始皇的权力，取而代之。这一目标的最终实现者是刘邦。可见政治的本质问题是权力。有了权力，就可以发号施令，施行治理。"当政"的词义"掌握政权"道出了政治的本质"政权"。而且，掌权者执政不仅需要语言，更需要领导人的语言能力："成功的政治家需要具备这种能力：通过语言向人们描绘一个清晰明确且鼓舞人心的美好未来，并以此领导他人。很多伟大的领导人同时也是出色的演说家，比如丘吉尔、罗斯福……当然，希特勒也是出色的演说家。因为蛊惑人心的演讲者也会领导人民——确切地说是误导人民，使其相信执政党狭隘的私利代表着全体人民的利益，但事实上他们的所作所为直接触犯着人民的利益。"①

二、名分——政治权力的符号

政治权力可以夺取，也可以授予，但是行使权力，必须以一定的名义。于是名分问题便应运而生。据《史记》《汉书》记载，刘邦消灭了项羽，当时已是汉王，但是在与项羽的角逐阶段，刘邦已封了一些异姓的诸侯王，如果此时刘邦仍以汉王名义号令天下，则难以名正言顺，于是诸侯与将相们一定要给刘邦一个皇帝的名号。刘邦起先还假意推辞，但是群臣以为刘邦与诸王"位号比拟，无上下之分"（《汉书·高帝纪》），"大王不尊号，皆疑不信"（《史记·高祖本纪》）。于是刘邦接受了皇帝的尊号，"即位于氾水之阳"。这样，君臣的名分才正式确立，彼此才心安理得。可见名分是一种政治权力的符号。

---

① 见〔英〕约翰·约瑟夫著，林元彪译《语言与政治》，外语教学与研究出版社2017年，第14页。

"名，虚实爵号之名也；分，杀生与夺之分也。"（《吕氏春秋》高诱注）正因为名分关系如此重大，所以我国古代的政治家对于名分问题都十分重视。但是由于名号有相对的稳定性，而名号下所包含的"分"，即实际权力，却会因客观实际的变化而变化，所以中国古代政治家常常提出"正名"问题。通过有关"正名"的言论，我们可以看出他们的政治伦理思想。

三、"正名"理论反映出的中国古代政治伦理思想

历史上首先提出正名理论的是孔子。《论语·子路》："子路曰：'卫君待子而为政，子将奚先？'子曰：'必也正名乎！……名不正，则言不顺；言不顺，则事不成；事不成，则礼乐不兴；礼乐不兴，则刑罚不中；刑罚不中，则民无所措手足。'"孔子把"正名"看做"为政"的头等重要的事情，又认为"正名"关系到"言""事""礼乐""刑罚"等问题。孔子的"正名"就是要审度名分。孔子的理想社会是西周，他要维护西周时代一些表示名分的词语的原有意义，保持"君君，臣臣，父父，子子"的理想秩序。同时，还要求人们运用语言时按照旧的名分来选择词语。比如《韩诗外传》卷五记载：

> 孔子侍坐于季孙，季孙之宰通曰："君使人假马，其与之乎？"孔子曰："吾闻君取于臣谓之取，不曰假。"季孙悟，告宰通曰："今以往，君有取谓之取，无曰假。"孔子曰："正假马之言，而君臣之义定矣。"

在孔子看来，国君向臣子要马，只能说"取"不能说"假"

（借），这关系到君臣大义、名正言顺问题。孟子说："孔子成《春秋》而乱臣贼子惧。"（《滕文公下》）据杜预《春秋左传序》说，孔子所用的方法就是"以一字为褒贬"，即通过一字的用法来显示君臣的名分，从而规范人们的政治行为，确立他所理想的政治秩序。《春秋》是讲究名分的，但乱臣贼子是否惧过，或是否应该惧，那是另一回事。

墨子讲"正名"，不限于名分问题，主要是要求人们准确地使用语言。后来，《吕氏春秋》把孔子和墨子这方面的思想加以发挥，把它与政治问题联系起来，提出"名正则治，名丧则乱"（《正名》）。"故至治之务，在于正名。名正，则人主不忧劳矣。"为了正名，必须"审分"，因为"名多不当其实，而事多不当其用，故人主不可不审名分也。不审名分，是恶壅而愈塞也"（《审分览》）。名家的公孙龙，法家的尸佼也都从政治角度论述过正名问题。

第二节 国家首脑名称的权力象征功能

尽管古代政治家为了保持政治稳定而强调要审度名分，不断正名，但是世上任何事物都要变化，与政治权力有关的职官名称以及其他名称不可能一成不变，与这些名称相对的权力实际也在不断变化。由于职官名称是政治权力的符号象征，当权力实际发生变化时，职官名称也要做相应变化；或者，当原有职官名称已不能象征变化了的权力实际时，更改职官名称也就势在必行。于是，整个中国职官名称变化历史中就包含了一部中国政治体制和政治结构的变化史。由于职官名目繁多，不能详论，这里我们仅仅选取国家首脑名称的形成和变化过程来看中国历史上政治演变过程，从而认识最高层职官的名称对于政体和权力的象征功能。

一、后、伯：原始公社制的象征

我国有文字可考的历史起于商代。商以前的夏代，据研究属于原始社会的末期。在原始社会中，社会的基本组织是有血缘关系的氏族公社，氏族的首领称为"后"。甲骨文中"后"作 ，象妇女生育之形。据文字学家考证，"后"为生育之义。《说文解字》："后，继体君也。象人之形，施令以告四方。"段玉裁注："开创之君在先，继体之君在后也。"王国维说："后字皆从女，或从母象产子之形。"王氏之说为是。作为氏族首领的"后"，以妇女产子之形为象，反映的是母系社会时代女性为氏族首领的状况。后来，氏族组成部落，部落又组成部落联盟，部落首领和部落联盟的首领都称为"伯"。"伯"在甲骨文中为 （白），似像正面人头之形，后来才加人旁为"伯"。《说文解字》："伯，长也"，"长"即"兄长"之意。"伯"在后代一直用指男性兄长，与"仲""叔""季"依次相对。"伯"作为部落和部落联盟的首领，反映了母系社会已过渡到父系社会的事实，也可看出部落联盟的首领是由选举产生的各部落首领的"大哥"。史书上有"伯益""伯禹"之称。大禹治水后，中原出现了最早的国家"夏"。夏的国家首脑不称"伯"，而称"后"，这是借用氏族首领的名称，"夏后""夏后氏"等名称通过传说，也见于史书。夏后与其他各部落不再有血缘关系。商代有时仍借用古代称号，称国王为"后"。（但到后代，"后"演变成帝王正妻的名号。）

二、王：商、周贵族共和制的象征

《说文解字》："王，天下所归往也。董仲舒曰：古之造文者，三

画而连其中谓之王。三者,天地人也。而参通之者,王也。孔子曰:
一贯三为王。"

　　许慎用声训
并援引董仲舒的说
法来为"王"字释
义。应该说有一

甲骨文　　　金文　　　小篆　　　隶书

定道理。"王"确实是天下所归往的人,但说"王"字的三画代表
天地人,则与时间相违,因为天地人"三才"的观念在后出的《易
传》里方得始见。商灭夏后,建立起了以血缘宗亲为基础的分封
制。这种宗法制度一方面实行嫡长子世袭王权,同时又把疆土划分
给贵族宗亲管理。于是商王就是诸侯们的"共主"。商王自认为天
帝的儿子,是天意和人意的沟通者。而商灭夏后,治域和威权都远
远超过了夏 。"自彼氐羌,莫敢不来享,莫敢不来王。"(《诗·商
颂·殷武》)"后""伯"等称呼就与具有生杀予夺权力的"共主"地
位不相称了,于是改称为"王"。从甲骨文和金文看,王字的形体像
一个斧头(如图)。"王"字的造字用意在于用斧头象征威权。周代
商而起后,继承了宗法制和分封制,首脑仍称王。周王统治的范围
叫"天下",意思是"溥天之下,莫非王土;率土之滨,莫非王臣"
(《诗·小雅·北山》)。周王又称"天子",意思也是天帝的儿子。除
此之外,周王还有"天君""辟""辟王""辟君"等称号。周天子所
封的诸侯国的国君分别称为"公""伯"和"侯"。

　　"王"既然是至高无上的称号,那些自恃强大、不服周天子管束
的诸侯国首领也要称王。春秋时期,诸侯国纷纷强大起来,许多诸
侯国不听周天子的号令,先是楚国,接着是吴、越、蜀等国的国君
也都称王了。进入战国,七雄都自立为王,周天子反而被称为"周

君"，而"君"本指诸侯国的首领。

三、帝、皇帝（皇）：中央集权制的象征

"王"到了春秋战国，早已没有了至高无上的名分。因此当秦王嬴政统一六国后，第一件大事就是更改国家首脑的称号。经过同大臣们商量，决定启用"皇帝"这一名号。

"帝"本是殷商时人们对上天的最高主宰者的称呼。是神而不是人。在甲骨文中，"帝"或"上帝"都指天帝。帝具有比"王"更大的权威。从卜辞看，帝能支配自然现象（降雨、刮风），能降祸授福，商王的一切活动都要"帝"的批准。后期卜辞中偶有对死去的先王称"帝甲、帝丁"，那是因为商人认为死去的先王具有主宰人间祸福的神性，故用对天帝的专门称号来称呼先王。至于《史记》中对商王有"帝乙""帝辛"的称呼，当是对商人称呼法的沿用。

"皇"本是形容词，本义是"大"，与"帝"并非同义词。诗经中的"皇矣上帝"和《尚书》中的"皇帝"的"皇"都是"大"的意思。"三皇五帝"的说法，把"皇""帝"并列，视为同类，并非上古真有"三皇五帝"，而是出于战国时代人们的附会。但自有此说，"皇"字获得了"帝"的意义。秦王嬴政的"秦始皇"全称为"秦始皇帝"。这里移录《史记·秦始皇本纪》中一节，从中可见确立"皇帝"名号的过程与用意：

　　　　秦初并天下，令丞相、御史曰："……寡人以眇眇之身，兴兵诛暴乱，赖宗庙之灵，六王咸伏其辜，天下大定。今名号不更，无以称成功，传后世。其议帝号。"丞相绾、御史大夫劫、廷尉斯等皆曰："昔者五帝地方千里，其外侯服夷服，诸

侯或朝或否，天子不能制。今陛下兴义兵，诛残贼，平定天下，海内为郡县，法令由一统，自上古以来未尝有，五帝所不及。臣等谨与博士议曰：'古有天皇，有地皇，有泰皇，泰皇最贵。'臣等昧死上尊号，王为'泰皇'。……"王曰："去'泰'，著'皇'，采上古'帝'位号，号曰'皇帝'。他如议。"制曰："可。"

由秦始皇开始，到清政府倒台，中国的国家首脑一直叫"皇帝"，这个称号把神权和君权合为一体，把国家首脑神化了，把国家政权变成了专制主义的机器。在这个庞大的专制主义机器中，皇帝是专制权力的象征性符号，是高踞所有臣民之上的主人。这一称号对我国的政治制度、社会生活和意识形态、民情风俗都具有极为深刻的影响。在语言方面，就是产生了一系列为突出皇帝、神化皇帝的专用词语。如"朕"由一般代词变为皇帝专用的第一人称代词。皇帝的父亲叫"太上皇"，母亲叫"皇太后"，正妻叫"皇后"，妾叫"昭仪""贵人""妃""嫔"等，皇帝说的话叫"制""诏"，地位高于法律。皇帝的印叫玺，行动所到之处叫"幸"，皇帝专用之物和皇帝的行为词前都得加"御"：如御辇、御苑、御榻、御批、御笔、御驾……。臣民对皇帝得称呼"陛下""万岁"。

四、总统、主席：民主共和制的象征

辛亥革命后，帝号被废除，代之以总统，和总统这一名号相适应的是资产阶级民主共和的国体和选举制度以及可以限制总统权力的宪法和国民代表大会。但也是由于中国封建集权制度根深蒂固，真正的民主共和制很久未能建立。中华人民共和国成立后，国家首脑叫"主席",意为中央委员会中居主要席位者。

第三节 政令语言和政治运作

语言的交际方式通常表现为叙述、询问、感叹、祈使等4种。其中祈使是比较特殊的一类。叙述、询问、感叹等3种话语通常不要求交际对象做出与话语内容一致的行为反应,而祈使类话语由于包含了语言使用者的意志,通常要求交际对象做出与话语内容一致的行为反应。语言本身虽然不能改变现实或创造新的现实,但它可以通过对人的行为的指令来改变现实或创造一个新的现实。大人说一声"不要动",可以使孩子停止动作;家庭主妇的一声"开饭了",可以使一家人走向餐桌吃饭。在祈使类话语中我们可以清楚地看到语言对现实所能产生的改变功能和创造功能。祈使类话语从发出一方看具有指令功能,从接受一方看具有执行功能。指令功能和执行功能是祈使类话语特有的功能。

一、政令语言——政治运作的枢纽

在社会的政治生活中,与政治有关的话语按其与权力意志的关系大体可分为两类:一类尚未体现为权力意志,尚不具备指令功能和执行功能,而只是话语主体对政治问题的探讨、对政治理想的论证、对某些施政项目的建议、对某种政治学说或理论的阐述等,它们可以统称为"政论语言";另一类是体现权力意志的、已经具备指令功能和执行功能的话语,这一类可以称为"政令语言"。政令语言包括两种类型:(1)命令或禁律,它们通常以祈使句的形式发布;(2)公报、决议、政策、法律、规章等,它们记载和表述关于国家管理的系统性意见，其中既使用祈使句式，也使用陈述句式，有时甚至以陈述句式为主。尽管第二类政令语言有时不用祈使句式，但同样具有统一认识、整饬思想、规范行为的作用，整个文件就像一个大的祈使句。

政令语言和政论语言既有区别，也有联系。政论语言构筑理论，不一定直接用于管理社会。这一点它颇像哲学语言。政令语言一般不构筑理论，只是某种政治理论在社会管理中的应用形式。政论语言可以转化为政令语言。一项议案经表决而被采纳并付诸实施，就获得了政令语言的性质。但如果未被采纳或无实施可能，它就只能保持政论语言的性质。比如毛泽东的《论联合政府》，由于当时的历史没有给予实施条件，就只能一直保持政论的性质而未能成为政令。而邓小平提出的关于大陆和台湾通过谈判达成协议实行"一国两制"的设想，目前虽然尚属于一种理论形态，然而一旦条件具备，协议达成，理论就转化成了政令。

政令语言在政治运作中具有极为重要的意义和关键性、枢纽性的作用。政治的运作过程就是权力的行使过程，其目的在于贯彻统治者的意志，使社会管理达到统治者所理想的状态。社会的管理是一个巨大的系统工程。如果我们把从中央到地方的政治机构看作这一系统的"硬件"，把包括各种可能的政治理论、学说、方案、办法在内的"政论语言"看作这一系统的"软件"，那么，政令语言则是这一系统工程实施操作过程中的"语言指令"。如果这一比喻大体不错，那么我们就可以看到，在社会管理中，上述的"硬件"和"软件"固然也起作用，但是对于社会现实状况的决定和改变起着最直接作用的，则是起指令作用的政令语言，是那些命令、禁律、政策、法规。比起"语言指令"来，形形色色的"硬件"和

"软件"同社会管理的关系在效能的体现上总是要间接一些。如果不能或尚未表现为"语言指令",那么再好的理论或学说也只能是一种观念形态的东西。春秋末期,孔子周游列国,向各国君王宣传他的仁学思想,各国君王不愿采纳,孔子的思想就没能成为管理社会的政令。直到汉武帝实行"罢黜百家,独尊儒术"的政策,儒学才开始在中国大行其道,成为中国封建社会的统治思想。可见思想理论要成为改造世界、改变现实的力量,是非通过"语言指令"不可的。我们通常把政府官员的工作称为"发号施令",其道理正在于此。语言指令之所以能在政治运作中产生改造社会、管理社会的效能,根本原因在于其背后的政治权力。权力所及之处,就是语言指令发挥效能之所;权力所不及之处,也就是语言指令失去效能之所。正因为语言指令同政治权力的关系如此密切,所以革命家想要改造社会,首先的步骤是夺取权力,以求获得发号施令的资格(名分)。

二、政令语言的风格特征

政令语言在政治运作中的关键性质,决定了它与其他语体不同的独特鲜明的风格特征。最重要的风格特征是:

1. 权威性语气

政令语言的发布者,是国家首脑、政府官员、从中央到地方的政府机构(在现代还有政党的机构)。话语主体的身份以及话语的内容必然使这种语体带上权威性语气。权威是社会管理的利器,权威性语气可以加重语意,使语言获得令行禁止的效果。在我国古代,政令语言大多有专门的名称,如"命""誓""诰""令""制""策""诏""敕"等,这些名称本身就说明它们是帝王的旨意，具有神圣的、不可违抗的性质。刘勰把古代最高统治者的政令称为"诏策"，对于其权威性、神圣性描述为："皇帝御宇，其言也神。渊嘿黼扆，而响盈四表，唯诏策乎！"又说："诰命动民，若天下之有风矣！"（《文心雕龙·诏策》）如《尚书·舜典》："帝曰：'契！百姓不亲，五品不逊，汝作司徒。敬敷五教在宽。'""帝曰：'皋陶！蛮夷猾夏，寇贼奸宄，汝作士。五刑有服，五服三就；五流有宅，五宅三居。惟明克允。'"至今我们仍能从这些话中体味出那决绝无疑、不可动摇的权威性语气。有时政令发布者为了加强话语的权威性，还要假借上天的名义。又如《论语·尧曰》："咨！尔舜，天之历数在尔躬，允执其中。四海困穷，天禄永终。"这些虽是根据古史相传的记录，但我们相信它们是相当准确地描摹出了上古帝王发布命令时的语气的。到后代帝王发布诏书时，还要每每冠上"奉天承运××皇帝"的字样，以加重其话语的权威性。现代党政机关发布文告，固然已经不必使用此类字样，但是字里行间仍然必不可少地表示出话语发布者作为国家和人民代言人的资格和名义，所以仍然带有确定不移的权威语气。

2. 严谨的措辞

政令语言一头联系着权威，另一头联系着人事和社会，言出法随，关系重大。其影响所至，小则是一人的升沉荣辱，一事的成败利钝，大则是一国的兴衰。所谓"一言以兴邦，一言以丧邦"，似乎言过其实，但如果这"一言"是关键时刻关键人物的关键性话语，那么说"一言"可以"兴邦"或"丧邦"并不为过。中国古人深知帝王言论影响重大，所以强调必须慎言。《礼记·缁衣》中说："王言如丝，其出如纶；王言如纶，其出如绋，故大人不倡游言。"意思就是说君王的话出口后其影响会自然放大，所以必须慎重。唐孔颖达《尚书正义序》说：

> 夫书者，人君辞诰之典，右史记言之策。古之正者，事总万机，发号出令，义非一揆。或设教以驭下，或展礼以事上，或宣威以肃震曜，或敷和而散风雨。得之则百度惟贞，失之则千里斯谬。枢机之发，荣辱之生，丝纶之动，不可不慎，所以辞不苟出，君举必书，欲其昭法诫、慎言行也。

正由于认识到对政令语言必须慎重从事，所以古人在草拟政府文件时表现得极为严肃认真："为命，裨谌草创之，世叔讨论之，行人子羽修饰之，东里子产润色之。"（《论语·宪问》）这是说孔子主持草拟一个文件要经过四道工序。经过这样的程序，所形成的文件在措辞上都极为严谨。这种严肃认真的态度，一直被继承下来。严谨的措辞来自对现实的正确认识和准确判断，不仅能经得起语言上的推敲，还能经得起历史的检验。不过严谨是政令语言的必要条件，不是充分条件。如果对客观的认识有偏差，就会造成决策失误。决策失误产生错误的政令，会导致施政失误。即便在措辞上再推敲，其语言不仅谈不上严谨，还可能漏洞百出。比如中国1958年的"大跃进"，就是因误判形势导致的施政失误，有关发动和推进"大跃进"的政令自然是错误的，也就无所谓严谨与否。

第四节　政治变化和语言变化

政治变化通常表现为政权更迭或政治改革。它在一种语言的语音、语法两方面可能产生的影响，似乎是微不足道的，也是很难观察得到的，然而在语言的词汇和话语两个方面的影响却异常深刻而明显。

任何时代的统治思想都是统治阶级的思想。统治阶级要使自己的思想为民众接受，就要通过反复的宣传向民众灌输，使之成为覆盖并主导社会的意识形态。政治意识形态是由体现概念的语词来表达的。不同的政治意识形态可以用同一套语音体系和语法体系来传递，却不可能用同一套词汇体系来表达，于是不同时代的政治意识形态往往有各自对应的一套词汇体系。因此在一定的政治意识形态流行之时，与之相应的政治词语就充斥于社会中，流行在语言中，甚至扎根于人们的观念中。当社会政治发生变化时，人们的思想观念也随之发生变化，原来流行于社会和语言中的一些政治词语就会或迟或速地消隐，而与新时代的新政治相适应的一批新词语也就应运而生，并迅速流传开来。

比如，在儒家思想占统治地位的中国封建社会中，"忠""孝""仁""义"等既是伦理概念，也是政治概念，以这几个伦理-政治概念为核心的封建统治思想深入人心，这些词语也成为家喻户晓的褒义词语。可是在"五四"新文化运动中，要反封建，就不能言"忠""孝"；在以马克思列宁主义的阶级斗争学说为指导的民族民主革命中，要搞阶级斗争，要实现民族解放，就不能对敌人讲"仁""义"。在新时代的政治生活中，"革命""斗争"的观念深入人心，这两个词语成为使用频率相当高的日常词语。"忠""孝""仁""义"等词则分别经历了不同的命运。不仅使用频率大为降低，有的甚至被作为腐朽反动的意识形态符号而受到批判。比如在鲁迅的《狂人日记》中"仁义道德"曾被解读为"吃人"。在"五四"以后数十年中，"忠""孝"都曾被认为是封建伦理。

　　一定的词语对于一定的政治思潮不只是消极地适应和表现，在特定条件下还会产生推波助澜的作用。这种作用在反动的政治思潮遽然而兴时尤为明显。反动势力倒行逆施，必然色厉内荏，于是他们每每利用手中的权力开动宣传机器，用先声夺人的手法造成一种新的语言现实，以便借助于词语的改变来改变人们的思想和思想方法，使人们产生对于反动政治的迷狂。德国纳粹的宣传部长戈培尔的名言是"谎言重复一千次可以变成真理"。他向报界发布明确指示，"列出哪些问题应予注意以及如何对待这些问题的方式，并提供一览，分成批准使用的表达方式和此后禁止使用的词汇"，以图传播一种"与我们（按：指纳粹）国家的哲学相协调的术语"。于是《凡尔赛和约》每次在报刊书籍上或在公共交谈时都被称为"可耻"和"犯罪"，每次在有"犹太人"这个词出现的地方都狠心冷酷地使用"狡猾""鬼祟""欺诈""腐败""淫荡""背信""懦怯""寄生"和"无根无源"等这一类形容词。为了煽起反犹狂热，纳粹不仅把1918年的德国战败、《凡尔赛和约》以及共产主义的威胁经常不断地同犹太人联系起来，而且发明了一系列词语，如称犹太人为Judenknecht（犹太奴仆），称犹太女人为Judenhure（犹太婊子），称结交犹太朋友的德国人为Volksverrater（人民的叛徒），称与犹太人发生性爱关系为Rassenschande（玷污种族）。为了掩盖屠杀犹太人的野蛮行径，纳粹把abwandern（迁移）、abschieben（遣送）、ausmerzen（淘汰）、Sonderbehandlung（特别处理）等词语来指代对犹太人的"杀死"，这几个词语已经成了纳粹刽子手的行话。在纳粹语言中，fanatisch（狂热）和hart（坚定）两个词用得很多，并且总是用来代表与1933年以前相反的意思：在1933年前这两个词分别与"疯狂"和"野蛮"有着消极的联系，在1933年后的"新制度"下，要

hart就是要坚强、不屈和英勇，要fanatical就是要献身于纳粹的事业和随时准备为事业而牺牲。在二战中希特勒对fanatisch一词越来越偏爱，把这个词作为解决一切问题的钥匙。在演讲中他说"在一切人类生存中坚定和狂热是最重要的"。由于纳粹党的军国主义政策的需要，出现了一种被称为"语言的军事化"的现象："到处都听见'战斗''战役''投入''团结''前线''突破'等借自军队的词语，还有与这些词合成的粗劣的复合词，它们给新政府喜欢的任何事物都添上军事声调，比如，Arbeitsschlacht（劳动会战）指降低失业率的运动；Erzeugungsschlacht（生产会战）指的是纳粹提高人口出生率的计划；Ernahrungsschlacht（食物会战）指的是纳粹的农业政策，如此等等。"①

第五节　语言冲突和政治斗争

语言不仅是一套用于社会交际的代码系统和表达思想的工具系统，更是一定民族、部族或地区社团的人们的天然图腾。语言系统的图腾性质使具有共同语言／方言系统的人们自然地形成一个个相对独立的语言社团。于是说何种语言或方言的问题既是一个感情问题，又每每与政治或经济问题联系到一起，而且经济问题最终都会成为政治问题。

---

① 见〔美〕戈登·A. 克雷格著《德国人》一书中的附录《糟糕的德语》，中译本上海译文出版社1990年，第445—452页；更多的类似词语可参阅〔德〕维克多·克莱普勒著，印芝虹译《第三帝国的语言——一个语文学者的笔记》，商务印书馆2014年。

一、语言感情和政治凝聚力

"同声相应"的原理，在语言问题上也同样存在。一定的语言社团的成员对于自己从小学到的母语（民族语或方言）总有一种强烈的偏爱心理，这种偏爱心理在社团内普泛化就成为语言感情。客观地说，世界上没有哪一种语言或方言是绝对好的，是其他语言或方言所不能比拟的。可是每个人在心理上总觉得自己从小学得的母语是最好的，最适于表达他的思想感情。所以，尽管很多人一生可能学会使用好几种语言或方言，但是只要有可能，他们总力求用自己的母语来交谈。假如到了外国，同本国的同胞会面，日本人总喜欢说日语，英国人则总喜欢说英语，法国人则总喜欢说法语。上海人不仅在本地坚持不讲普通话，到外地见了上海人也是立即很自然地用上海话交谈。用母语交谈使他们彼此之间有一种亲切感，他们通过语言认同，彼此都有一种归属感。语言在他们之间造成一种向心力、凝聚力和排他力。特别是当谈话涉及他们彼此之间的隐秘时，为防周围外人听见，这种作用就更为明显。这种由语言感情造成的社会成员之间的凝聚力最后可能造成政治上的凝聚力。中国人同乡观念很重，固然是陈旧的地域观念的表现，但语言上的类同也是一个重要原因。

二、双/多语现象和语言冲突

语言具有鲜明的民族性，但是国家的概念不等于民族的概念，而且事实上国家的范围比民族要大。就是说，一般的现代国家常常包含好几个甚至好多不同的民族。这样，在大部分现代国家中，总有两种或两种以上的语言同时在被使用着。这种现象叫双语现象或多语现象。

双语现象或多语现象会不会导致语言冲突乃至政治冲突，那是不一定的事。假如在多民族的国家中出现了一种各民族都乐于使用的公用语，同时在各民族人口比较集中的聚居地区又使用着自己的民族语，公用语和民族语都具有同等的法律效力，那么，只要各民族之间相处得还好，一般不会由双语或多语的使用导致语言冲突乃至政治冲突。中国大陆就是一个实例。但是，假如各民族之间相处得并不和睦，那么，语言问题就往往是导致冲突的原因或契机。欧洲著名的《经济学家》杂志1978年9月某期甚至说过"欧洲的语言战争：字句可能折断你的骨头"[1]这样危言耸听的话。话说得虽然有点言过其实，但也可见语言问题同政治冲突之间的联系。

三、语言问题的政治化

语言冲突的激化演变成政治冲突，可以称为语言问题的政治化。由语言问题引起政治冲突的主要原因在于选择何种语言作为共同交际媒介的问题。

在殖民主义时代，随着军事占领、殖民统治的实现，宗主国语言作为殖民文化的一部分，也随着殖民主义的统治而进入殖民地。但一般说来，语言不能强行统一，不能要被占领区的人都不说母语。由于占领情况的不同，可能形成三种局面：1.一种殖民者语言流行在上层社会中（如独立前的印度、越南）；2.两种或多种殖民者语言势均力敌（如加拿大）；3.一种殖民者语言特别强大，最终同化了整

---

① 见陈原《社会语言学》，学林出版社1983年，第361页。

个社会各种语言（如美国）。语言问题的政治化，主要由前两种情况产生。

关于第一种。独立后的国家一般强烈反对用原来的殖民者的语言作为共同语，但是这些国家内部也并非只有一种语言，于是为选择何种语言为共同语问题，各种政治力量常常展开激烈的斗争。因为确定本民族语为共同语不仅是个感情问题，而且是个政治权力和经济利益的问题。因此，有些政党和政府领导人便利用民众的语言感情来达到政治目的。例如，印度喜马偕尔邦的领导人，为了提高本邦的地位，并使自己的邦成为语言统一的邦，曾以该邦大部分居民使用帕哈里语为由，发动了一场捍卫帕哈里语的运动。由于这一运动的影响，1991年调查时，拥护帕哈里语为本族语的人增加了280%。然而帕哈里语实际上是各方言的综合，不具备大家公认的重要标准。又如1980年印度竞选期间，几个主要政党都在自己的纲领中提出了要捍卫乌尔都语的口号。这是因为乌尔都语在语言学方面的特点使之具有较高威望，提出这一口号有利于提高自己政党的威信。由于忠实于某种语言的感情，所以当某一政治集团提出捍卫某一语言时，能得到使用该语言的所有人（不论其地位、财产状况如何）的热烈响应。比如1928年，印度尼西亚上层社会仍通行荷兰语，但广大群众对马来语更感亲切，因此当马来语被宣布为国语时，对于发动群众投入民族解放运动起了重要作用。①

第二种情况：在加拿大，说英语的占59%，说法语的占28%，这种情形造成了英语世界和法语世界的严重冲突。加拿大语言英法

① 参见〔苏〕尼科尔斯基《语言与政治思想斗争》，《现代外国哲学社会科学文摘》1982年第8期。

两极的状况是殖民文化的发展结果。长期以来，英语区主要从事工商业活动，法语区主要从事农业活动。英语在政府、军队和大商业活动中占统治地位。直到第二次世界大战为止，法语区的教育不如英语区发达，因此法语区的政治代表人物常常以法语受压为理由，要求把法语区从统一的国家分出去，成为独立国家。

第十一章　语言和神话及宗教

第一节　神话和宗教的起源和语词魔力

一、人性的两重性和神话－宗教意识的产生

在这个世界上，唯有人是最难认识和理解的事物。人之难于认识和理解，原因在于人性的复杂。然而人性无论怎样复杂，却总是逃不出人本身存在着相互矛盾、相互对立的两重性。人之所以称为人，是因为它已脱离了动物界，然而人从来没有也永远不可能摆脱动物的某些基本属性。人之所以称为人，是因为人具有动物所不具备的认识能力和创造能力，它凭借着这独具的认识能力和创造能力建立了家庭、社会和从最原始的到最先进的工具，建立了人类独特的生存生活方式，从而不断地从必然王国走向自由王国，终于成为地球上的主宰者。然而人们却发现伴随每一点进步的却是人类本身某些可贵品性的丧失，伴随每一点自由获得的是另一种束缚的产生，伴随解救而来的是新的压抑，伴随幸福而来的是新的烦恼、困扰甚至痛苦，伴随征服而来的是新的惩罚，伴随认识而来的是新的困惑，伴随伟大的独尊感而来的是渺小卑微感。更根本的一点是，伴随着生命而来的竟是死亡的必然性。人本来总是以为自己是无所不能的，

但是到头来却常常感到自己在各方面的无能为力。这种两难情景的根源在于人性中自尊和自卑、伟大与渺小、精神的超越性和肉身的不可超越性等两重性的存在。自尊使它敢于追求和创造，使它总是向自己提出更高的奋斗目标，因此，人总是在不断追求，然而似乎永远也追求不到自己所要的东西。当感到自身的渺小和无能为力的时候，人就把对自身的崇拜转向对外在事物的崇拜。他似乎感觉到世界上有一种比自己更为强大的力量在主宰着自己的命运，甚至连这个世界的一切，包括人本身，都是那无所不能的力量所创造的。这个力量的拥有者就是神。神既然强大无比，那它就既能授福，也能降祸，而人只要对之谄媚和崇拜，使神高兴，就可以避祸得福。与神相对的是只有破坏力、只能带来灾难的魔鬼，只有神才能降住魔鬼，得到神的庇佑才能避免魔鬼的侵害。在这种对世界关系扭曲颠倒理解的基础上形成了最初的神话意识和宗教意识。马林诺夫斯基说："宗教是和人类基本的，即生物的需要有内在的，虽为间接的联系。好像巫术一样，它的祸根是在于人类的预测和想象。……只要人们一旦不仅和他们的同代人，而（且）和他们的前代人与后裔开始做共同的活动，许多关于人类命运在宇宙中的地位的忧虑，预测和其他各问题便都发生了。这里，我们也必须坚决主张：宗教并非产生于玄想，更非产生于幻觉和妄解，而是出于人类计划与现实的冲突，以及个人与社会的混淆。"① 他又说："人类生活上的每一重要危机，都含有情绪上的扰乱，精神上的冲突，和可能的人格解组。这里成功的希望又须与焦虑和预期等相挣扎着，宗教信仰在乎将精

---

① 〔英〕马林诺夫斯基著、费孝通译《文化论》，中国民间文艺出版社1987年，第75页。

神上的冲突中的积极方面变为传统的标准化。"①马林诺夫斯基的这些话不仅可以帮助我们对神话和宗教的起源获得文化功能上的理解，而且还可以使我们对这样的疑问得到一定程度的解释：为什么现代不少著名的自然科学家同时又是虔诚的宗教信徒。

然而神佛魔鬼到底什么样子，谁也没有亲见。早期的人类只好凭借自己幼稚而丰富的想象力，再按照自己的形象和动物的形象加以推断，使神鬼获得了人或某些动物的形象特征和性格特征，再加上人所不具备的某些形象特征和能力特征。于是就有了人首蛇身、狮身人面、三头六臂、九尾狐狸等形象，有了神的喜悦愤怒同阴晴、洪水、风暴等自然现象种种关系的说法。人既然有名字，神鬼也必然有称呼，于是上帝、宙斯、风神、雷公、河伯、共工、伏羲、女娲、安拉、普罗米修斯、维纳斯、撒旦、阎王等神鬼的名称也就被一一创造出来。

二、神话思维和语词魔力

不过，上述关于神话和宗教起源过程只是我们站在今天的立场上对于这一过程的逻辑性的概述。实际上，原始的神话和宗教产生于人类早期的蒙昧幼稚阶段，当时的人根本没有这样一种逻辑推断能力。那么，原始的神话和宗教是怎样形成的呢？据现代哲学和人类学研究证明，在人类的早期，一方面在创造语言，与此同时也在创造神话，语言的产生和发展过程同时也就是神话的产生和发展过程。在创造语言和神话之初期，人类并不是按照逻辑思维来看待事

---

① 〔英〕马林诺夫斯基著、费孝通译《文化论》，中国民间文艺出版社1987年，第78页。

物的，而是用独特的"神话思维"的方式。这种思维卡西尔称之为
"隐喻思维"[①]。它的基本原则是"以部分代全体"。比如可以按事物
的特征，把大象称作"两只牙的"，可以按事物的属性把月亮称为
"发光之物"。按照这一原则给神命名的时候，就会用具体事物的名
称代替神的名称，如"宙斯"（Zeus）本义是"天"，相当于梵文的
Dyaus，由于把宙斯神化，"天"成了主宰天空之神，于是就产生了
宙斯的神话，"天降雨"也就成了"宙斯降雨"。[②]无独有偶。汉语中
的"天"，也是既指天空，又指老天爷，天下雨也就是老天爷下雨。

　　在这种思维原则之下，神的特性、名称和神本身是合而为一的。
如"盘古"一词，按照一些外国学者的分析，是"盘绕起来的古代"
的意思。这一解释同中国神话传说中开天辟地的"盘古"故事内容
颇能吻合。《太平御览》引徐整《三五历纪》："天地混沌如鸡子，盘
古生其中，万八千岁；天地开辟，阳清为天，阴浊为地；盘古在其
中，一日九变，神于天，圣于地，天日高一丈，地日厚一丈，盘古
日长一丈。如此万八千岁，天数极高，地数极深，盘古极长。后乃
有三皇。"又徐整《五运历年纪》："首生盘古，垂死化身，气成风
云，声为雷霆。左眼为日，右眼为月，四肢五体为四极五岳，血液
为江河，筋脉为地理，肌肉为田土，发髭为星辰，皮毛为草木，齿
骨为金石，精髓为珠玉，汗流为雨泽；身之诸虫，因风所感，化
为黎氓。"朱狄认为："因为把线状物体紧缩起来的最好方式就是
'盘'，原始人认为时间也可以像线状物体那样被'盘绕'起来，……
唯有这种盘绕，才可能把一万八千年的时间紧缩在一个蛋形的实体

---

① 参见卡西尔《人论》（中译本）甘阳序，上海译文出版社1985年。
② 朱狄《原始文化研究》，三联书店1988年，第669页。

之中。"①又《庄子·应帝王》："南海之帝为倏,北海之帝为忽,中央之帝为混沌。倏与忽相与遇于混沌之地,混沌待之甚善。倏与忽谋报混沌之德,曰:'人皆有七窍,以视听食息,此独无有。'尝试凿之,一日一窍,七日而混沌死。"这个具有寓言性质的神话故事中的神名"倏""忽"和"混沌",命名的原则也是隐喻,即以语词的意义表示神性,从而使神性、神名和神本身统一在一个语词中。在汉语中,这种统一还表现在汉字的构形上。如"神"的本字"申",在甲骨文和金文中像闪电之形:♪ ⑤;"天"从一、大,"大"即人,"一"为头顶,"天"字字形命意为天神的至高无上;"太昊"为日神,"昊"从日、天会意;"炎帝"为火神,"炎"字从二火;等等。

　　由于神是不可见的想象之物,神的名称又表现了神的特性(神性、威力),于是对神的崇拜就变成了对神的名称的崇拜。"语词(逻各斯)实际上成为一种首要的力,全部'存在'(Being)与'作为'(doing)皆源出于此。在所有神话的宇宙起源说中,无论追根溯源到多远多深,都可以发现语词(逻各斯)至高无上的地位。"②基督教经典的《约翰福音》起首一段是"天之初,语词给予天父以其初"。在普罗斯写的《尤多多人的宗教和神话》中发表的他收集到的一篇尤多多印第安人文献中,也有这样类似的一句。可见,在原始的神话和宗教中,语词是具有神通和魔力的,它被抬高到了宗教这一神圣的领域。印度佛经《百道梵书》说:"众神皆凭口说的语词,万兽和人也无一例外;世间造物皆存于语词之中,……语词乃不灭之物,天道之长子,《吠陀》之母,神界之脐。""世间造物皆存于

----

　　①　朱狄《原始文化研究》,生活·读书·新知三联书店1988年,第172页。
　　②　卡西尔《语言与神话》(中译本),生活·读书·新知三联书店1988年,第70页。

语词之中"这句话一语道破了神话思维的奥秘：神就是语言创造的产物，造神和创造语词过程是同一的。这种神界和语言世界的一致性表现的语言本体论同我们前述的"世界的语言性"，其性质相当接近，二者差别仅仅在于：神话思维的"世界"指神的世界，哲学思维的"世界"主要指物质世界；神话思维导致语词魔力信念，哲学思维则力图把人类精神引向理性的澄明之境。

第二节　从语词魔力信念到语言拜物教

从上述这种对语词魔力的迷信到语言拜物教的形成其实只有一步之遥。所谓语言拜物教并非实有的宗教，而是指对语言本身及其功能的神化。

一、语言本身被神化

语词既然有那样大的神通和魔力，那么它究竟是怎样产生的呢？它到底是什么东西呢？基督教认为语言是上帝创造的，上帝用泥土造成了人，赋予人类以各种能力，其中包括语言能力，上帝还给世上的万物起了名字。后来，亚当和他的子孙们商量着造一座通天的塔，上帝为了阻止人类的胡作非为，就把人类的语言搞乱了，使他们彼此都听不懂。于是就形成了世上的各种各样的语言。古印度的婆罗门教人更进一步把语言本身看作是神。在公元前1500年写成的梵文《吠陀》经中，说语言是母牛，呼吸是公牛。在婆罗门教人心目中，牛是神的象征，说语言是母牛也等于说语言是女神。《吠陀》还说，语言女神的名字叫伐克（Vak），她有无比广大的神通。她说："我心爱的人，我使他强大，我使他成为婆罗门弟子，伟大的先知，我使他聪慧，我为鲁德拉（雷神）弯弓，射死仇恨婆罗门教的敌人。我为人民作战，我渗透天地。我把父亲背上世界的顶峰；我的出处是在海水里；我从那里出来，混在众生中，身躯能及苍穹，我呼吸如风，比天还高，比地还大，我是这样伟大的。"[①]

二、语言的功能被神化

语言本是人类社会的交际工具，可是在神话和宗教里，语言既然是神所创造的，神又是无所不知、无所不能的，那么神必然也懂得人的语言，于是语言又获得了人与神之间的交际功能，成了沟通人神两界的媒介。各派宗教都有对自己所崇拜的神的赞颂阿谀的词句，有的还编成诗歌，配上音乐，便于唱颂，这些说唱都是为了取悦神，以求获得神的庇佑。各派宗教都有祷告仪式，就是要把自己求神帮助的事说给神听，以求获得神的支持帮助。有的宗教教派还有忏悔仪式，目的是把自己的过失说给神听，表示悔过之意，以求获得神的宽恕谅解。以上这些属于祈请类型，一般称为祝词。与祝词作用相反的是咒语。咒语是使用恶毒的诅咒来驱除鬼魅，被去凶邪。同祝词相比，咒语更能显示语言的魔力，所以被原始巫术和各派宗教广为利用。大洋洲的某些部族还把学咒语当作上层分子（贵族）受教育的主要内容。无论播种、恋爱、复仇都有专门的咒语，他们相信咒语可以使庄稼丰收，使变心的情人回心转意，使仇人气绝身亡或猝然暴死。如果念咒错了一个字，就会失去灵验。中国道教的咒语更是五花八门。据道教经典《太上三洞神咒》记载，光"雷霆召役神咒"就有什么"三十六雷总辖咒""七十二侯

[①] 参见王希杰主编《语言学百题》，上海教育出版社1983年。

都总咒""开旗咒""卓剑咒""巡坛咒""助威咒""用剑咒""行净咒""变神咒""步罡咒""会兵咒""致雨咒""五雷治病咒""勘合符咒"等多种。比如在通常患病驱鬼时，念的咒语是：

> 天蓬天蓬，九元杀童，五丁都司，高刀北功，七政八灵，太上浩凶，长颅巨兽，手把帝钟，素枭三神，严驾夔龙，威剑神王，斩邪灭踪。

念此咒语时，要念一句啄齿一下。据说这样就可以召来神灵帮人诛鬼，只消念三遍，鬼就会"眼睛盲烂而身既死"。[①]

咒语被认为不仅能驱鬼避邪，也能召鬼害人。如《红楼梦》第二十五回写赵姨娘想谋害王熙凤和贾宝玉，买通了马道婆。马向赵要了纸，剪成两个纸人，把王贾二人的年庚写上，又找了一张蓝纸，剪成五个青面鬼，拿针钉在一起，马道婆回去一作法念咒，王贾二人立刻就中了邪。幸亏遇着一个癞和尚和跛道士，念了几句咒，过了三十三天，二人的病又都彻底好了。

三、文字及其功能被神化

文字本来是记录语言的工具，但是在语言及其功能被神化的情况下，从科学角度认识文字的本质自然是不可能的事。《淮南子》里说："昔者仓颉作书而天雨粟、鬼夜哭。"这是说明文字的发明是件了不起的事，以致惊动了上天和鬼神。中国古代有"敬惜字纸"的传统，有文字的东西不能乱扔，要放在标有"敬惜字纸"的容器里

[①]　参见葛兆光《道教与中国文化》，上海人民出版社1987年，第95页。

积起来烧掉。有人为了做善事，还花钱修了专门的塔，收集字纸存放在内。这一行为一方面有尊重知识的心理，同时也包含有对文字的迷信和崇拜。

文字的功能被神化的一个例证是把文字当成所指称的事物本身。有的巫医利用群众对文字的迷信，在降神治病时说出一些稀奇古怪的药名，如"天上的龙鳞草""竹里虾蟆""仙人脚趾甲"等，叫人一一写在纸上，然后叫病家拿去烧成灰就水喝下去，说是这样能治病。

文字功能神化的顶点就是符箓的产生。符箓本是巫术所使用的一种特殊的"文字"（或图形），由巫师把现成的文字加以变形而成，据说巫师在其中注入了神力，可以辟鬼祛邪、逢凶化吉。许多民族都有这种东西。在中国，符箓被道教利用后，它的使用范围被扩大到各个方面，成为道士的一个法宝。比如"三尸"是道教所谓在人身上作祟的三种鬼魅，除"三尸"的符箓是这样的[1]：

语言文字功能被神化的心理基础是把语言文字和它指称的事物或现象合而为一。这种心理在现代社会中仍能产生。据报载，20世纪90年代日本少女中兴起一种贴橡皮膏的时髦：当在恋爱中失意，就把男朋友的名字写在手腕上，贴上橡皮膏，相信这样可以使对方

---

① 采自葛兆先《道教与中国文化》，上海人民出版社1987年，第101页。

回心转意。又据报道，广州有些生意人，喜欢在大门贴上写着"门口土地财神"的红纸，按时供以香烛。这种心理再进一步，就会把与美好事物的名称同音或近音的字词也看成美好的字词，民俗中的所谓吉祥字词或吉祥事物好多就是这样产生的。如年画上的蝙蝠和梅花鹿的图形是用以谐音"福""禄"二字的，鲤鱼图形是与"年年有余"的"余"字谐音的，在婚床上撒"枣"和"栗子"谐音"早立子"，等等。某些数字在中国成为吉祥数字，也是由谐音产生的心理联想的结果。

四、言语禁忌

言语禁忌是指在言语运用中某些词语（包括文字）不许说（写）出或不许随便说（写）出。这一现象的根源也是对语言神力的崇拜心理和把言语同事物或现象合而为一的错误想法。只不过它采取了与一般崇拜中"反复说出"相反的方式——禁止说出，或禁止随便说出。

1. 人名避讳

人名是指称某一人的语言符号，由于经常和特定的人相联系，似乎就成了这个人的一部分。于是在有些民族中就产生了一种迷信，似乎提到某个人的名字就会对这个人产生不利作用。喀菲尔斯坦人的妇女没有当众说出丈夫名字的权利，甚至连含有丈夫名字的一个音节的那些词也要避讳。中国古代人往往在名之外另起一个"字"，一般交往中只称字不称名，最初也是为了避免说出本名，沿用成习，称字不称名就成了尊重的表示。在中国古代，尊长者的名字是不能说出来的，不得已而说时，前面也要加一个"讳"字。在笔者家乡浙江天台，平辈孩子间是不能称呼对方长辈的名字的，如果双方在吵架骂仗时，只要把对方长辈（父母、祖父母）的名字不断重复地喊出，就算是骂人。在中国封建社会中，皇帝名字所用的字（包括同音字）禁止在一切场合使用，由此产生了种种避讳方法。一种是改用同义或近义的字。如秦始皇名政，一名正，所以秦代称正月为端月。汉高祖名邦，汉代文献中就把所有"邦"字改成"国"字。不仅皇帝本人的名字要避讳，连皇帝祖先的名字也要避讳。宋太祖的祖父名（赵）敬，宋代人书中就把所有该用"敬"字的地方改用"恭"或"严"，同音的"镜"改用为"鉴"。另一种是缺笔法。唐太宗叫李世民，唐代人除了把"世"改用为"代"，把"民"改用为"人"外，另一种方法就是把"世"字下边的横笔和"民"字的最后一笔不写。每一个新皇帝登基，总有一大批人必须改名。有的权势很大的达官贵人的名字，别人也不许说出。（西方社会中少有此类禁忌，有的地区孩子甚至可直呼长辈名字。）

2. 对不吉利的字词的避忌

由于把语词与所指称的事物和现象等同起来，人们对于指称怕见厌见的"不吉利"的事物和现象的字词就产生了避忌心理。实在难以避开时，就改用一种委婉语来称说。最常见的是对"死"字的避忌。古代改用的词语有"崩"（帝王用）、"薨"（诸侯用）、不禄（大夫用）。唐代二品以上官员的死也叫"薨"，五品以上叫"卒"，五品以下至庶民才叫"死"。其他如"仙逝""逝世""过世""老了""不在了""牺牲了""光荣了"等都是"死了"这一共同现象的不同情境中的委婉语。与死亡有关的事物也有委婉语，如棺材叫"寿材""寿木"，死人穿的衣服叫"寿衣""装老衣"，花圈叫"寿花"。江南水乡行船人忌"住"，把与"住"同音的"箸"说成与"住"反义的"快"，于是造出了"筷"字，并产生了"筷子"一词。

长沙人认虎为不祥之物，忌虎说猫，于是老人把当地的"府正街"改说成"猫正街"。旧时戏班子忌讳说"散"，于是连雨伞也得说成雨盖、雨遮、雨挡、雨拦。广东话"四""死"同音，于是忌说住四楼，而说住"3+1楼"。杭州人因忌讳"四"的音，出租车带4字的牌号没有人要。西方人以为"十三"是不吉利的数字，于是很多大楼无十三层楼，中国许多新建的大楼为适应这一心理，也取消了第十三层楼的序号。

第十二章 语言和文学艺术

第一节 文学语言的特殊性质

文学是一种艺术，但这种艺术同音乐、绘画、雕塑等艺术形式根本不同的是，它用语言材料作为自己的构造手段，并以语言材料的超常使用所能造成的最佳艺术效果作为自己的追求目标。音乐使用的手段是旋律和节奏，它追求的是听觉上的美感效果。绘画使用的手段是色彩和线条，雕塑所使用的是泥、木、石、金属材料，二者所追求的都是视觉上的美感。文学作品虽然也可听，可看，但是同欣赏音乐、绘画、雕塑不同的是，听、看文学作品时，我们领略到的是一个以各种语言手段构筑起来的"意义世界"。这个意义世界和我们日常生活的世界相比既相似又不同，令我们感到既亲切又陌生。我们被作者用语词编造而成的艺术境界和艺术形象所感染，从中获得的是美感享受而非道德上的教谕。

文学作品都是用语言写成，然而并非用语言写成的就是文学作品。尽管文学作品和非文学作品的界限一直难以截然划分，但是从最典型的文学作品（如诗歌）和最典型的非文学作品（如政论），语言运用的特点却是泾渭分明的。卡西尔说："诗人不可能创造一种全新的语言。他必须使用现有词汇，必须遵循语言的基本规则。然而，诗人不仅为语言赋予新的语言特色，而且还注入了新的生命。"文学家确实不能创造另一种语言，他必须使用自然语言来写作。如果他别出心裁地创造出一种新的语言来进行写作，即便自认为艺术价值很高，但没有人能懂，还是没有用。但是诗人使用语言必须具有创造性。如果不能创造性地使用语言，而满足于一般的"明白如话""朴实无华"，这样的语言也是没有艺术生命力的。文学是语言的艺术，意谓文学语言必须是艺术性的语言创造。

作为艺术创造的文学语言，其特殊性究竟何在呢？在文学理论研究中有一种语言本体论，认为文学的本质特征在于语言形式，作为艺术品的文学创造，其价值在于它是一个特殊构造的语言事实。文学以语言组成自己的形式，这种形式是一种对现实的普通语言"陌生化"和"疏离化"的结果。节奏、韵脚、格律等技法的使用是诗歌语言"陌生化"的途径，所用词语意蕴的突然、丰富、深厚以致令人困惑，是诗歌语言与常规语言疏离的表现。在小说的叙述结构方面，使普通语言"陌生化"的表现就是与一般故事不同的情节和叙事手段。因此，文学作品的语言是一个特殊的语言等级，是与自然语言相对立的。自然语言的首要功能是指向世界的"存在"以沟通信息，文学语言以自我为中心，它的功能是排除外向指称，只把注意力放在形式和技巧方面，使事物显出自身的特殊性，从而改变人们的感觉方式，使之获得一种审美效果。于是，文学的本体不在于对生活的模仿，不在于对作者心灵的表现，而在于文学的语言形式本身。文学变革也不是社会变革的反应或副产品，而是文体和风格自我生成和自我封闭的序列运动的逐步展现，文学史上新旧文体的嬗变也是文学语言"陌生化"过程的部分表现。应当承认，这种把语言形式看作文学的本质所在的理论确实抓住了文学的根本特征，尽管它有过于排斥意义之嫌。[1]文化语言学考察语言和文学的关系，主要是探讨语言形式和文学形式之间的关系，因此，这种看重形式的文学语言本体论对文化语言学研究具有重要的借鉴价值。

第二节　语言模式与诗歌的形式特征

一、语言的类型和诗歌的节奏类型

各种文学样式都必须以语言材料作为自己的构造手段，但是不同的文学样式对语言材料的各种功能在使用上各有侧重。戏剧侧重于语言的会话功能，小说侧重于语言的叙事功能，诗歌则侧重于语言的抒情功能。会话和叙事一般要求尽量采用自然语言的节律，抒情固然也可以采用自然语言，然而在诗歌中，则要求将自然语言的节律加以改造，使之具有一种整齐和谐的节律美。诗歌中的格律体的节奏尤为鲜明，对自然语言节律的改造也尤见功夫。萨丕尔《语言论》说："大概没有别的东西比诗的声律更能说明文学在形式上依靠语言了。"郭沫若《论节奏》说："节奏之于诗是它的外形，也是它的生命，我们可以说没有诗是没有节奏的，没有节奏的便不是诗。"但是，诗歌语言改造自然语言的节律，首先必须在自然语言的基础之上进行，必须尊重并充分利用自然语言的本身特点。在自然语言的构成要素中，语音是诗歌节律的物质承担者。不同语言的

---

① 参见霍克斯《结构主义和符号学》（中译本），上海译文出版社1987年。又见王岳川《艺术本体论》，上海三联书店1994年。

语音体系和语音结构的特点不同，决定了不同语种之间诗歌节律的差异。

古希腊语、拉丁语的语音特点是元音有长短之分，并且长短音是相间交替的，因此其诗律由长短音结合形成音步。这两种语言的重音性质有所不同：古希腊语的重音是该音节乐音的高音，拉丁语的重音常落在长音上。因此，拉丁诗的长音步同时兼为重音，短音步兼为轻音，其重音在构成诗歌节律中的作用较古希腊语明显。用梵语写成的古印度史诗也是由长短元音的不同构成音步。这三种语言的诗律都是由长短音相间构成的长短律。属于日耳曼语支的英语、德语是重音节拍语言。其元音没有成系统的长短对立，却有音节上重音和非重音的明显区别。轻重并不与音节长短相联系，但重读音节音长大体相等。由此决定了英、德等语言诗歌节律是轻重音节交替的轻重律。

属于罗曼语支的法语也无配对的长短元音系统，重音系统又不如英、德语鲜明突出，轻重音节之间音量差异不大，但法语为音节节拍语言，每个音节所花时间大体相等，音节本身响亮，音量、音势平稳，节奏感强，音节兼容高低、轻重、强弱诸要素。这些特点决定了法语诗歌节律是由一定的音节数、一定的"顿"数构成的音顿律。

日语语音最明显的特点一是几乎全部开音节，二是节拍短促而鲜明。其音节构成方式只有4种：单辅音加元音、纯元音（包括单元音和复合元音）、拨音、促音。其重音为由音高差别形成的乐调重音。每词节拍数不同，但每拍长度相同，长音相当于2拍。促音后为一空拍，类似音乐的休止拍。每词首拍为高音，次拍则为低音；首拍若为低音，次拍则为高音。这些语音特点决定了日语诗歌依赖节拍数量和音高差别形成的高低律。

　　汉语格律诗（近体诗）形成于中古，中古汉语的语音结构与格律有关的主要特点是：1.单音节孤立性，即音节既是语音单位，又是语义（字义）切分单位（多音节语词绝对数量不多）；2.音节有音高变化和舒促差异形成的平、上、去、入四声，舒声（平上去）和促声（入）有音段长短之差，但平声可任意平行延长，上去入声不可以任意平行延长。因此，汉语格律诗的声律材料按声调可否任意平行延长分成平（平声）仄（上去入）两类，在诗句中体现为平仄相间的平仄律。

　　上述各语言诗歌节律构成情况列表对比如下：

语言种类	诗律性质	诗律材料（超音段成分）	诗律模式
1.古希腊语/拉丁语/梵语	长短律	长短音	- — - - — -
2.日耳曼语	轻重律	轻　重	◡—◡—◡—
3.罗曼语言	音顿律	音节顿数	●—●—●—
4.日语	高低律	音拍顿数	∘∘∘∘∘∘
5.古汉语	平仄律	声调	—｜—｜—｜

第1种长短律的构成原则是依靠音长对比，以长短相间见节奏；第2种轻重律的原则是依靠音强对比，以轻重相间见节奏；第3种音顿律是依靠音节顿数和呼应，以音顿相间见节奏；第4种高低律的原则是依靠音拍的高低顿促见节奏。古汉语诗歌的平仄律是依靠音节数和声调对比，以平仄相间见节奏。这些声律节奏系统的每一种都跟其

语言中具有对立价值的超音段成分相适应。[①]

二、语言形式的演变与诗歌形式变化

1. 语言演变和句式变化

语言的形式不是一成不变的，诗歌的形式受到语言的影响，也要发生变化，从古代诗歌形式到现代诗歌形式的演变过程去看它所受到语言形式变化的影响，可以进一步观察语言与文学的密切关系。

以汉语为例。上古汉语是比较简单的单音节语，反映在诗歌中便是简单的双音一顿的节奏形式。如《弹歌》是一首流传下来的古朴的原始歌谣，一词为一字，两字为一句，全篇为四句八字："断竹，续竹，飞土，逐宍。"[②]内容是记录远古时代制造弹弓、弹出土丸、追赶飞禽走兽的狩猎生活片断。据风格看，可能是流传下的古谣谚中最早的。

到西周时代，汉语词语虽仍以单音节词为主，但已出现了一部分双音词，如叠音的"关关、绵绵、赫赫、炎炎、坎坎"等，双声叠韵的"参差、踟蹰、匍匐、鸳鸯、夭绍、绸缪、婆娑、委蛇、蟏蛸"等。一般词汇中也有不少双音词，如"君子、淑女、兄弟、公子、武夫"等。这一阶段的社会生活也比远古时代复杂。因此反映社会生活的诗篇不仅篇幅较《弹歌》要长，而且句式也变成了以四字一句为主的形式。《诗经》中的诗句就是这一时期诗歌的主要形式。

---

① 见张洪明《语言的对比和诗律的比较》，《复旦学报》1987年第4期。（引述时对表格略有改动）

② 见［清］沈德潜编《古诗源》卷一，中华书局1963年新1版，第21页。沈注："宍，古肉字。二字为句。"

五言、七言句式的形成也有语言背景，主要是汉、魏以后，中原文化和西域文化接触，尤其是佛教传入中国，通过翻译产生出大量的双音节词（如如来、观音、菩萨、罗汉、佛陀等）。汉语受拼音文字的影响也从内部滋生了大量复音词，原来的四言一句的形式就满足不了表达的需要，于是就产生了五言体和七言体。首先是在文人诗作和民歌中普遍采用五言句式，有的诗句系由诗经改来，最能见出这一变化痕迹，如《诗经·兼葭》中"白露为霜""道阻且长"二句，到了《古诗董娇娆》中就扩展为"白露变为霜，道路阻且长"。在曹丕的《燕歌行》中，全用七言句式，于是"白露为霜"的句意也复杂化，加上"草木摇落"成为"草木摇落露为霜"。五、七言句式形成后，一直作为中国古典诗歌的主要句式，时间长达1000多年。

到近代以后，汉语又有了进一步的发展，不仅双音词继续产生，而且产生了不少三音、四音的乃至更多音节的句式。五四以后通过翻译，多音节词语大量产生。在语法形式上，通过实词虚化，产生了大量虚词，构词成分中也产生了不少词缀和类似词缀的形式。五、七言的固定句式显然不适应这一变化，于是在新文化运动中，随着白话文取代文言文，诗歌形式也由旧式的五、七言改为较为自由的新诗。新诗每句的字数没有固定标准，视表达需要而定，与活泼的口语较为接近。但过于自由，失去约束，致使散文化的倾向发生。

2. 语言演变和格律变化

汉语的古典诗词格律产生于中古的齐梁时代，鼎盛于唐宋，衰落于近现代。为什么上古产生了那么多瑰丽的诗篇，却没有产生格律诗和有关格律的理论呢？有一种意见认为，上古汉语并没有超音段特征的声调，声调是随着语音变化而在中古时代形成的。中古以后的四声区分是由先秦时代某些韵尾的失落形成的。中古的上声来自喉塞韵尾的失落，去声来自擦音韵尾的失落。这些韵尾本是音段成分，失落后转化为超音段成分，四声的分别由此形成。所以上古诗歌不讲平仄是由于没有四声的分别，中古以后诗歌格律的产生是由于四声的产生，现代诗歌格律的衰落是由于中古以来的四声性质已发生重大变化，如入派三声、平分阴阳、轻声产生和连读变调发生等，这些变化不仅打破了原有的四声格局，而且四声的调值也产生了性质不同的变化（如入声消失，使原来入声与非入声的对立不复存在）。这一切使原来的平仄律赖以生存的物质外壳解体了，使得新诗再也不能照搬中古时的平仄律。[①]至于新诗应否建立格律，建立什么样的格律，学术界有各种主张，意见都还不成熟。新诗的格律还要在诗歌创作实践中进一步摸索。

第三节　文学对语言的影响

一、文学对词语形式的影响

不仅语言的模式对文学的形式（主要是诗歌的形式）有影响，反过来文学对语言也能发生影响。文学本身就是由语言构造而成，优秀的文学家都有深厚的语言修养，他们的作品往往经反复推敲、千锤百炼而成，经受了历史的考验，流传广泛，有的篇章甚至家喻户晓。因而，文学作品的语言自然要影响到日常的语言。对词语形

---

① 参见张洪明《汉语近体诗声律模式的物质基础》，《中国社会科学》1987年第4期。

式的影响主要有：

1. 成语的产生

成语是词汇的一部分，它的形成有一个过程。中国古代并无词、语的概念，造句以字为结构单位，"词"过去是指虚词。有些双声、叠韵词被称为"连语"或"辞"。"成语"的概念形成很晚，大约是清代的事。《红楼梦》第二十八回宝玉讲行酒令的法子说："如今要说'悲''愁''喜''乐'四个字，却要说出女儿来，还要注明这四个字的缘故。说完了，喝门杯，酒面要唱一个新鲜曲子，酒底要席上生风一样东西——或古诗、旧对、'四书'、'五经'、成语。"可见成语这个名称最初是指出自古书中的现成语句。如"万寿无疆、桃之夭夭、兢兢业业、战战兢兢"（《诗经》），"青出于蓝"（《荀子》），"一鼓作气"（《左传》）。但是许多成语并非古书中的现成话语，而是由概括古书中的典故或是古文中的某些句意而成，如"狐假虎威、自相矛盾、城门失火、草木皆兵、一日三秋"等。这些成语之所以形成四字的格式而不是五字或三字，除了四字的形式不长不短，既足以概括成语的丰富含义，又不致显得奇零不偶或过于烦赘外，还有文学经典《诗经》多为四字句的深刻影响。另外，汉赋、六朝骈文中也都有大量的四字句，这些四字句对于成语采取四字的形式也都有不同程度的影响。

2. 成语以外的"四字格"

成语以外，汉语词汇中还有大量的按固定格式形成的"四字格"，如"有×有×"（可嵌入"吃穿""说笑""时晌""山水"等），"没×没×"（可嵌入"大小、老少、早晚、年月"等），"不×不×"（可嵌入"说笑""男女""大小""好坏"等），这些单位虽不够成语的资格，却是一种常见的构词格式。这些格式的形成，也多少受了古诗赋或骈文四字句的影响。

二、文学对书面语行文格式的影响

由于古典诗赋的四字格句式源远流长、又铿锵悦耳，连用排比起来，颇有势如破竹之感，故古今文人深受影响，在行文中都喜欢使用四字一顿的行文格式。试举三例（下加线为四字顿）：

贾谊《过秦论》： 秦孝公据<u>殽函之固</u>，拥雍州之地，<u>君臣固守</u>，以窥周室，有<u>席卷天下</u>，<u>包举宇内</u>，<u>囊括四海之意</u>，<u>并吞八荒之心</u>。……

《红楼梦》第一回： 谁知此石自经<u>锻炼之后</u>，<u>灵性已通</u>，<u>自去自来</u>，<u>可大可小</u>；<u>因见众石俱得补天</u>，<u>独自己无才</u>，<u>不得入选</u>，遂<u>自怨自愧</u>，<u>日夜悲哀</u>。一日，正当悲悼之际，俄见<u>一僧一道</u>，<u>远远而来</u>，<u>生得骨格不凡</u>，<u>丰神迥异</u>，来到这<u>青埂峰下</u>，<u>席地坐谈</u>。……石头果然答道："……况且那野史中，或<u>讪谤君相</u>，或<u>贬人妻女</u>，<u>奸淫凶恶</u>，<u>不可胜数</u>；<u>更有一种风月笔墨</u>，其<u>淫秽污臭</u>，<u>最易坏人子弟</u>。至于<u>才子佳人</u>等书，则又<u>开口'文君'</u>，<u>满篇'子建'</u>，<u>千部一腔</u>，<u>千人一面</u>，且终不能<u>不涉淫滥</u>。……更可厌者，之乎者也，<u>非理即文</u>，<u>大不近情</u>，<u>自相矛盾</u>。竟不如我这半世亲见亲闻的几个女子，<u>虽不敢说强似前代书中所有之人</u>，但观其<u>事迹原委</u>，<u>亦可消愁破闷</u>；至于<u>几首歪诗</u>，也可<u>喷饭供酒</u>；其间<u>悲欢离合</u>，<u>兴衰际遇</u>，俱是<u>按迹循踪</u>，<u>不敢稍加穿凿</u>，<u>至失其真</u>。只愿<u>世人</u>当那<u>醉余睡醒</u>之时，或<u>避事消愁</u>之际，<u>把此一玩</u>，不但是<u>洗旧翻新</u>，却也省了些<u>寿命筋力</u>，不更去<u>谋虚逐妄</u>了。我师意为如何？"……

季羡林《漫谈皇帝》: <u>在历史上</u>,中国有<u>很多朝代</u>,每一个朝代都有<u>一些皇帝</u>。对于这些"天子"们,写史者和读史者都<u>不能不写不读</u>。其中有一些被称为"圣君""英主",他们的<u>文治武功彪炳史册</u>。有一些则被称为"昏君""暴君",他们的<u>暴虐糜烂的行为则遗臭万年</u>。这都是我们所熟悉的。

但是,对"皇帝"这玩意儿的本质,<u>却没有人敢说出来的</u>。我颇认为这是<u>一件憾事</u>。<u>我虽不敏</u>,<u>窃愿为之补苴罅漏</u>。

首先必须标明我的"理论基础"。<u>若干年前我读过一本辛亥革命前后出版的书</u>,叫做《厚黑学》。<u>我颇同意他的意见</u>。<u>我只觉得"厚""黑"二字还不够</u>,<u>我加上了一个"大"字</u>。总起来就是"脸皮厚,心黑,胆子大"也。

现在拿我<u>这个"理论"</u>来分析历代的皇帝们。我觉得,皇帝可以分三类:<u>开国之君</u>、<u>守业之君</u>、<u>亡国之君</u>。……

上列三例文章节录,有政论,有小说,有随笔,作品产生的时间跨度2000余年,但都有共同的行文风格:主要以四字为一个意念组合(不是严格的"四字格"),整散结合,读起来既如行云流水般自然,又顿挫跌宕,节奏鲜明,充分显出汉语书面语的优美韵律。但它们都不是韵文,而是广义的"散文"。可见汉语的"散文"要写得优美,条件之一就是要讲究文句的内在节律。这种节律常用四字一顿造成,同时还要顾及骈散的适度结合。如何把节律和句意的关系处理得当,正是写作者显出文笔功力的重要所在。然而汉语学界关于四字格或四字组合的研究,多年来多从形态、构词、构式、修辞、翻译、成语、熟语、惯用语、音译词、专业术语、准固定短语等不同角度进行,从汉语的句法特点角度研究的成果不多。迄今关于四字格句法功能研究最有分量的成果当数申小龙（2016），从四字格韵律节奏角度研究较为严谨可信的成果是王毓钧、张洪明（2021）。不过后二者与文化语言学无关。

三、文学对民族共同语形成的影响

从人性角度而言，每个人的天赋或本性中多少都有一点文学的倾向。小孩子爱听故事，青年人喜欢诗歌，成年人爱看小说，老年人爱讲故事，其实是文学天性的自然表现。文学艺术是民族文化的重要组成部分。优秀的文学作品是民族文化的瑰宝，往往成为民族文化的重要象征，它在全民中的崇高威望、广泛流传和深远影响使得这些作品的语言对民族语言的统一和共同语的形成起着重要的推动作用。古俄语的历史是与俄国古代英雄史诗《伊戈尔远征记》联系在一起的，现代俄罗斯民族标准语的形成是与普希金的创作活动和作品流传分不开的。莱蒙托夫、果戈理、屠格涅夫、托尔斯泰等作家也以其作品为俄语标准语的规范的形成做出了贡献。中世纪意大利诗人但丁以托斯卡纳地区的通俗拉丁语写成著名的史诗《神曲》，为统一意大利的语言做出了不可磨灭的贡献，他因此被称为"意大利语之父"。中国自古政治文化中心一直在北部中原，从《诗经》到《红楼梦》，大多数优秀文学作品的语言都是由北方话提炼而成（文言的基础也是上古北方话标准形式"雅言"）。近代汉语产生后，南北方言差距扩大，北方话在南方的影响主要靠通俗文学作品的流传。民国初年的"国语运动"推广北方话，"新文学运动"提倡白话文，一为口语，一为书面语（文学语言）。然而不仅两种语体血肉相连，而且两种语体规范的形成和推广与文学革命的成功也互为因果。所以继1917年胡适和陈独秀揭起文学革命大旗后，1918年胡适又发表了《建设的文学革命论》，提出"国语的文学，文学的国语"的口号。文中以意、英两国民族标准语形成仰仗文学成就的实例说明："要造国语，先造国语的文学。""有了文学的国语，方有标准的国语。""国语不是单靠几位言语学的专门家就能造得成的""中国将来新文学用的白话，就是将来中国的标准语。造中国将来白话文学的人，就是制定标准国语的人。"我们今天回顾新文学运动和国语运动以来的历史，可以证明胡适的论断不错。假如没有新文学运动以来几代作家的文学成就和作品影响，既不会有现代汉民族共同语标准形式普通话的规范标准，也不会有推普工作目前的成就。那么，据此也就可以推断：今后全民族标准语的进一步推广和普及，势必要借助于更加优秀的文学作品的创造和流传。在随着经济发展必然而来的文化建设高潮中，我们期待着能出现像普希金、但丁、曹雪芹那样的在文学和语言两方面都有深远影响的新世纪的大师。

第十三章　语言和民俗

第一节　语言和民俗的区别和联系

　　民俗是广泛流行于民间的风俗习惯，它是一种文化现象，是一定地区的人民群众在长期生活中相沿而成的一些表现在生产活动、交换方式、家庭和社会组织、婚丧嫁娶、节日庆祝、文学艺术活动以及服饰用具等方面的惯例。各种民俗现象千差万别，但大体都有以下共同特点：1.它们是社会的集体的现象，不是个人有意无意的创作。即使有的原来是个人或少数人创立或发起，也要经过集体长时间的仿效和履行，才能相沿成习。2.由于它有集体性，因此它不是个别性的，而是类型性的或模式化的。3.它们在时间上是传承的，在空间上是扩布的。4.它们都具有符号性。一定的民俗形式都包含有一定的意义。这种形式和意义的结合对于人们的社会生活具有规范作用。

　　语言也是一种习惯。民俗所具有的上述四个特点，也是语言所具备的。但是二者仍是有区别的。1.语言是由人的发音器官发出的音义结合的符号系统，它诉诸人们的听觉，而民俗则是一种行为符号系统，主要诉诸人们视觉（因此中国古代称考察民俗为"观民风"）。2.语言系统较为严密，民俗则比较散漫。3.语言具有生成性，是人的一种能力，民俗不具备这一特点。4.语言系统稳固性强，民俗的稳固性不如它。社会的急剧变化只能在语言中留下痕迹，一般不至于使语言体系消失，而某些民俗却能因社会变动而失传，或失去其原来意义（如放风筝原为巫术活动，现在只具有娱乐意义了）。

但是语言和民俗也有密切的联系。这种联系主要表现在3个方面：

1. 语言和民俗具有互相渗透的关系。语言是无所不在的，它必然活跃在民俗领域。因此民俗事象必然要在语言中有所表现。一般说来民俗是第一性的，先有某种民俗，然后才产生与之相应的词语或某些民俗领域的专用语句；反之，某些民俗的形成和推行必须借助于一定的语言形式，必须有一套和这种民俗相联系的独特的词语或语句。就是说，某些独特的词语或语句，对于民俗的形成和巩固具有促进作用。在这种情况下，这些词语或语句就不仅仅是语言符号，而成为具有象征作用的民俗符号了。如北方民间订婚习惯讲究"相门户"，过年必"包饺子"，等等。

2. 民俗具有地方性、民族性，与民俗相联系的独特词语和语句也有地方性、民族性。

3. 旧的民俗消失了，总的趋势是反映这种民俗的词语逐渐消失，但是有些作为民俗符号的方言词语并未完全消失，它们仍活在口语中，或保留在文献中，可为考证消亡了的民俗提供证据。

第二节　民俗词语和民俗传承

俗话说："千里不同风，百里不同俗。"风俗习惯有地方性，这种地方性往往在方言词语中表现出来。男婚女嫁，在世界各地都是普遍现象，但是不同的地区和民族则有不同的仪式或手续，于是就有不同的特定语词表现。比如女子受聘礼定亲时的风俗，南北方是不一样的。南方广种茶树，民间普遍有喝茶习惯，种茶树时必须用种子种植，不能用幼苗移植，它可以象征理想中男女婚姻的一次性和坚不可移的性质，于是人们就用"吃茶"来指女子受聘。表示这一风俗的词语在文人笔记和古代小说中屡有表现。如陆游《老学庵笔记》："辰沅靖州蛮，男女未嫁娶者，聚而踏歌。歌曰：'小娘子，叶底花，无事出来吃盏茶。'"这里的辰、沅、靖州，在江西、湖南省内。把喝茶叫"吃茶"，把小碗叫"盏"也是南方方言的说法。在这首民歌里用了表示女子受聘的词"吃茶"指代谈情说爱。"聘妇必以茶为礼"的风俗在南方广为流传。如《醒世恒言》卷五写道："话说大唐天宝年间，福州漳浦县下乡，有一人姓勤，名自励，父母俱存，家道粗足。勤自励幼年时，就聘定同县林不将的女儿潮音为妻。茶枣俱已送过，只等长大成亲。""茶枣俱已送过"意思是已经与女方定亲了。后来勤自励从军未归，又无音信，林潮音母亲劝女儿改适他人，潮音道："母亲差矣！爹把孩儿从小许配勤家，一女不吃两家茶……"这里的"一女不吃两家茶"显然已是俗谚，反映了封建社会女子从一而终的观念。又如《红楼梦》第二十五回写道，王熙凤问林黛玉："我前日打发人送了两瓶茶叶给姑娘，可还好么？"黛玉回答还好。凤姐送茶本是一般往来，并无定亲之意，可是她却乘此与黛玉打趣："你既吃了我们家的茶，怎么还不给我们家作媳妇？"黛玉害羞，受不了这种玩笑，又见众人哄笑，就急得要走。这种戏剧性情节形成的背景，就是民俗中"吃谁家茶"和"给谁家做媳妇"之间的联系。①

---

① 参见温端政《方言与民俗》，《中国语文》1988年第3期。

　　在东北农村，则以"装烟"作为姑娘受聘的一道象征性手续。所谓"装烟"就是"相门户"的时候，姑娘给未来的公婆往烟袋锅里装烟并点着，公婆相中了姑娘，接过烟来抽，同时要给姑娘赏"装烟钱"。现在农村仍有这一风俗。不过一般已把装烟袋改成了递烟卷。"装烟钱"数额随时代而不同。"文革"前是几十元，现在则已升至几千甚至上万元，给少了不体面。

　　无论"吃茶"或"装烟"，仅仅是一种形式。一道手续，因为在"吃""装"之前，经过媒人的撮合和双方长辈的协商（在现代还有青年男女自己的相处和相恋），两家联姻已基本商定。之所以还要"吃""装"，只不过要显得格外郑重一些，以获得一种"正式"的含义。可见"吃茶""装烟"作为一种行为，在这里已成为文化符号，这种文化符号使普通的行为显示出不同寻常的意义。普通行为获得这种意义后，便固定在词语中，成为可以体现某种习俗、称呼某种习俗的特殊词语。民俗词语使这种习俗获得一种固化和传播的助力，它们把一件大的民俗事象划分成一个个必备的组成部分和必经的阶段。所以，我们若要考察某地的民俗，就要特别留心这类词语。

　　笔者1983年曾在黑龙江省明水县农村向一位辽宁籍老人（男性）调查，了解到我国东北地区解放前婚姻习俗的一些情况。其中主要有这样一些民俗词语：

　　保媒：做媒，介绍婚姻。

　　相门户：媒人带领男女双方的老人分别到对方家里相看家庭状况和未来的姑爷、儿媳。

　　对相对看：相门户时婚姻当事人（青年男女）双方互相见面相认。（这是比较开明的做法，并不普遍）

　　相替头儿：在相门户时由另外的人顶替因有生理缺陷而不能出

面的婚姻当事人（主要是男方）。实际上是一种骗局。

大相：规模较大的相门户形式，要摆酒席请客庆贺定亲。

小相：不摆宴请客的相门户形式，针对"大相"而言。

装烟、装烟钱：已如上述。除上述相门户的"装烟"外，另有一种装烟，在婚礼后新娘子给夫家长辈亲戚"上拜"时进行。

长命衣：相门户时男方家长送给姑娘的新衣服。

财礼：男家给女家作为聘礼的钱物，简称"礼"。

过礼：男家把财礼送到女家。

干折干卷：过礼的一种形式，把议定的聘礼中的衣物之类全部折合成钱给女方。

头茬礼、二茬礼：茬（chá），量词"遍""次"的意思，财礼是在相门户时议定的。"过礼"一般分两次进行，分别叫头茬礼、二茬礼。头茬礼在相门户后不久即"过"，二茬礼在结婚前一个月"过"。头茬礼重，二茬礼轻。

择日子：请风水先生选定举行婚礼的吉日。

选时辰：请风水先生选定举行婚礼的时辰。

赔送：赔嫁，即结婚时女方带到男方家的财物。

操办：举办庆贺婚礼的酒宴。

送亲：结婚当天女方亲属把新娘送到夫家。

娶亲：新郎及其主要亲属到女方家接新娘。（如两家相距路远，一般在婚礼前一天就到女方家，以便结婚当日起早动身。）

响棚：娶亲一方雇吹鼓手在户外搭起的棚子里奏乐，一般是吹喇叭，从婚礼前一天开始吹响。

走轿：新郎在婚礼的前一天骑马到附近主要亲戚（叔伯、姑舅、姨娘等）家通告婚期。（这种通告其实是个形式）

红布、绿布："走轿"时亲戚长辈送给新郎的布，主要为红、绿两种，长5—6尺。

压腰钱：新郎"走轿"时亲戚长辈送给的份子钱。

拜祖：新郎到祖坟上祭告自己的婚事，祈求保佑。

抱轿：新娘由娘家出发时由娘家哥哥抱持送上轿子（或马车）。

红棉袄、绿棉裤：新娘必穿的婚礼服，不分季节。

离娘肉：在娶亲时或者娶亲的前一天，男方给女方送去的一块猪肉（有的地方还要附带猪腿）。其中含意是：姑娘是娘身上的肉，被人娶走了，给一块肉权当补偿。

搂斧子：新娘出嫁时搂一把斧子到夫家。"斧"谐"福"音，取"有福"意。

踩高粱口袋：新娘下轿（或车）时第一步踩在事先准备好的装有高粱的口袋上。谐音取"登高"意。

踩马鞍：新娘踩高粱口袋后再踩在事先备好的马鞍上。谐音取"平安"意。

走红毡：新娘踩马鞍和高粱口袋后，下一步须从红毡上进入夫家。红色寓意日子"红火"。如果一块红毡不够长，就用两块红毡轮换接续着前行。这样，新娘从娘家炕上由哥哥抱上轿（或车）开始，一直到夫家炕上，没有直接踩在土地上过，象征着娘家、夫家同为姑娘之家，没有界距。

相堂：即拜堂，拜天地。

上拜：婚礼后新娘给夫家长辈亲戚行见面礼，并给"装烟"，表示敬重，长辈亲戚们则须给"装烟钱"。

吃子孙饺子：婚礼当晚专给新婚夫妇吃一种小饺子，以其小而多象征多子多孙。

　　吃宽心面：婚事完毕的当晚，夫家人及帮忙的近亲们在一起吃一顿切得特别宽的面条，庆祝大事告竣，心情宽解了。

　　回门：婚后三天或七天新婚夫妇同到女方娘家拜谢父母。

　　四样礼：新婚夫妇拜谢媒人的四种礼品，一般为烟、酒、糖、糕点之类。

　　上述民俗词语中反映的民俗，只有"相替头儿"这种坑人做法现在少见了，"红布""绿布""红棉袄""绿棉裤"之类也不大见得到了，其他情节基本上仍然保留在东北农村的婚俗中。有的只是改变了部分内容，形式和名称仍然没有变。比如"装烟"现在改成了敬烟卷，但仍然叫"装烟"，敬烟卷时长辈给姑娘的钱仍叫"装烟钱"。"文革"期间婚礼上曾把"拜天地"改成向毛主席像行三鞠躬礼，现在又恢复为"一拜天地，二拜父母，夫妻对拜"了。不过已不像旧时的行跪拜礼，而是行鞠躬礼。民俗事象中这种"内容可变，而形式和名称不变"的现象，一方面体现了文化习俗的形式主义性质和小题大做性质，另一方面则说明作为文化符号的民俗词语在民俗的固化和传承中的指令作用。民俗词语扎根在地方语言中，活跃在民俗活动中，是最不容易遗忘和清除的，它们构成了一份份民俗活动的清单，人们是按照这一份份清单上的项目来安排民俗活动的，遗漏一项就如同办错了一件大事，所以一般不会遗漏。尤其是那些地方上民俗活动中的骨干活跃分子，如媒婆、婚礼丧礼中的"大知宾"（主持人）等，对于民俗词语和民俗活动的细节更是如数家珍，他们是当地民俗活动的"权威人士"，是民俗传承的活体。为了职业化的需要，他们力求保留民俗活动的繁文缛节；而一般民众从这种繁文缛节中可以获得庄严隆重的体验，获得意义和价值上的心理满足，也就乐得如此。这一切正是移风易俗困难的原因。

第三节 民俗考源和词语考源

尽管作为文化符号的民俗词语对于民俗生活具有规范和指令的功能，但是民俗不可能一成不变。随着世易时移，民俗也必然要不断发生新旧更替现象。旧的民俗被新的民俗取代后，反映旧民俗的词语，有的退出了语言生活，逐渐演变成语言化石，使后代人感到越来越陌生；有的虽然仍活跃在语言中，但是已经改变了原来的意义。现代人要了解古代的民俗状况，要知道某一古代民俗的起源的演化的过程，一个有效的办法就是抓住民俗词语，顺蔓摸瓜。反之，在词源研究中要了解某一民俗词语形成和变化的历史，也需要借助史料深入地考察了解有关民俗源流。两种考源可以相辅相成。

一、由"上之所好"而成流俗者

据《墨子》等许多古书记载，楚灵王喜欢细腰的人，于是宫中出现许多自愿挨饿的人；又据《晏子春秋》，卫灵公喜欢穿男服的女人，于是卫国城内满街都是穿男服的女人。正如汉代民谣说："城中好高髻，四方高一丈；城中好广眉，四方且半额；城中好大袖，四方全匹帛。"上之所好，下必甚之。很多民俗就是由皇宫内首创其例流传到民间而形成的。女子缠足和贴花黄就是其例，可以"金莲"和"花黄"两词为线索分别考之。

1. **金莲**：妇女缠成的小脚的别称。宋卢炳《烘堂词·踏莎行》有"明眸翦出玉为肌，凤鞋弓小金莲衬"句，元王实甫《西厢记》有"金莲蹴损牡丹芽，玉簪抓住荼蘼架"句，皆以"金莲"指女子小脚。关于妇女缠足起源时代，有南北朝、唐代和五代三说，而以五代之说较为可信。元陶宗仪《南村辍耕录》卷十谓：

> （南唐）李后主宫嫔窅娘，纤丽善舞。后主作金莲，高六
> 尺，饰以宝物细带缨络，莲中作品色瑞莲，令窅娘以帛绕脚，
> 令纤小，屈上作新月状，素袜舞云中，回旋有凌云之态。唐镐
> 诗曰："莲中花更好，云里月常新"，因窅娘作也。由是人皆效
> 之，以纤弓为妙。以此知札脚自五代以来方为之。

陶宗仪的说法比较可靠，因为据他考证，缠足一事（北宋）"熙宁元丰以前人犹为者少，近年则人人相效，以不为者为耻也"。陶是元明时人，当时在民间缠足已相沿成习。北宋时代缠足之风大概只在贵族妇女中流传，后来才逐渐普及到民间的。

但是陶宗仪的记载并未说明为什么会把小脚叫"金莲"。这里的关键是为什么李后主要为窅娘制作金莲台并让她舞于其上。原来金莲的典故出自《南史·齐本纪下第五》中东昏侯故事："（东昏侯）又凿金为莲花以贴地，令潘妃行其上，曰：'此步步生莲花也。'"李后主做金莲台其实是仿效齐东昏侯。但是南史这则记载中仅能暗示金制莲花与脚的关系，并未言及小脚，也未形成"金莲"一词。至唐李商隐《隋宫守岁》诗"昭阳第一倾城客，不踏金莲不肯来"，已形成"金莲"一词，但仍是指脚下地上所铺的金莲花，并非指脚。但是由于金莲花与贵族女子脚的这种关系，好事的文人发挥想象，就用借喻手法，以脚下的金莲借指女子的脚，当女子缠足成风，小脚为美的观念形成后，"金莲"就专指女子缠过的小脚了。这大概已是宋以后的事实。"金莲"成为小脚的代称以后，又派生出了"莲瓣""莲癖"等词，大抵是些无聊文人变态心理的产物。

2. 花黄：又称额黄、鸦黄、蕊黄。大概系用花蕊制成的黄粉描画于妇女前额的梅花形花样。据传，南朝宋武帝寿阳公主在屋檐下睡觉时，梅花飘落前额，留下花瓣痕迹。时人仿效，称为梅花妆。梅花妆可能即花黄。古诗中多见咏及。如南朝梁徐陵《奉和咏舞》："主家能教舞，城中巧画妆。低鬟向绮席，带袖拂花黄。"梁简文帝《美女篇》："约黄能效月，裁金巧作星。""约黄"大概即用黄粉描画之意。《木兰诗》："当窗理云鬓，对镜帖花黄。"唐卢照邻《长安古意》诗，写长安贵族妇女装饰："片片行云著蝉鬓，纤纤初月上鸦黄。"则梅花状的花黄又变为新月状的"鸦黄"了。可见南北朝至唐代的妇女，额上描黄是一种时髦妆饰。"花黄"等词即起源于这种风俗。

3. 闹洞房："闹洞房"的起源，有一则流传颇广的故事说是由于驱邪避灾的需要：一闹鬼就跑了，越闹越吉利。这种故事显然是胡编，为恶作剧的闹房寻找理由。较为可信的说法真的与"上之所好"有关。不过是另外一种"所好"。《汉书》记载：

> （燕地）……初太子丹宾养勇士，不爱后宫美女，民化以为俗，至今犹然。宾客相过，以妇侍宿，嫁取之夕，男女无别，反以为荣。后稍颇止，然终未改。[1]

"太子丹宾养勇士"是战国时燕国故事，养荆轲刺秦王为其中最有名的一段。故说太子丹"不爱后宫美女"有一定可信度。然则"嫁取之夕，男女无别"是怎样的情境呢？唐代魏征所编的《群书治要》

---

[1] 见《汉书·地理志》第八下，中华书局1962年点校本，第1657页。

中引用了东汉学者仲长统著《昌言》里有关闹洞房的贬斥语，可见其污陋概况：

> 闹房陋俗：今嫁娶之会，捶杖以督之戏谑，酒醴以趣之情欲，宣淫佚于广众之中，显阴私于族亲之间。污风诡俗，生淫长奸，莫此之甚。不可不断者也。

2000年中央民族大学出版社出版了尚会鹏所著《闹洞房》一书。其中述及根据文献和实地调研的材料甚为丰富翔实。然而从古至今，自燕地至全国，一种以戏弄羞辱新婚夫妇（主要对象是新妇）为目的的恶俗虽屡遭批禁而犹未断绝，国民性中以欺侮弱者为能事、以恶趣秽行为乐事的阴暗一面难以革除，固然是主要原因，但民俗词语"闹洞房"在其中所起的传承作用也不可低估。

二、由典章礼仪而成习俗者

远古时代本无所谓"礼"，只有民间相沿而成的"俗"。所谓周公"制礼"，只不过是把民间本已存在的"俗"系统化并载入典章，成为规范化的"礼仪"。就这个意义而言，"礼"源于"俗"而又高于"俗"。正因二者有这层关系，"礼失"时才能"求诸野"。但是由于"礼"有典章性、制度性，对"俗"的影响就更大，许多礼仪推行的结果，在习俗中又生了新根，就成为比"俗"更强固的文化传统。古代往往"礼俗"并提，就是这个缘故。

1. **趋**：本义是快步行走。《诗经·齐风·猗嗟》中的"巧趋跄兮"描写少年射手步履矫健的样子。其中"趋"即"快走"义，但与民俗无关，与民俗有关的是作为礼仪的"趋"。"礼"在古代社会是用来明尊卑、别贵贱、序长幼、分宾主的行为规范。在一些特定场合，卑者、贱者、晚辈、主人要照礼制规定或传统习惯，用"趋"的方式表示尊敬。"趋"作为礼仪，在吉、凶、嘉、宾、军五礼中屡见不鲜。《论语·乡党》载有一次孔子应鲁君之召去接待外宾，他神色庄重、拱手弯腰，而且"趋进，翼如也"。这是作为宾礼的"趋"。另一次，孔子朝见鲁君跪拜后"没阶"（走下全部台阶），也是"趋进，翼如也"。作为军礼的"趋"，如《左传》载，晋楚鄢陵之战时，晋将郤至遇见楚军，他立即跳下车，"免胄而趋风"。又《战国策》载，触龙去见赵太后，故意装病，但仍要"徐趋"（稍慢地急进），以示不得已中仍有之敬意。这些都是作为礼仪的"趋"。

到了汉代，由叔孙通制定百官朝见皇帝的礼仪，其中就有"趋"。据《史记·叔孙通列传》，刘邦初定天下，大宴群臣，群臣乘醉喧闹，刘邦无可奈何。于是叔孙通出来参照周秦礼制，制定了一套朝见皇帝的礼仪。事先教百官演习。正式使用那天，当皇帝出后宫登宝座之前，赞礼者高喊一声"趋"，卫士们执兵夹陛而立，大臣们便在殿内循序而进，按文武在东西两旁列成两队，恭候皇帝。这一声"趋"，是礼仪口令，加上其他礼仪规定，使"诸侯王以下莫不振恐肃敬""竟朝置酒，无敢喧哗失礼者"。刘邦心花怒放说："吾乃今日知为皇帝之贵也。"当即拜叔孙通为太常，赐金五百斤。又据《史记·萧相国世家》，萧何因有殊功，受到"入朝不趋"的优待。此后，汉末的曹操、魏末的司马师、晋末的刘裕、北周末的杨坚、唐末的朱温等，也都曾享有此特权。而其他大臣当然是入朝必趋的。清代臣下朝见皇帝都要放下马蹄袖，急"趋"数步然后跪下参拜。

由于"趋"是表示敬意的礼仪，所以流传开来，在非正式场合也成为表示敬意的习俗姿态。《论语·季氏》记载了孔鲤两次"趋而过庭”，因为当时孔子正立在庭中，于是就教他应该“学诗”“学礼”。此后“趋庭”“鲤对”成为典故，分别表示承受父教和应对父询。王勃《滕王阁序》中便有“他日趋庭，叨陪鲤对”句。现代社会中，作为礼仪制度的“趋”已废除了。但是仍在习俗中有影响和痕迹。如晚辈去拜见长辈，朋友间多年不见，见时必定快步走向对方，握手问候。这可算作“趋”的遗风。[①]

2. 拜：篆文作，古文作，从二手。《说文解字》：“首至手也。”可见“拜”的古义仅与头手有关，与足无关。可是后来“拜”又兼指跪拜，即磕头。这一变化也与古代礼仪有关。据《周礼》记载，当时规定在祭祀和相见的拜礼有九种形式，合称“九拜”：“稽首”，跪下后叩头到地不马上抬头，让头在地上“稽”（留）一会，是九拜中最重的礼，臣民拜见天子时用。“顿首”，即通常的“叩头”，头至地只作短暂停留，是拜礼中较轻的，用于地位相等或平辈者之间。“空首”是头并未叩到地面上，即跪地后，先以两手拱至地，然后引头至手，是国君回答臣下的礼（又叫“拜手”）。“肃拜”是妇女用的拜见礼，跪地后两手着地略微低头。“振动者，战栗变动之拜。”“吉拜者，拜之常也。”“凶拜者何也，拜而后稽颡，稽颡而后拜皆是也。”“奇拜者，一拜也，一稽首一顿首亦是也”“褒拜者，拜不至于再也。”（《说文解字》段注）佛教传入后，又增加了“礼拜”（即五体投地）和“膜拜”（即两手合十高举至额，跪直了再往下拜）。由于礼制和佛教双重影响，古代中国人下跪磕头已习以为常。可是由于跪拜多用于下对上、贱对贵、晚对长，因而掺入了一种屈从卑下、奴颜媚态的意味，“磕头作揖”成了有损尊严的贬义词。辛亥革命后，

---

① 参见《古代礼制风俗漫谈》，中华书局1983年，第115—117页。

取消了跪拜礼，但"拜"作为民间习俗仍有部分保留，在祭祖、上坟、求神拜佛时、受人大恩表示特别感激时，仍在使用，不过已没有了制度性。在"拜寿、拜年"时，至多不过双手合十表示一下。在文化知识界的交往中使用的敬辞如"拜见、拜会、拜访、拜求、拜托、拜读、拜受"等，其中的"拜"虽是一种客套，已失去了"拜"的本义，但也可算是保留在民俗词语中的古代礼俗的遗风吧。

第四节　称谓和民俗

一、称谓是人际关系的文化符号

称谓是人类社会中体现特定的人在特定的人际关系中的特定身份角色的称呼。这种称呼总是反映着一定社会文化或特定语境中人与人之间的关系。人和人组成了社会关系的网络，每个人都在这社会关系的网络中占有一定的位置，和周围的他人形成一种相对关系，随着时间和所处位置的不同，这种关系时时刻刻都在变换内容。比如一个人在家里对妻子来说他是丈夫，对儿女来说他是父亲，在自己的父母面前他又是儿子，在祖父母面前又是孙子，在岳父母面前他又是女婿（姑爷），在妻子的兄弟姐妹面前他又是姐夫或妹夫。在工作单位中，他是一起工作的人的同事，但对他的领导而言，他是下属，如果他担任一定领导职务，他又是他下属的上司。一个教师在学生面前是老师，但对教过他的老师而言又是学生。就是说，一个人在社会上总是具有多种社会身份，总在扮演着多种社会角色，并且总是随着交际对象的不同在不停地变换着自己的身份角色。每个人都有姓名，但是姓名只是一般意义上的"称呼"，是一定的人区别于社会所有成员的符号，并不包含身份角色的含义。假设一个男孩生下来起名"张振国"，尽管他已是父母的儿子，但"张振国"三字并不能标示他在家庭中的这一身份角色。只有"儿子"才是他现实的身份角色。他长大后，又可能成了丈夫、父亲、舅舅、长官等，但他仍然叫张振国。地位、身份角色可以变换，但姓名一般不变。所以，姓名有别于称谓，是称呼而不是称谓。一定的人类社会是一定的人类文化发展阶段的组织形态，称谓总是特定文化的产物，是人际关系的文化符号。

称谓可分为亲属称谓和社会称谓两大类。亲属称谓是由一定的婚姻制度所产生的，社会称谓与社会的思想观念、文化习俗关系密切。本文主要讨论社会称谓与社会风俗的关系。

二、古代社会的谦敬称谓与礼教风俗

如上所述，礼起源于原始习俗，后来经由国家的整理规范，就成了制度性的礼教。"礼"在中国古代文化中具有总括一切的纲领地位。"道德仁义，非礼不成；教训正俗，非礼不备；分争辩讼，非礼不决；君臣上下，父子兄弟，非礼不定；宦学事师，非礼不亲；班朝治军，莅官行法，非礼威严不行；祷祠祭祀，供给鬼神，非礼不诚不庄。"（《礼记·曲礼上》）古代中国以"三纲五常"为主导的封建社会在儒家礼教长期熏陶下的结果，是以能否谦敬作为衡量一个人品第高下的重要尺度。所谓"谦敬"即谦抑逊让甚至贬抑自身，而同时恭敬他人（尤其是尊长者）。礼教成为风俗后的副产品，就是大量谦敬称谓的产生和使用。

1. 自称词语

中国古代自称词虽有第一人称代词，但在尊长面前少用，用则有不敬意味。在尊长面前用表示自己身份的词作自称，有承认关系和强调自己卑下身份的意味，因此有逊己的作用。

男子对父母常自称男、儿、孩儿、小子，对其祖父母称孙、孙儿，对其舅父母称甥、外甥，对其伯叔或父辈称侄、小侄，对其姑父母称内侄，对其姨父母称姨甥，对妻父母称婿、小婿，都有逊己之意。女子在父母面前称女、女儿、小女。

姻亲之间，初结婚之家，长对幼自称眷生，幼对长自称眷晚生，平辈间称眷弟。

对老师、师父自称学生、生、弟子，对师辈或上司自称晚、晚生，后辈学子对辈行在前者自称晚学、侍生。科举考试及第者对主考官自称门生、门下，对业师之妻称门下生。应考生员（秀才）之试者不管多大年龄皆称"童生"。

在君主面前，有官职者自称臣、下臣、臣孽、陪臣、老臣、微臣、儿臣（限于皇子）。在上司面前，地位卑微的官吏自称末官、小官、小吏。下级军官对上级自称卑职、末将、卑吏、卑末。没地位的百姓对上自称小民、小人、小的。仆人对主人或权贵者，常自称小人、小子、小的、奴才、小奴、老奴、男女（"男女"也用于平民对官吏自称）。这些称谓，都带有严重的封建等级观念，缺乏平等意识。

有的谦称由形容词转成，如愚、鄙、敝等，意为无知、粗蠢、鄙陋的，常与其他成分合成复合称谓，如愚意、愚见、拙见、鄙意。用作自我谦称的有愚蒙、下愚、愚下、鄙人、鄙夫、下鄙、敝人、卑人。还有仆、走、下走、牛马走、不才、不佞、不肖等。

丈夫对妻子谦称为小子、小人，小生、小可、敝人、鄙人、愚兄、小官（有官职者）等，老者自称老夫、老朽。

僧、道谦称用贫僧、老衲、贫道。

女性自称用得较多的是奴、奴家、妾。据《宋史·陆秀夫传》，"杨太妃垂帘，与群臣语，犹自称奴。"年轻妇女常用小妇、小妇人、小女（子），老年妇女常用老妇、老妾、老妪、老婢。

帝王自称孤、孤家、寡人、不穀、予一人等，"朕"是皇帝专用的第一人称代词，"朕躬"为"我亲自"之意。

2. 对称词语

古人称呼对方时，如对方是尊长者，用表示尊长身份的词语称呼，有承认其地位的作用，故有敬重意味。

对老师称师、老师、师长、师傅、先生、座师（主考官）。

对长者称老丈、丈丈、丈者、长者、叟、老爹、大爹、阿爹、老伯、世伯。对父母称堂上、高堂、椿萱。

平辈男子间称兄、尊兄、贵兄、仁兄、老兄、贤兄、长兄、兄长、师兄、恩兄、世兄、兄台。因"兄长"有尊重意，因此有时并不严格序年齿，对幼于己者也自称弟、小可、某。如表示亲昵时，则称年齿低者仁弟、贤弟、师弟、老弟、兄弟、吾弟等。对平辈友人称"足下"，显得较庄重。平辈女性间一般按年齿称姐妹。

夫妻间妻对夫称君、君子、夫主、夫君、夫婿、官人、相公、良人（上古）。上岁数的称老头、老头子、老官、老官儿、阿老。夫对妻称夫人（有身份者）、贤妻、娘子。宋代有称大嫂、大姐的，带有地方性。爱称用卿、卿卿（帝王用"卿家"）。

对僧人称长老、法师等。

对道人称真人、上仙、大仙、老神仙等。

由于封建社会中妇女地位低于男子，反映在称谓上，已婚妇女称呼宗族内的人需把自己的辈分降一辈，于是形成妇女专用的"从儿对称"和"指儿对称"。"从儿对称"即与儿辈用一样的对称词，如称丈夫的弟弟为"叔叔"。"指儿对称"即在"从儿对称"前加一个"他"字，如儿媳称呼公婆用"他爷爷""他奶奶"，这种称谓在现代社会仍有一定残留。

3. 对人称说自己的亲属

对人称说自己的亲属，基本原则也是要谦抑。主要有以下几类：

家类

"家"有谦恭平常之意，又有"我的"意思在内，故其前不再加代词：

父——家父、家君、家公、家严、家大人。

母——家母、家慈。

岳父——家岳。祖父——家祖。兄、嫂——家兄、家嫂。

舍类

舍（寒舍、敝舍、舍间、舍下）指自家，本有谦意。又用来谦称幼于己者。如舍弟、舍妹、舍侄、舍亲。（无舍儿、舍女）

先、亡类

"先、亡"含有怀念哀痛之意，指已死者。

先父、先人、先公、先考、先君、先君子、先府君，指已故的父亲。

先母、先妣，指已故的母亲。

先祖指已故祖父，先兄指已故的兄长。

先师、先帝，分别指已故的自己的老师、帝王。

"亡"用于低幼于已故去者：亡弟、亡儿、亡妻、亡友。

荆类（谦称己妻）[①]：寒荆、拙荆、山荆、荆人、荆妻、荆妇、荆

---

① 含"荆"的谦称源自东汉梁鸿妻孟光"荆钗布裙"故事。

宝、老荆。

内、贱类（也用于称妻）：内人、内子、贱内。此外还有贱累、堂客、浑家等。谓之"贱""浑"，含有轻视妇女意。

犬、小类（称子女）：犬子、犬女、小犬、豚犬、豚儿、小儿、小女。

4. 称说对方亲属及有关事物

称说对方的亲属及与对方有关的事物，通常要用"美称"，以示尊重之意。主要有以下几类：

令类："令"含有善美之意，又有"您的"之意，其前不必加代词。

称对方父母：令尊、令翁、令母、令堂、令慈。

称对方之妻：令妻、令正、令阃。

称对方的兄弟姐妹：令兄、令弟、令姐、令妹。

称对方的儿子：令子、令郎、令嗣、令似。

称对方的女儿：令爱、令嫒、令媛。

称对方的女婿：令婿、令坦（源自王羲之坦腹东床故事）。

尊、贤类：含敬重意，包含"您的"之意。如：

尊祖（称对方祖父）。尊父、尊公、尊君、尊侯、尊大人、尊大君=令尊。

尊母、尊堂、尊上=令堂。尊夫人指对方妻子。

同辈对方长者：尊兄、尊姐。

住宅：尊府、尊门、府上。

"贤"用于指对方叔父以下者：贤叔、贤友、贤从、贤侄、贤兄、贤弟、贤姊、贤妹。

贵、玉、宝类：指和对方有关系的、属于对方的。

贵兄、贵姓、贵庚、贵体、贵土、贵门、贵同乡。

玉女（对方女儿）、玉婘（对方家眷）、玉体、玉貌、玉容、玉音、玉札。

宝眷、宝号、宝斋、宝地、宝舟、宝唾（称对方优美的谈吐）。

高、大类：称呼与对方有关的。如：

高见、高论、高寿。

大札、大作、大著。

上述称谓词语大多已过时，显得陈旧迂腐。但有些仍有生命力，若使用得当，仍能在今天的交际上显出文雅礼貌的意味。

三、社会称谓和社会风俗的共变

作为人际关系文化符号的社会称谓，它与社会风俗（风气、习俗、风习等均为其同义词）有一种互相适应、互相推动、协同共变的关系。而促使社会风俗变化的最大推动力无疑是大规模的社会革命。每一次大的社会革命必然导致社会结构和人际关系的变动，随之而来的就是人们的思想观念、社会风俗称谓用语的变化。反之，称谓用语的变化也固化甚至推动着社会风俗和思想观念的演变。上述在古代社会礼教风俗中曾长期使用的反映尊卑贵贱等级观念的谦敬称谓，在辛亥革命、新民主主义革命和社会主义革命后大量消隐，而表现新的社会结构、人际关系和思想观念的社会称谓也陆续产生并流行开来，成为一种新的社会风气。百余年在中国大陆流行的新称谓中，极少是创造的新词，大部分是将原有旧称谓赋予新的含义与功能。其中有几个称谓的语义和语用的变化与社会风俗的变化关系错综复杂，特别值得玩味和探究。

1. **领导**："领导"一词本非称谓词，而是一个动词。"十月革命"后由俄语动词руководить意译并传入中国①。至20世纪40年代末，还一直保持动词用法。50年代初中国大陆开始用"领导"尊指各级各类的负责人，并逐渐成为新社会的新时尚。于是"领导"一词兼有了名词词性，指领导人。发展至今，上自中央，下至乡村、班组，无论正副职负责人，当不需、不便或不必用所任职务称呼时，都可以称为"领导"。下面是一则新闻评论的用例：

> "领导生病了""领导关机了""领导负责，我不知道"……河南兰考7名孤儿火灾遇难事件发生已经5天，本报记者向民政部提出采访申请，却碰上了各种"踢皮球"，十几通电话找不到负责领导。②

进入新世纪后，"领导"一词的用法又有了新变化：成了"泛尊称"。2011年8月底，互联网上出现一篇题名为《领导啊，领导！》的短文。开头一段说：

> 今年夏天回国，跟朋友一起去吃饭。服务员莫不一口一个"领导"来称呼：领导请坐，领导请点菜。好生纳闷！怎么我们这辈人都成了领导？朋友解释说，这是时髦，最新的"敬称"。（下略）

从国外归来的人之所以感到"纳闷"，是因为外国没有称陌生顾客为

---

① 详见戴昭铭《"领导、南巡、农民工"的社情语义背景分析》，刊于《中国社会语言学》2014年第1期。

② 艾原《领导不在，作风难改？》，刊于2013年1月9日《人民日报》。

"领导"的风气。而在中国大陆"领导"不仅已经成为泛尊称，有时已经用得近似谀称了。发生这种变化的直接原因，是整个社会风气均以领导者为贵。

2. **同志**："同志"在上古文献中本是一个谓词性短语，意为志趣相同。春秋时左丘明在《国语·晋语四》中谓："同德则同心，同心则同志。"后转指为志趣相同的人。汉郑玄注《周礼·地官·大司徒》谓"同门曰朋，同志曰友。"讲的是"朋""友"两个字义的区别。一般而言，在古代"同志"即便作为名词指人时，也很少作为称谓语使用。

"同志"成为称谓语缘于近现代政党政治的兴起，用于指为共同理想和事业而奋斗的人，特指同一政党的成员。在革命战争年代，在同一革命队伍中不分党内外都以"同志"相称，是"同志"成为普通社会称谓词语的开端。再后来，革命者在做群众工作时，也引导普通群众对自己不称长官而称同志，并宣称所有人（敌人除外）不分职位年资性别工种一律平等，皆得互称同志。在严肃庄重的场合（比如会议上）在夫妻、父子或其他亲属之间也得以"同志"相称。新中国成立后，社会结构、思想观念、人际关系变化巨大，革命风气成为社会习俗，"同志"一词遂成为普遍性的社交称谓。由于它既有革命、政治、庄重的色彩，又有尊重、亲切的意味，人人乐于使用。由于使用频繁，还派生出了男同志、女同志、老同志、新同志、小同志、同志哥等系列性称谓。一个人不被视为同志，就有被一体化的政治社会当作异己分子的感觉，以至惶惶不可终日。

改革开放以后，社会结构、思想观念、人际关系以及社会风俗又一次发生沧桑巨变，社会民众的价值取向趋于多元化，原来在一体化革命政治的价值取向下非常适用的"同志"，在许多人际关系和交际场合就显得缺少变通性，不大切合实际了。比如业主和雇员之间、主人和保姆之间、房东和房客之间、商贩和顾客之间，互称"同志"就显得很生硬；演员对观众、电台和电视台播音员或主持人对听众或观众，称呼"同志"也显得缺少亲切意味。于是作为社交称谓词的"同志"逐渐退出日常交际，而代之以切合于即时即地交际语境的各式各样的称谓词语。

3. 小姐："小姐"一词，在旧时代曾是对富贵人家的女孩子的尊称。辛亥革命以后，女子从闺阁进入社会，"小姐"成了社交称谓词，是对未婚青年女子的尊称，以区别于已婚的"女士"。解放后，"同志"取代了"先生""女士""小姐"等旧社交称谓。在阶级斗争语境中，与"小姐"相关的短语通常是"资产阶级娇/臭小姐"，带有蔑视意味。

改革开放初期，受港台和海外风气的影响，"小姐"一度曾十分频繁地使用于社交场合，文化界、服务业、销售业的女性青年员工都乐于被称作"小姐"，"小姐"一词开始由贬义转为褒义。但是从20世纪90年代起，随着商品经济大潮兴起，一度中断了几十年的"性服务"行业悄然复兴，其中处于半隐蔽状态的年轻女性从业者无以名之，人们便借用了"小姐"一词。既用于面称，也用于背称。还相应产生了一些新的短语，如"三陪小姐""坐台小姐""出台小姐""按摩小姐""伴舞小姐""当小姐""找小姐""玩小姐"等。这样就使"小姐"一词衍生出了一个新的义位"（婉指）性工作者"。由于这一行业的非法性和低贱性，就与刚恢复使用不久的光鲜亮丽的社交称谓"小姐"发生了语义和语用上的冲突，许多原来被用"小姐"称呼的女子纷纷抵制起这一称呼。

不过后来的发展表明，"小姐"这一称谓并没有被彻底污名化。

因为尽管"小姐"衍生出了与性工作有关的义位，但在语用目的上"小姐"作为尊称的性质并未改变。由于社交方面的需要，原来的义位不仅没有消失，相反还组造出了许多新短语，例如：

宾馆小姐　航空小姐　世界小姐　礼仪小姐　环球小姐
亚太小姐　华裔小姐　导购小姐　电视小姐　销售小姐
服务小姐　公关小姐　亚运小姐　沙滩小姐　护士小姐
客服小姐　健身小姐　售楼小姐　美容小姐　促销小姐
导游小姐

4. 太太："太太"起源于上古周代。周室由太王古公亶父到季历、文王三代的妻子太姜、太任、太姒都是贤妃良母，由于她们三位的名字都以"太"开头，遂使"太"与妇女的尊贵贤良发生了心理联系。据清人梁绍壬《两般秋雨盦随笔》"太太"条记谓：

> 汉哀帝尊祖母定陶恭王太后傅氏为帝太太后，后又尊为皇太太后，此妇人称太太之始也。古者妇女称太最重，故列侯夫人，非子复为列侯，不得称太太。

可见"太太"一称谓当初含有特别尊重之意，必须朝廷封赐方可。但国人风习向来是喜欢在使用社交称谓时"就高不就低"，有如现在对各种副职一律回避"副"字，双方均心安理得。"太太"尽管按规定须有正式封赐，但既然这一称谓如此尊贵，那么在"潜规则"中条件接近者也不妨"僭用"一下，于是"太太"的称谓首先在贵族妇女中流行开来。到了明代，习俗战胜了政策，限制放宽了，"太太"不再须朝廷赐予，但仍须是官宦之妻方可称太太。清代的婢仆喜欢称女主人为太太。而最有趣的是称男主人的妾为姨太太，并依序称呼大姨太、二姨太、三姨太等。

清末民初西方文化东来，受西人尊重妇女的风尚影响，"太太"称谓逐渐流入一般家庭。但限于城市知识分子、政府官员家庭、乡村绅士家庭。于是太太的称呼开始泛滥，不过如果说还有些限制的话，至少是须对有知识或有地位者的妻室而言。

新中国成立后，"太太"称谓因被认为带有剥削阶级色彩而一度消失。但"老太太"一词仍保留，以尊称老年妇女，而且没有地位限制。改革开放后，大陆南方受港台风气的影响，又恢复了"太太"的称谓。但由于城市普通百姓家庭的妻子也可被称为"太太"，这一称谓的含义已类似于"妻子"，原先贵族和上层妇女的语意色彩已不复存在。

5. **先生**："先生"起源颇早。《论语·为政》："有酒食，先生馔。"这里的"先生"为长者之意。后来又增加了"有学问"之意。《孟子·告子下》："先生将何之？"注谓："学士年长者，故谓之先生。"《韩诗外传六》："古之谓知道者曰先生，何也？犹言先醒也。不闻道术之人，则冥于得失，眊眊乎其犹醉也。"由于有"知道者"这一层意思，"先生"一词最常用的意思是"老师"，然后又扩大到指医生。后来进一步泛化，成为社会上对男性有身份者的尊称。再后来连下九流者也被尊称为"先生"了，如风水先生、算命先生。

新中国成立后，因"先生"一词缺少革命色彩而一度少用。但又由于其特有的尊重意味，在一些特别的语境中还是不能不用：一是当提及那些公认的德高望重的党外人士的名字时，如鲁迅先生、陈寅恪先生、梁漱溟先生等；二是在某些外交场面称时，如总统先生、田中角荣先生、戈尔巴乔夫先生等。然而与"同志"这个革命称谓相比，"先生"的称谓总有一种没被当作"自己人"的感觉，因此一般人谁都不愿被称为先生。

改革开放后，一方面是受海外风气的影响，另一方面也是社会交际的特别需要，"先生"这个古老的称谓又重新流行开来，在演艺界、知识界、实业界均有较高的使用频率。而在大陆南方有些城市，"先生"还可以用来指称丈夫。

以上5个称谓仅有举例性质。实际上在当代中国，可关注并深入研究的例子俯拾即是。比如近些年一直被热议的"老板"的异化，"老师"的泛化等，似都尚止于议论，未见有深度的研究成果面世。

第十四章 语言的变化和文化的变化

世界上没有始终孤立自生、一成不变的文化。任何社会的文化内容和文化结构都处在不断变化的过程中，这种变化通常称为文化变迁（culture change）。引起文化变迁的原因，除了自然环境的变迁以及重大的发明发现之外，就是文化接触和文化传播。文化接触指两种或两种以上文化之间的互相交流和影响。如果这种接触是局部性的或规模有限的，其结果一般表现为不同文化体系之间文化要素的采借和传播；如果这种接触是全面性的，其结果就可能表现为不同体系的文化的融合。另外，经过整合的文化共同体仍然会因地域、阶层、职业、性别等原因分化成一些互相联系又有所区别的亚文化群体。作为文化的重要表现形式和重要载体的语言，其发展变化势必要受到文化上这一系列变化的影响。文化的变化尽管仅是语言变化的外部原因，但是无论宏观的还是微观的许多语言变化（不是所有变化）都能从文化的变化方面找到背景性的或推动性的原因。在很多场合，文化变迁的原因同时又是语言变化的根本性原因。

第一节 语言接触和文化接触

通常认为，语言接触是文化接触的先导，比如把外来词比喻为

"异文化的使者"就是基于这一看法。这一比喻的好处是形象地说明了语言在文化交流过程中的媒介作用，不过这一比喻不能说是很贴切的，因为在民族交往中可以先派出使者作为媒介，而在文化交流中显然不能先把词语打发到对方的文化中去。实际上，文化接触必须以语言接触为手段，而外来词作为语言接触的一种结果，在本族语中引起的语言变化与因文化接触所引起的文化变迁往往具有时间和空间上的一致性。能够说明语言接触和文化接触之间的关系的典型实例之一，是日本的语言和文化。

日本是个岛国，受海洋包围，在语言和文化两方面都有相对的封闭性，不易与外民族的语言与文化相接触。历史上的日本确实也很少受到外民族的侵扰。在语言学的谱系分类上，日语至今未能确定系属。因此有人认为"日语是一种孤立的语言""是无依无靠的天涯孤儿"，并概括出"日语＝日本人的语言＝日本通用的语言"这一等式，意谓在日本不通行外族语，在国外也不流行日语。①但是这并不意味着日本的语言和文化没有受到外族的语言和文化的影响，是地地道道的和族的语言与文化。相反，在日本的语言与文化中，外来的成分相当浓厚。外来文化对日本文化影响最大的先是中国，后是西方，与此相对应，在语言上也是汉语和西方语言（主要是英语）的影响最为深刻。日语的形成、发展和变化过程同日本本土文化与外族文化接触的过程具有相当大的一致性。

日本在2000年以前只有语言，没有文字。大约公元1世纪的汉代，中国的汉字经由朝鲜传入日本，是为日本有文字之始。公元286

---

① 〔日〕金田一春彦著，李德、陶振孝译《日语的特点》（中译本），外语教学与研究出版社1985年，第9—25页。

年，朝鲜古国百济的学者王仁应邀赴日，携去《论语》等中国典籍，献给日本应神天皇，是为日本有汉籍之始。三国时吴国人陆续东渡日本，又带去大量汉文典籍。公元607年以后，日本不断派"遣隋使"和"遣唐使"来中国，直接与当时的隋朝和唐朝进行文化交流。日本的古代文化受中国古代文化影响非常深刻。佛教也是通过中国传入日本的。中日两国的文化接触不仅深刻影响了日语的面貌，也影响了文化的其他方面。

在文字和书面语方面，大约公元3世纪起，日本直接采用汉字、汉语，形成了早期的书面语。日本最古老的历史著作《古事记》（公元712年）和《日本书纪》（公元720年）以及平安时期（公元794—1192年）以前的正规文体都是用汉文书写的。完成于奈良时期的日本最古老的和歌集《万叶集》，大量使用汉字标记日语语音（即所谓"万叶假名"），为后来日语假名的书写开创了道路。平安初期（公元794—899年），日本僧人在听讲佛经做记录时，把某些汉字简化为偏旁冠盖用作速记符号，创造了片假名。后来由于和歌流行，一些女作家根据某些汉字草体创造了平假名。假名具有音节文字的性能。自假名出现后，日本的书面语一般由汉字和假名混合使用写成。

从词汇的构成上看，日语词汇分为（1）和语词、（2）汉语词、（3）外来词、（4）混合词等四类。其中（1）和语词虽然是指日语中固有的词，但也有一部分来自日语创始时期的虾夷语和朝鲜语。虾夷语本是北海道土著民族的语言，其语词已被日语吸收同化，同早期进入日语的朝鲜语词都已不再被视为外来词。但若追本溯源，它们仍不是和语词。至于（2）"汉语词"又分两类，一类来自古代汉语，另一类是明治维新后日本向西方学习过程中为对译西方词语用汉语的构词材料构成的新词。这两类词都源自汉语，总数占日语词汇的半数以上，可见日语受汉语影响之大。但是由于日本人视吸收汉语词为平常事，反而不把汉语词当作外来词。在日本人心目中，真正的外来词是第（3）类，即模仿"西洋语系"（主要是英语）语词的读音用片假名书写的音译词。如ワイヤ（＜wire）是外来词，同义的"電線"（でんせん）就不被看作外来词。第（4）类混合词指由外语词加汉语词或外语词加和语词结合而成的词，如サークル活動（小组活动）、ガスくさい（煤气味儿）。这类词有点像汉语中"芭蕾舞""尼龙袜"之类，其音、义的主要部分仍是外来的。在上述四类词语中，后三类或全部或主要来自外语，第（1）类中早期进入日语的虾夷语词和朝鲜语词其实也属外来的。可见日语词汇中外来成分比例之大。就说第（3）类所谓"真正的外来词"，其比例也是相当大的。16世纪以后葡萄牙、西班牙、荷兰等西洋语登上日本国土；明治维新以后，随着日本的迅速西化，与英美两国的交往日益频繁，英语词大量输入；二战以后，外来词像洪水一般猛增，已呈泛滥状态。据统计，日本在明治22年（1889）出版的词典《言海》中共有词汇4万左右，外来词仅占1.45%；至昭和31年（1956）出版的《例解国语辞典》，收词仍为4万，外来词已占3.5%；而昭和49年（1974）出版的第二版《三省堂国语辞典》收词6.2万，其中外来词约6000个，约占10%。外来词的专门辞典收载条目就更多，一般已超出2万条。在日常生活中，由于使用频率高，外来词已到触处皆是的程度。一个有趣的例子是：日本东方大学教授香坂顺一在撰写《外来语の问题》时，光摆在桌子上的物件就有11个是用外来词命名的，它们是ペン（钢笔）、ボール・ペン（圆珠笔）、ノートブック（笔记本）、ライター（打火机）、コップ（茶杯）、ルーズリーフ（活页夹）、電気スダンド（台灯）、ラジオ（无线电收音机）、

テープレコーダー（磁带录音机）、パンチセー（打孔机）、クリップ（曲别针）等。[①]这些源自"西洋语"的外来词在日本的社会生活中传递着欧美文化的信息，使日语的语义体系中增添了大量的来自欧美的语义成分和文化内容。如把"休假"说成レジャー（＜英 leisure）或バカンス（＜英 vacancy），以表示具有郊游或旅游性质的西方度假方式，而不同于传统的消极无聊的やすみ（休息）。有的外来词缩小了原来词语的意义范围。如日语中原有借自汉语的"旅館"一词，现用外来词ホテル（＜英 hotel）专指洋式的可住人的大饭店，"旅館"（りょかん）一词就仅指日本式的旅馆了。[②]

语音的系统性、民族性比较强，在一般情况下不容易因受到外民族语音系统的影响而产生体系性的变化。但是如果一种语言中外来的词汇成分和语法成分占有相当大的比例，那么语音的构成和体系就可能发生变化。古代日语在吸收汉语词汇时，有"音读"和"训读"两种读法。训读法是用日语中原有的词的读音来读汉语的字，有如中国人把汉字"火"读成英语的 fire。这种读法当然不会影响到日语固有的语音构成。音读法是用日语的语音要素模仿汉语的读音。这种方法似乎并未增加新的语音成分，但由于受汉语鼻辅音韵尾和入声韵尾的影响，使日语中拨音、促音的比例增加了，还使日语的许多单词的读音带上了汉语的风味，不像地道的和语了。音读法的另一个结果是产生了许多同音词，如"機関""器官""気管""汽罐""軌間""旗艦""奇観""基幹""季刊""期間""汽缶"（汽锅）"貴翰/貴簡"（尊函，大札）"亀鑑"（龟鉴）等词的读音都

是きかん［k'ik'an］。明治维新以来，由于大量吸收西洋外来词和力求较准确模拟其读音的结果，日语中又产生了许多新的语音成分。日语语音中本来没有音素［v］，假名ヴ就是为标记外来词中的音素［v］而创造的（据说其创造者是著名学者福泽谕吉）。此外，日本人又创造了一些接近西洋语音的拗音，由于它们是日语中固有的拗音以外的，故被称为"仿拗音"。如仿拗音イユ［je］、ウィ［wi］、ギァ［gæ］、チユ［tʃe］等。日本现用仿拗音共有多少，各书所载并不一致。1942年日本音声学会制定《日本语表记用"假名发音符号"案》共列仿拗音达60个左右。1954年日本国语审议会公布的《外来语的标记》中规定仿拗音为22个，1966年日本国语研究所调查的日本报纸上使用的语汇中，则有仿拗音39个。①仿拗音是一种音节音。如果我们想到纯日本语的音节音不过只有112个的话，那么我们对日语在与西方语言接触中语音构成变化之大就会有更深的认识了。不过，由于这些仿拗音仍具有日语语音的基本特点——单辅音和开音节，所以使人们几乎觉察不到日语语音的变化。

汉语在长期的历史发展中，也一直受到外来文化的影响与推动，周秦以来，中华民族固有的文化道统虽然绵亘不绝，一脉相承，但中华文化在与外域文化的不断接触中，也一直不断地受到了外域文化的冲击和渗入。中外文化具有全局影响的大规模的接触主要有两次：第一次是汉魏至隋唐期间与印度佛教文化的接触，这次接触最明显的结果是改变了中国古代文化传统的格局，使原来主要以儒、道两家对立互补构成的格局变成了儒、释、道三家鼎立互补的格局。第二次是以16世纪末（明万历年间）为开端至今仍在继续进行的与欧美各国（包括受欧美影响的日本）的文化接触，其主要表现是中国传统文化与西方近现代社会思想和科学文化的激烈冲撞。中国文化在这一接触冲撞过程中获得了新的发展动力，最终将建立起中西文化对立互补的新格局。与这两次重大的文化接触引起的文化变迁相对应的是汉语面貌的重大变化。

词汇是语言中反映社会文化最为敏感的部分。佛教文化和西方文化在汉语词汇上的影响都极其深刻。仅就佛教词语而言，近代日本所编的《佛教大词典》收录汉语佛教词语三万五千余条，它们都是历代僧众在译经过程中产生的。这些词语极大地充实了汉语的词汇家族，有些已经进入汉语基本词汇的系统中，甚至成为构词能力很强的根词，比如用"佛""塔"两个根词构成的复合词或短语词就有：

佛土　佛曲　佛牙　佛事　佛经　佛像　佛身　佛骨　佛塔　佛龛　佛家　佛学　佛教

佛门　佛手　佛老　佛堂　佛爷　念佛　拜佛　佞佛　成佛　信佛　活佛　卧佛

如来佛　弥勒佛　欢喜佛　接引佛

塔林　塔庙　塔轮　塔台　塔基　塔身　塔吊宝塔　灯塔　水塔　炮塔　铁塔

钻塔　杆塔　斜塔　金字塔　跳伞塔　纪念塔　象牙之塔

等等。另一方面，在佛经翻译中吸收外来词时创造的多种造词方式，如音译中为适应汉语特点而采用的音节简化、半音半意译、音义兼顾等方式，既为后来树立了吸收外来词的样板，也丰富了汉语词汇

的构造方式；而大量的比喻法造词和通俗化佛教成语的产生，则极大地丰富了汉语的表现力。（史有为1991；梁晓虹1994）

同词汇相比，语法的民族性、系统性更强些，发展的速度也更慢些。但是在语言接触中，民族语言的语法体系也并不是完全自我封闭的，不同语种的语法体系之间并非壁垒森严到毫无通约的可能，而是具有一定程度的互相渗透吸收的可能。当然，对于外民族语法形式乃至语法范畴的吸收，一般都要限制在合乎本民族语法发展趋势的范围内，不能成为对外民族语法的生硬搬用。如果择取得当，这种吸收给本民族语言的丰富和发展是会带来好处的。比如，汉语中本来就存在"阿—、老—"和"—子、—儿、—头"这样的作为构词成分的前后缀，这说明汉语本身已具有形态构词法，只是不够发达。"五四"以后，由于大量吸收西方文化的需要，"汉语的句法构词法在翻译中受到印欧语的词法构词法（按即形态构词法）的影响，有一些经常同印欧语的词缀对译的构词成分也逐渐有了词缀化的倾向，如'手''师''者''员''家''主义''性''化'等有了后缀化的倾向，'非''反''超''泛'等有了前缀化的货向"①。对于这类构词成分，赵元任分别称为"新兴前／后缀"和"复合词中结合面宽的语素"，吕叔湘称为"类词缀"，还有的学者直截了当就称为词缀，而各家所判定的词缀范围亦不尽相同。尽管这些构词成分同印欧语言的词缀仍有较大差别，现在全部断定为词缀似乎为时尚早，但这是一种正在发展中的语言现象，其中有相当一部分无疑会成为真正的词缀。它们的出现意味着形态构词法将成为与句法构词

① 见《"五四"以来汉语书面语言的变迁和发展》，北京师范学院中文系汉语教研组编著，商务印书馆1959年，第107—115页。

法（复合法）相对独立的一种比较能产的构词法。再如近代汉语的第三人称代词"他"，在先秦文献和《汉书》《论衡》中还是个表示"别的"的意思的无定指示代词。汉末已经开始出现了专门称人的"他"，但用例不多。此后直到南北朝时期，"他"由"别的"演化出了"别人"的意思。初唐以后才正式确立起第三人称代词的语法功能。[①]"他"字意义和用法的这一演变，其根源固然在于口语，但是由于中国古代文人使用仿古的文言，"他"字的这一演变没能在文言中得到应有的反映和推动，只有比较接近口语的佛经译著和佛教文学反映和推动了这一演变，并促成了"他"的用法由旧规范向新规范的过渡，逐渐取代了文言中"其""之""渠""伊"的地位。然而这个人称代词"他"不能标示性别，有时容易发生混淆，导致使用上的不便。于是在五四以后，受印欧语的启发，有人主张把"他"分化成"他""她""它"，并分别读为 tā、yī、tuō，以分别代表男性、女性和事物。其结果，区分读音未能获得成功，区分写法却终于成了第三人称代词的新规范，并且连带复数一并分别成了"他们""她们"和"它们"，给书面语的写作和阅读带来了很大的便利。王力先生把这一过程称为"替代法的欧化"[②]。此外还有类似动词"体"范畴的"着""了"等语法成分，在近代汉语中固然是早就产生了，但在"五四"以前不够完善和稳定，也是在"五四"以后同印欧语的接触中，才获得了体系性的发展和应用[③]。

---

① 参见郭锡良《汉语第三人称代词的起源和发展》，《语言学论丛》第六辑，商务印书馆1980年，第64—93页。

② 参见王力《中国语法理论》（下册）第315—323页，中华书局1954年版。

③ 见《"五四"以来汉语书面语的变迁和发展》，北京师范学院中文系汉语教研室编著，商务印书馆1959年，第139—140页。

　　至于句法方面，早在汉译佛经译文中就留下了梵文语法的影响；而在语体方面，白话的发生固然基于口头语言，但白话文在书面语中的出现却以禅宗语录为先。梁启超在《翻译文学与佛典》一文中关于这两方面情况各有一段精彩的概括[①]：

　　　　吾辈读佛典，无论何人，初展卷必生一异感，觉其文体与他书迥然殊异。其最显著者：（一）普通文章中所用"之乎者也矣焉哉"等字，佛典殆一概不用。（除支谦流之译本）（二）既不用骈文家之绮词俪句，亦不采古文家之绳墨格调。（三）倒装句法极多。（四）提挈句法极多。（五）一句中或一段落中含解释语。（六）多覆牒前文语。（七）有联缀十余字乃至数十字而成之名词。——一名词中，含形容格的名词无数。（八）同格的语句，铺排叙列，动至数十。（九）一篇之中，散文诗歌交错。（十）其诗歌之译本为无韵的。凡此皆文章构造形式上，画然辟一新国土。质言之，则外来语调之色彩甚浓厚，若与吾辈本来之"文学眼"不相习；而寻玩稍进，自感一种调和之美。

　　　　（中略）

　　　　自禅宗语录兴，宋儒效焉，实为中国文学界一大革命；然此殆可谓为翻译文学之直接产物也。盖释尊只有说法，并无著书。其说法又皆用"苏漫多"。弟子后学汲其流，则皆以喻俗之辩才为尚。入我国后，翻译经典，虽力谢雕饰，然犹未敢径废雅言。禅宗之教，既以大刀阔斧，抉破尘藩；即其现于文字者，亦以极大胆的态度，掉臂游行。故纯粹的"语体文"完全成立；然其动

---

①　见《梁启超文选（上）》，中国广播电视出版社1992年，第499—501页。

机实导自翻译。试读什译《维摩诘》等编，最足参此间消息也。

上面第一段话说的是佛经译文染上的外来色彩。在所列十项特点中，除（二）、（七）、（九）、（十）等项外，其余六项指的都是句法。如果说这种译文由于"犹未敢径废雅言"，其中的外来句法特点仍限于文言范畴之内的话，那么正如第二段话所指出，佛教禅宗语录则成为汉语史上最早的"语体文"（白话文）。如果我们再考虑到唐以后敦煌俗文学中的变文、宝卷等都属于佛教文学的话，那么尽管我们不能说没有佛教文化就不会产生白话文，那么却可以说如果没有佛教文化，白话文的产生和成熟也许要晚几个世纪。

"五四"时期的新文化运动是近代以来中西文化全面接触的高潮，它标志着中国文化开始进入了现代形态。白话文终于获得了正宗书面语体的地位。由于白话文本身的不够成熟，又由于在大量吸收西方文化过程中产生了大量的翻译作品，也由于少数学者失于偏颇的欧化主张[①]，当时书面语中出现了大量的欧化的白话文。欧化的严重已到了使白话文脱离群众、违背白话文运动初衷的地步，以至成为20世纪30年代旨在使白话文更加接近民众的"大众语运动"的发起原因之一。王力在出版于20世纪40年代的《中国现代语法》和《中国语法理论》曾专立一章"欧化的语法"来加以讨论。他说："最近二三十年来，中国受西洋文化的影响太深了。于是语法也发生了不少的变化。这种受西洋语法影响而产生的中国新语法，我们叫

[①]　例如傅斯年在《怎样做白话文》一文中明确主张"取个外国榜样""就是直用西洋文的款式，文法，词法，句法，章法，词枝（figure of speech）……一切修辞学上的方法，造成一种超于现在的国语，欧化的国语，因而成就一种欧化国语的文学"。见1919年2月1日《新潮》第1卷第2号。

它做欧化的语法。"作者对于所谓欧化语法与汉语固有的白话语法分门别类进行了全面而详尽的比较分析。特别值得注意的是，王力既不像"五四"时期有的学者那样积极提倡欧化，也不像20世纪30年代"大众语"论者那样专门搜集欧化语法的毛病表示深恶痛绝的反对，因为他认为"对于欧化的语法，用不着赞成，也用不着反对。欧化是大势所趋，不是人力所能阻隔的；但是，西洋语法和中国语法相离太远的地方，也不是中国所能勉强迁就的""彻底欧化是不可能的""中国原有的语法有时候也发生一种反动力，对于欧化的趋势成为一种平衡锤。"不过对那些显然过于生硬呆滞的欧化形式，他还是做了切中肯綮的批评。在时隔半个世纪后的今天，我们再来读王力当年的那些"欧化"举例，发现其中过于背离汉族人语言习惯的欧化形式固然未能生根，读来仍然觉得生硬拗口，但也有不少居然已经融入汉语，并不觉得有外来语法的味道了。比如模仿英语的无定冠词而译成的"一个""一只""一支""一张""一种"之类，现在不仅在书面语中经常见到，就是在口语中也经常听到，并无生硬赘疣之感了。甚至像这样的例子：

　　　　动员民众　　　　　上帝祝福你
　　　　我军撤退武昌　　　敌军登陆北海

王力当时认为是"欠妥的翻译""就中文本身看来是不通的，若译成西方则是通的"。但在今天的汉语中，都已成为新的规范用法了①。

---

① 改革开放以来，此类用法又进一步扩大范围，成为司空见惯的格式，以致被汉语学界认可为"不及物动词带宾语"，是新时期汉语语法新发展的类型之一。详见戴昭铭等著《改革开放40年汉语的变化和发展》，商务印书馆2021年出版，第188页。

再如王著中提到那些巧译action-nouns的"宾提动前"的"新倒装法"，如"粮食管理委员会""火柴公卖处""烟酒统销处""盐务稽核所""伤兵疗养院"之类，现在已成为非常能产的格式了，如：

婚姻介绍所	废品收购站	少年教养院
人口调查处	纪律检查委员会	

这些事实一方面使我们感到汉语在吸收外来语法过程中具有相当大的可容性，另一方面也使我们认识到通过语言接触适当地吸收外语语法是丰富和发展本族语法的重要途径之一。

中西文化的接触碰撞现在仍在继续进行着，上述语言接触而导致的语言变化也仍然在不断发生着。我们今天涵泳在与近代汉语相比早已面目全非的当代汉语的汪洋大海中，只觉得弥漫周身的全是汉语之水，除非经过精细的专门研究已不能一一确指其中哪些来自黄河长江，哪些来自恒河印度河，哪些来自泰晤士河、莱茵河或密西西比河了。

第二节　地域方言的文化历史背景

地域方言的形成与民族的文化体制似乎并不存在直接的关联，而与民族的文化历史却有着较为直接的联系。作为交际工具和民族文化重要形式的语言，与说这种语言的民族活体血肉相依。随着时间的推移、民族人口的繁衍和民族活动范围的扩展，在广大范围内所使用的民族语言不可能在语音、词汇、语法等各方面维持相同一致的面貌，其分歧成分在各种复杂原因的作用下就逐渐形成地域方言的个性特征。语言和文化不是完全平行的现象，地域方言的具体特征同个别的文化史实之间的因果关系是一个难以说清的问题。但是，语言的历史和民族的历史在很多情况下则是平行的现象。因此，从民族文化史方面考察地域方言的成因不仅可行，而且是一件饶有趣味的事情。

大规模的移民通常是地域方言形成的重要原因。因而移民的历史往往成为方言形成的最为恰切的解释。灾荒、战乱、驻防、屯垦、新区开发、流放、殖民地开拓等都是造成移民的动因。英、法、葡、西等欧洲语言在世界各地的区域性变体几乎都是在17、18世纪的殖民地开拓过程中形成的。以现代英语的最主要的地域变体美国英语为例。17世纪初，西班牙、法国、荷兰、英国先后相继开始了向北美的殖民活动。1606年，英国"伦敦"和"普利茅斯"两个殖民公司从英国国王那里获得了向北美移民的特许状。1607年，"伦敦公司"在现在的美国弗吉尼亚州的詹姆士河口建立了詹姆士城（Jamestown）。1620年，英国100多个清教徒在现在美国马萨诸塞州的普利茅斯建立了殖民地。欧洲殖民者大片侵占当地印第安原住民的土地，印第安人或被屠杀，或被驱往内地。各国殖民者为争夺殖民地也展开激烈的斗争。到1733年，英国殖民者占据了东起大西洋沿岸西至阿巴拉契亚山脉的狭长地带，建立了13个殖民地。这13个殖民地当时通用的基本上是伊丽莎白时代的英语。1783年美国独立战争胜利，美国开始脱离英国统治。地域的间隔和行政的分离使英、美两国的英语产生分歧，并开始分道扬镳。发展到今天，美国英语和英国英语在发音、拼法、词汇、习惯用法等方面都有不少差异。单词发音上的差异如：

词　例	英国	美国
ask（请，要求）	[a: sk]	[æsk]
moss（苔藓，沼泽）	[mɔs]	[mɔ: s]
scurry（急跑，奔忙）	['skʌri]	['skə: ri]
duly（按时地，充分地）	['dju: li]	['du: li]
leisure（空闲，闲暇的）	['leʒə]	['li: ʒə]
when（什么时候）	[wen]	[hwen]

等等。这些词例都有规则的发音差异，就是说可以类推，比如由
when可以推出what的发音也有［wɔt］和［hwɔt］的差异。此外还
有不少不具规则性的发音差异。

拼法上的差异如：货车waggon（英）—wagon（美）、支票
cheque（英）—check（美）、灰色gray（英）—grey（美）、连接
connexion（英）—connection（美）、中心centre（英）—center（美）、
犁plough（英）—plou（美）等。

在词汇方面，与英国英语相比，美国英语具有混杂性。一是外
来语多而杂。美国英语在与印第安语接触中吸收了不少印第安语词，
如raccoon（浣熊）、moccasin（鹿皮鞋）、tepee（圆锥形帐篷）等。
19世纪初美国在向西扩展的过程中，又从来自法国、西班牙、荷
兰的移民中吸收了不少法语词、西班牙语词和荷兰语词：法语词如
portage（搬运工，搬运）、pumpkin（南瓜）、praline（果仁糖）等；
西班牙语词如mustang（野马）、alfalfa（苜蓿）、taco（一种墨西哥
玉米饼）等；荷兰语词如waffle（华夫饼干）、boss（老板）、patroon
（荷兰统治时期在纽约州和新泽西州的大庄园主）等。此外，还从德
国移民和犹太语中吸收了不少德语词和依地语词。二是俚语多而杂，

如patsy（懦夫、傻瓜、替罪羊）、fuss（追求女性，与女子约会）、fuzz（警察，侦探）、egghead（知识分子）。有许多俚语来自黑人用语，如nitty-gritty（真相）、bad mouth（说某人坏话）、sweet mouth（溜须拍马）等。由于词汇的上述特点，不少英国人对美国英语抱有鄙视态度，认为"粗野、堕落、亵渎神明"，"只能属于野蛮的美国人的方言"。但是，美国俚语也有不少已进入英国，特别是英国青少年在口语中使用美国俚语已成为一种时髦。

另一方面，美国英语由于脱离了英国本土独自发展，也保留了不少词语的较为古老的意义。如guess指"想、认为"和sick指"有病的"等，原是古英语的用法，后在英国被淘汰。bug在美国英语中仍保留原义，泛指"虫子"，而在英国英语中已缩小为专指臭虫。andiron一词在美国英语中仍指"柴架"，而在英国英语中此词已被firedog所取代。有些词在标准英语中已不用，只限于英国方言中使用，而在美国却成为通用词语，如shoat（猪崽儿，窝囊废）、drool（开玩笑，滑稽可笑的）、polliwog（蝌蚪）等。在保留古词和旧义的同时，美国英语中创造的新词和为旧词增添的新义比英国英语多得多，也更有独创性。

在用词上的差异表现在两个方面。一是同一个词在英美语中表示不同概念，如billion在英国表示"万亿"，在美国表示"十亿"；table在英国表示"将……列入议程"，在美国表示"搁置"。二是同一个概念英美语言中用不同的词表达，如：人行道pavement（英）—sidewalk（美）、汽油petrol（英）—gas（美）、电影film（英）—movie（美），等等。

此外，在词语的习惯用法特别是动词的使用方式上也存在不少差异。美国英语倾向于在有些动词后面加上个副词或介词，以短语动词代替单根动词。如：

> He missed out on a chance to take the exam.（他错过了考试机会。）

这句话中的missed out on a chance，在英语中是不用out on的。类似的用法如drown out, soud out, rest up, pay off, lose out, start up, visit with，等等。[①]

美国英语和英国英语尽管存在着明显的差异，但是这些差异还没有大到足以把它们看作两种语言的程度。从深层结构上看，它们仍然属于同一语言在不同地域的变体。由于现代交通、通信的发达和大众传播媒介的普及，由于美国科技文化影响力的强大，美国英语对英国英语的影响也越来越大。不过，两地英语的分歧和差异仍会继续保留下去。

现代汉语七大方言地理格局的形成也同中国历史上的移民有十分密切的关系。上古时期，生活在黄河流域中原地带的商周先民自称"华""夏"，称中原四周的外族为"蛮""夷""戎""狄"。西周虽然统有"天下"，但是"五方之民，言语不通"，四夷与中原周族通话还得借助于翻译。大约西周末年，在周王朝所在的王畿成周一带所用方言的基础上形成了一种威望较高的通用语"雅言"。雅言也就是夏言。就语体而言，"雅言"是一种可以代表汉语书面语的较为标准的形式，又是对汉语北方话标准语早期形式的一种称谓。

---

① 关于美英两国英语的差异参阅：陆国强《现代英语词汇学》，上海教育出版社1983年；〔美〕加兰·坎农《英语史》（中译本），中国对外翻译出版公司1987年；〔英〕布赖恩·福斯特《变化中的英语》（中译本），辽宁人民出版社1980年。

周秦时代，广大江南地区是古越族的居地，中原居民常以"南蛮""荆蛮""蛮夷"称呼古越族。据现存资料看，古越语似不属于汉语系统，因此由古越语不可能直接发展成今天的汉语南方方言。现代汉语的南方方言是在漫长的历史时期中不断分批南下的北方移民带去的古汉语与当地土著语言融合混杂的产物。由于南下移民源自不同地区，所带去的北方汉语的地区特色和时代层次有别，所融合混杂的土著语言又不相同，于是便形成了南方方言的不同类型。①

吴语的源头可追溯到3000多年前先周太伯、仲雍的南迁。《史记·吴太伯世家》："吴太伯、太伯弟仲雍，皆周太王之子，而王季历之兄也。季历贤，而有圣子昌，太王欲立季历以及昌，于是太伯、仲雍乃奔荆蛮……自号句（gōu）吴。荆蛮义之，从而归之千余家，立为吴太伯。"这是关于吴国立国的最早记载，其故地在今常州、无锡、苏州一带。据周振鹤、游汝杰分析，"这个记载实际上暗示着当时有一股北方移民南徙到江南。由于这支移民的原居地（渭水中游）文化比较发达，因此他们带来的语言便在相对比较落后的地区扎下了根，成为吴语的最初基础。"发展到西晋，江南已是吴语的天下。

西晋末年发生了"永嘉之乱"，大约有100多万中原士族和百姓渡江南下，形成中国历史上第一次大规模的移民运动，时间一直迁延到南北朝时期。东晋南朝在从建康（今南京）以西至洞庭湖北的大江两岸设立了许多侨置州郡，来安顿这些流民。这次大移民的结果是：进入江西的北方移民所带来的北方话成为客家话的先声；江西土话与北方话接触融合而形成了赣语的早期形式，吴语和湘语的

---

① 以下所述参见袁家骅等著《汉语方言概要》，文字改革出版社1983年；周振鹤、游汝杰《方言与中国文化》，上海人民出版社1986年。

联系被赣客语地区切断；在宁镇（南京、镇江）地区，北方方言取代了吴方言，奠定了下江官话的最初基础，从而使吴语区退缩到镇江以东；在洞庭湖北岸出现了西南官话的雏形。

湘语源于古楚语。楚人祖先在殷商时居住在中原，其居地中心就是后来春秋时卫国的楚丘邑（在今河南濮阳西南）。殷末大乱，楚人鬻熊率族人向西南迁至丹阳（今湖北境内），成为南方楚国的始祖。南迁楚人从中原带来的华夏族语言后来演变成楚语。在湖南境内的古楚语后来逐步演化成古湘语。汉扬雄的《方言》里屡次提到的"南楚江湘"的土语，大约就相当于古湘语。西晋末年永嘉之乱造成的北方人民第一次大迁徙也把当时的北方话带入了古湘语区。

爆发在中唐天宝至德年间的安史之乱迫使北方居民再度大规模南迁，形成了中国历史上第二次移民大潮。《旧唐书·地理志》："自至德后，中原多故，襄邓（豫南鄂北）百姓、两京（长安、洛阳）衣冠，尽投江湘，故荆南井邑，十倍其初，乃置荆南节度使。"这次移民大潮带来的北方话冲击的主要结果是：荆南地区的固有方言被北方方言所取代，从而奠定了西南官话的基础；到达湘资流域下游地带的北方方言与原有的湘语接触交融奠定了今天新湘语的基础，从而使湘语形成南（老）北（新）两片的格局；进入江西地区的北方移民把赣客语推进到了赣南地带。

客家先民本来也是中原一带的汉族居民。其居地北起并州上党，西届司州弘农，东达扬州淮南，中至豫州新蔡安丰。在上述两次移民大潮中，客家方言已进到赣南，但史志中尚无"客""客家"之称。宋代方志中才开始将北来移民称为"客户"。北宋末年，金兵南侵，宋室和中原宋人南渡避乱，形成了中国历史上第三次移民浪潮。这次移民时间迁延至100多年后的蒙元南侵。南宋灭亡后汉人不堪蒙古人统治，原已迁至闽西、赣南的客户再度南迁至粤东和粤北，形成了不少纯客户县。客家居地集中，又多在闭塞的山区，与周围的"土著"形成相对的封闭状态，这使他们在一定程度上避免了周围"土著"的风俗和语言的影响，保存了从中原带来的文化礼俗和语言传统，汉语客家方言就是在这样的条件下形成的。到了清朝，一因客地山多田少难以容纳繁衍的人口，二因土客械斗政府动员，客家人又陆续从粤东、粤北、粤中和赣南迁徙到四川、台湾、湖南、广西、粤西、海南等地，先后在这些地区形成了许多客家方言岛。

粤方言的源头可以追溯到秦汉。今天的粤方言区在广东中部和西南部、广西的东南部，约一百来县。这一地带上古时是"百粤"（又作"百越"）居地的一部分。但是今天作为汉语方言的粤语并不是古粤语独立发展的产物。秦始皇派任嚣、赵佗平定百粤，占有岭南地区，留下50万人戍守岭南三郡。这些守卒所带去的当时的中原汉语才是今日粤语的先声。汉武帝时粤人叛变，武帝平叛后置郡设守，百粤成为中国的一部分，到西汉时粤地已形成越汉杂居的局面。在后来的历次中原战乱引起的移民潮中，都有大量的北方居民到达岭南。此外，岭南还是中土朝廷贬官流放之地。这一批批北来汉人所带来的汉语层层累积，发展成了今天的粤方言。上古的百越语则成为粤方言的底层。

闽语的底层是古吴语。第一批汉人从北南下入闽在西汉末年。当时中原政权设了在福建的第一个县治县（今福州）。但是这批移民数量不大，对闽语形成不起作用。从汉末三国至晋初的百年间，浙北汉人分别从陆路经浦城入闽，从海路经福州入闽。沿海地带相继新设了罗江（福鼎）、原丰（神州）、温麻（霞浦）、东安（泉州）四县，在闽西北出现了汉兴（浦城）、建安（建瓯）、南平、建平（建阳）、邵武、将乐六县，形成了古闽语的基地。这时的福建方言就是当时的吴语。永嘉之乱使中原居民大批南迁。据史书记载，当时入闽的有"衣冠八族"。唐五代时又有数批中原人士南迁闽地，其中较有影响的是唐初陈政、陈元光父子入闽镇畲和唐末王潮、王审知兄弟入闽据乱所带的中原士卒。到宋代，闽语扩展到了广东潮汕地区。两宋的末年由于金、元侵迫，大批皇室人员及随从将士南下避乱，其中不少进入福建。史书记载南宋末年入闽保驾的北方军兵70万，民兵30万，这些军民后来都留居在闽粤一带。台湾的闽南话是明末郑成功入台抗清时从闽南带去的兵士留下来的。海南岛的闽南话，据《琼州府志》等文献记载，当是明、清时由闽、粤的闽南话区来岛的移民带入的。

作为汉语主体方言的北方方言，在两汉时期的主要范围只限于长城以南和长江以北。现代汉语北方方言的分布范围则已扩大了数倍，包括从东北到西南，从西北到长江中下游这样一个占全国汉语地区四分之三的广大面积。这个地理格局的变化的主要原因同样也是移民。北方方言包括下江官话、西南官话、西北官话、东北官话、华北官话等次方言。下江官话是在六朝以后中原居民为避战乱而迁吴楚地区形成的。云、贵地区的西南官话和青海的西北官话主要是由明代在当地实行大规模的军屯形成的。东北官话的基础是在历代出关谋生的华北汉人和被流放的罪官及其眷属所带去的北方汉语，清末民初河北、山东百姓大批"闯关东"，则进一步促进了这一次方言的成熟。

以上所述方言与移民史的关系仅仅是一种宏观的、极为粗略的勾勒。汉语方言之复杂大概可以称得上世界之最，历史上汉族人民颠沛流离、辗转迁徙情况之复杂，在世界各民族的生活史中大概也是少见的。民族语言的历史也就是民族生活的历史。因此，无论是大方言区、小方言片还是更小的方言点，它们同移民史的关系都包含着非常丰富的内容，然而年代的久远和史料的不足则又使详细的考察和具体的论证成为一件并不轻松的事。此外，方言地理的成因并非只有移民一项，还有其他方方面面。就文化史方面而言，人文地理、交通地理等也都是不可忽视的重要成因。①

第三节　社会方言和亚文化形态

民族、民族文化、民族语言都是总体概念。民族是由不同的社会群体构成的集合体，这些社会群体可能由阶级、阶层、职业、年龄、性别上的差异造成。在由不同民族或种族组成的较复杂的文化共同体中，社会群体还包括民族或种族的文化差异类型。这些文化差异群体是构成民族或国民的一个个亚群，它们既然在一个文化共同体中生活，自然受着共同体的主流文化的统摄，然而作为一个个亚群，它们势必各自带有不同于其他亚群的文化特征。所谓亚文化（subculture），就是指在一定文化共同体中的某些次级群体中所拥有的一种既包括主流文化的文化特征、也包括某些独特的文化特征的文化形态。语言既然是文化的建构手段和表现形式，那么在构成和表现亚文化方面自然也要发挥相应的功能，于是民族的语言体系或国民的语言生活中必然要产生某些与特定亚文化群体相适应并可以成为该群体的文化表征的语言成分。这些语言成分就是通常所谓的社会方言。从文化语言学角度看，社会方言是民族语言的文化功能

---

① 关于这方面情况可参阅周振鹤、游汝杰《方言与中国文化》一书第三章。

变体。考察社会方言的构成和使用情况，可以对语言的文化功能和文化内涵获得更深入的理解。

一、阶级方言和阶级语言

一个文化共同体（民族或国家）分化为不同的阶级或阶层，不同的阶级或阶层往往拥有各自的文化特征，这些特征包括由地位和生活的差异形成的思想方式、价值观念、心理活动和行为方式上的不同点。语言本身是没有阶级性的，但是不同阶级或阶层对语言的使用或施加的影响却不可避免带有阶级或阶层的特殊性。这些特殊性是阶级／阶层方言产生的原因，而阶级／阶层方言的存在又反过来对阶级或阶层文化地位的差异发挥着一种维系作用。

在中国封建社会的中后期，文言就是士大夫阶级及其附属的文人阶层所专用的阶级方言。但是这种阶级方言不是口语形式，仅仅是书面语形式。在白话尚未与文言分道扬镳的封建社会早期、口语和书面语并没有后来这样大的距离。可是由于民间口语演变速度快，而士大夫阶级及其文人为了显示自己的学问、教养和维护自己的权利、地位和身份，却故意鄙视口语、耻于模写口语；再加上学校教育和科举制度使莘莘学子不仅必须熟读圣贤经典，援笔为文也必须"征圣""宗经"，以先秦两汉的古文为规范标准。结果就使得口语和书面语的差距越来越大，形成了"文言"和"白话"两种语体。白话的基础是北方口语，而全国各地的居民无论贵贱从小习得和日常使用的都是当地方言。于是就形成这样一种语言使用状况：不识字的广大民众说方言，文言白话一概不能看，但能听懂用方言的俗讲、说书和唱戏；识字不多的少数民众说方言，能看白话小说和唱本，但不看也不写文言作品；通文墨而无地位的下层文人说方言，主要写白话作品；上层统治阶级及其文人在家里说方言、在社会上说带有乡音的"白话"（"官话"），但不写白话文，只写文言文。文言在中国使用了两千多年，积累了丰富的文化遗产，产生了大量优秀作品，它所构成的汉语文化曾经是中国民族统一融合的重要力量。但到了封建社会的后期，白话文作为一种新生、健康、成熟的语言形式已经成为新兴的进步文化的象征，而文言却泥古不化，越来越脱离群众，病入膏肓，就异化成腐朽、没落、保守的语言形式和文化象征了，其唯一的功能就是充当封建道统的辩护工具和给封建士大夫及其文人们作为身份地位的象征。正因为如此，在五四时期"废文言，兴白话"的狂飙中，除了一些封建遗老外，广大人民群众没有一个出来为文言说好话的。在本世纪初发生的这场由文言文到白话文的语体变革，在时间和空间上恰好与由旧文化到新文化、由贵族文化到大众文化、由古典文化到现代文化的文化变革相一致。这种情形最为有力地证明语言不仅仅是一般意义上的交际手段，它本身就是一种文化代码，是一定的文化价值的和文化内涵的体现形式。

　　同上述作为阶级方言的文言文不同的是，在被异族占领的社会中，占领者带入的语言在一定时期可能成为凌驾于被统治阶级的语言之上的"阶级语言"。兹维金采夫认为，在11世纪到13世纪诺曼人入侵的英国社会中，"诺曼征服者所操的法语在某种意义上可以称为阶级语言。说这种语言的不是一小部分上层英国封建主，而是全部的执政贵族。"因为在入侵初期皇帝的直属诸侯全部是诺曼人；此后，"当盎格鲁-撒克逊的贵族逐渐和执政的诺曼贵族融合起来时，他们也学会了法语。"由于当时宫廷和政府用的都是法语，整个社会都以会说法语为荣。贵族子女在摇篮时代就已经开始学着用法语讲话了。如果一个人不懂法语，人们就瞧不起他，但社会地位卑微的人还保持英语，讲他们自己的话。尽管到后来，使用法语的贵族阶级终于没落，在说英语的新兴资产阶级步步进逼下，法语终于融化在英语之中，但是在此前的11—13世纪，法语确曾是英国上层统治阶级专用的"阶级语言"。①在古印度戏剧的语言中有一条规则：男人只能说梵语，女人只能说普拉克利特语。叶斯柏森对此评论道："区别不是由于两性分化的结果，而是基于社会等级，因为梵语是神、国王、大公、婆罗门、国务要人、宫廷贵族、舞蹈大师及其他地位高的男人以及部分具有特殊宗教意义的女人所使用的语言，而普拉克利特语只有社会地位低下的男人——商人、小官僚、澡堂工人、渔民、警察以及几乎全部女人才说它。因此，两种语言之间的区别是社会阶级或种姓之间的区别。"②

美国的黑人英语是标准英语的非标准变体，也是一种阶级方言。黑人英语形成的文化历史背景是17—18世纪欧洲殖民者在开发美洲殖民地过程中推行的黑人奴隶制。黑人奴隶是白人奴隶主从非洲贩卖而来的。为了防止被贩卖的黑人奴隶有效地交流思想，白人奴隶主故意将有不同语言背景的黑人放到一起。这些黑人奴隶在美国南方的奴隶主种植园中逐步重建起自己的言语社团，形成了自己的有别于美国主流文化的亚文化层次。尽管后来美国废除了奴隶制，但是长期以来黑人一直处于社会的底层，被剥夺了受教育和掌握文化的机会，他们从小习得的英语是一种流行于黑人社区的非标准英语。只有少数教育程度较高的黑人才说标准英语。黑人英语与标准英语

---

① 参见〔苏〕兹维金采夫《普通语言学纲要》（中译本），商务印书馆1981年，第284—285页。

② O. Jespersen: Die Sparche. 转引自〔苏〕兹维金采夫著《普通语言学纲要》（中译本），商务印书馆1981年，第286页。

的主要差别不在词汇方面，而在语法方面。最显著的差别有二，一是在某些条件下不使用系动词 to be[①]：

> For a while any way it clear（在形容词前）
>
> She a big woman（在名词性词组之前）
>
> I in a big hurry（在介词短语之前）
>
> But now I here（在副词之前）
>
> It the trath（在填充词 it 后）

二是动词具有繁琐的时态系统。如关于时和体[②]：

> I do see him（我刚刚见过他）刚好在现在时之后，侵入了现在时，因此是"过去表始时"（inceptive tense）. I did see him（我见到他了）的时间略远一些，是"前－现在时"（pre-present tense）。I done seen him（我先前见着他了）的时间还要远些，是"近过去时"（recent past）。I been seen him（我早见过他了）的时间更远些，是"前－近过去时"（pre-recent past）。从现在时往前推，假使某人说 I'm a-do it（我马上去做），他大约在 30 秒内就会去做的。这是"最近将来时"（immediate future）。假使某人说 I'm a-gonna do it（我就去做），他不久就会做的，是"后－最近将来时"（post-immediate future）。但是如果他说 I

---

　　① 转引自〔美〕加兰·坎农著《英语史》（中译本），中国对外翻译出版公司 1987 年，第 248—249 页。

　　② 转引自〔美〕Dwight Bolinger 著、方立等译《语言要略》，外语教学与研究出版社 1993 年，第 511 页。

gonna do it（我会去做的），做的时间就可能无限地推延了。

此外，还有省略所有格标记（John-cousin "约翰的堂／表亲"）、省略复数标记（I got five cent. "我有 5 分钱。"）、省略某些前置词（He over to John house. "他到约翰家去了。"）等用法。黑人英语的语音与标准英语也有不少差异。本世纪以来，美国黑人的社会地位有所上升。黑人英语逐渐失去阶级方言的特性，但大多数黑人仍然是较低的社会阶层，黑人英语仍然是美国社会尤其是南方各州英语的一个阶层方言。

二、行业语和术语

社会分工是人类社会文化发展的产物。具有共同文化的人类个体，由于社会分工的不同，长期从事于某职业，就逐渐成为在一定程度上专精于某一行业的个体。人是为了谋生而从事职业学习和职业劳动的。人的社会化过程也就是职业化过程，即知识和技能的获得和使用过程。因此在某种意义上说，人的职业化过程也就是人的能力和习惯获得的文化过程。社会分工越是严格细密，社会就业越是充分，人的知识和技能就越带有专业化倾向。一般人不可能兼通或兼做所有行业，大多数人终身从事某一行业，只有少部分人兼通或兼做过几种行业。因此，人总是被限定在一定的行业"圈子"里，而作为文化共同体的整个社会也就被这形形色色的行业"圈子"所分割，形成一个个次级的亚文化社会。行业的分割所造成的不同行业间的语言差异，主要表现在词汇上。各行业特别是知识和技能比较专门的行业，为了概括本行业特有的知识、经验和技术，称说本行业特有的工具、手段、工艺过程和产品，都有适合并通行于本行业"圈子"内的一套词语，其中不少词语由于含义过于专门或过于高深而为外行的人所不懂，于是造成一种所谓"隔行如隔山"的感觉。如一本关于中医护理的书讲解"新针疗法"的好处之一是：

> 透穴多：可从一个穴位透到另一个穴位或几个穴位，一般在四肢部位常采用透穴的方法。如上肢曲池透少海、下肢阴陵泉透阳陵泉、头面太阳透率谷、躯干鸠尾透中脘等，效果较好。

又如一本关于西医护理的书讲解阿托品救治有机磷农药中毒的效能是：

> 阿托品能拮抗乙酰胆碱对副交感神经和中枢神经系统的作用，消除和减轻毒蕈碱样作用，对抗呼吸中枢抑制。有机磷农药中毒患者因体内有大量乙酰胆碱积聚，所以阿托品用量要超过一般常规剂量，而且要强调早期、足量、反复给药，直到毒蕈碱样症状明显改善、出现"阿托品化"为止。

上面两段话中加线的词语就是行业语，没有加线的词语是普通词语。各个专门行业或学科的知识和技能的表述形式，就是这样一种"普通词语加行业语"的结合体——科技语体。各专门行业的科技论著使用的普通词语和语法规则都来自日常语言，其中的行业语所使用的构词材料和构词规则也没有超出民族语言的范围，其之所以使外行者感到难懂，就是因为其中的行业语所包含的概念和知识超出了读者或听者的知识范围。行业语是标志特定领域内的人们的认识成果和实践成果的一套代码（code），不懂这套代码的外行者是难以与该领域的行家就其专业进行讨论的。行业语作为一种社会方言，所造成的语言隔阂甚至超过地域方言或民族语言。说不同地域方言或民族语言的夫妻可以融洽相处，然而从事不同行业的夫妻要谈论对方的专业却难免尴尬，于是最好的策略是不如避免触及此类话题。可见作为一种专业代码的行业语，其实正是一种亚文化代码。

　　行业语，特别是理论性较强的学科中的行业语，大多抽象难懂，即便是本专业的学习者和工作人员，也并非人人都能理解和使用得很好。然而，一定领域的行业语是建构该领域的知识理论的文化符号，是传授专业经验和专业技能的规范手段。如果没有那么多行业语，我们很难设想能建立起分工明确而又运转自如的一个个亚文化性质的专业群体，能正常地从事生产、社会管理和科学探索。人类社会生产的不断发展、科学理论的不断革新、文化形态不断演进的历史，也就是记载着各行各业的经验和知识的行业语不断发展和不断更新的历史。从事专业学习和专门职业的个人，其主要活动便是掌握和运用相应的行业语，而人们也正是根据他对自己行业的专门用语掌握的情况和运用有关理论解决问题的效果来评判其造诣和贡献的。这种情况正如美国学者Bross所说：

　　　　外科医生是怎样获得人体结构的知识呢？其中一部分来自他长期训练中所得到的第一手经验。然而使这一经验取得成果的都是他的早期训练。在解剖课上传播给他的是一代又一代升华了的前辈的经验。经过数百年和数百万次的解剖，逐步形成了人体结构的详细精确的图画，使外科医师知道从何处开刀。仅是为了描述这一结构，就渐渐形成了一种高度专业化的次语言。在把解剖事实有效地传授给外科医师以前，必须教会他解剖的行话。因而，作为外科医师"有效行动"基础的是一种"有效语言"。①

行业语固然是学习和从事专门职业的门径，但是并非任何行业都有成套的行业语。劳动有简单复杂之分，知识有粗浅精细之别，学科有层次高低之差。行业语在这些有差等的领域所起的作用不尽相同。简单劳动不可能产生复杂成套的行业语。比如家务劳动即便作为一种职业，也并未见有多少可以称为行业语的东西。传统农民和手工工匠的劳动比家务劳动要复杂得多，相应的行业语就不仅多，而且有套路体系，但同现代的科学技术领域相比，还是粗糙得多。科学技术领域各行业中那些定义严密、概念精确的成体系的行业语，就是通常所谓的科技术语或科技名词。自然科学由于建立在逻辑实证主义哲学和实验方法的基础上，所表述的知识客观性、世界性较强，不易受意识形态的影响，有统一的需要和可能。世界上许多国家都有统一审定科技术语的国家级机构，中国的相关机构是"全国科学技术名词审定委员会"，其工作目标是实现科技名词标准化、规范化。与自然科学相比，社会科学（包括人文科学）更容易受国家、民族、种族、宗教、学派、政治意识形态以及个人见解等因素的影响，所表述的知识容易带上主观性，缺少自然科学知识的客观性，因而对术语的定义和理解常常产生分歧，有时还因此引起政治上和外交上的争端。社会科学的术语不容易统一和规范，根本原因在于

---

① 　Bross I. D. J. 1973. "Language in Cancer Research"（《癌症研究中使用的诸语言》）。转引自〔美〕Dwight Bolinger《语言要略》（中译本），外语教学与研究出版社1993年，第516页。

其中包含的概念是人们的社会意识的理念化，社会意识是由人的社会存在决定的，而不同的人们的社会存在绝不可能完全相同。对于这类分歧和争端，我们可以寄望于通过对话以增进理解和消除偏见，却不必希图消弭差异而定于一尊。因为差异本身可以成为探索和进步的动力，它未必就是坏事。

三、隐语

隐语又称"秘密语"，是某些专门行帮或秘密社团为了保护行业或团体的利益创造出来用于内部联络或交谈的一种暗语。按照创造和使用者的情况，隐语可粗分为两类：一类可称为行业隐语，指那些被社会认为是正当职业的行帮所使用的隐语，如商号隐语、工匠隐语之类；第二类可称为江湖隐语，指那些社会认为是非正当行业或具有反社会性质的社团所使用的隐语，如娼妓、赌博、乞丐、盗匪和走私贩毒等行业中所用的隐语，这类隐语通常被贬称为"黑话"。但职业正当与否，不同社会有不同标准。有的社会法律不禁娼，娼妓隐语有时近于行业隐语。不过社会道德一般认为娼妓并非正业，所以把它归为后一类。（至于军事、刑侦、间谍等部门使用的密码，其性质尤为特殊，不在此处讨论。）

隐语的功能可以概括为：1.认同，即通过隐语确认同伙；2.排外，不会使用同类隐语即使同行也不能认为同伙；3.保密，指使用隐语可以防止外人听懂话语内容。隐语作为一种秘密符号，其生灭兴衰与社会环境密切相关。旧时中国社会环境复杂险恶，成为隐语孳生的特殊条件，那时三教九流、五行八作都有自己的一套隐语，隐语的别称曾有多种，如市语、方语、锦语、俏语、切口、声嗽、春典（"典"又作"点"）、杂话、行话等。民国年间，吴汉痴曾编辑出版了一本《切口大词典》，收录隐语近万条，按行业分为18大类376小类，冠之以"切口"这一总名。新中国成立后，资本主义工商业和手工业受到改造，那些畸形变态的行当如娼妓业、赌博业、巫卜星相业等也都经过了整顿和革除，许多隐语一度失去了生存的土壤，成了历史的陈迹，但并没有完全消失。改革开放以来，人们有了更多的择业自由，社会价值取向和人生价值观念都多元化了，个体工商业和市场经济都得到了恢复和繁荣，不少曾一度消失的对社会有消极危害作用的江湖行当也乘时"复兴"起来，据熹葆所撰的纪实文学作品《当代江湖黑话骗局大曝光》[1]看，在当代江湖这个亚文化圈子中，不仅江湖势力所从事的反社会活动相当猖獗，而且江湖隐语（黑话）也卷土重来，成为当代中国黑社会中相当发达的社会方言和极为有效的功能性语体。比如其中所叙1982年某日江西向塘火车站小广场上两个黑道人物碰面时的对话：

> "老先生，买卖好啊？这场挑汉，捞烂头不少吧？"[2]
>
> "混混啃罢了？请问相客贵姓？"[3]
>
> "免贵，姓汪。跑海人[4]叫我'长沙汪'。"
>
> "哦！'长沙汪'！我招子不亮，失敬了！早知您是份老买卖啦。来，抿星条吧！"[5]

---

[1] 见1989年第5期《浔阳江》。

[2] 挑汉：卖跌打损伤药。捞烂头：赚钱。

[3] 混混啃：混碗饭吃。相客：同行朋友。

[4] 跑海人：跑江湖的人。

[5] 招子：眼睛。是份老买卖：是位跑江湖的老手。抿星条：抽香烟。

又如下列隐语，皆出自上述该文，多系新近流行，而为旧时所未见：

同相（江湖同行）　　　　棺材头（提包）

老相（江湖老大）　　　　小霸（干部）

圈子（城里）　　　　　　大霸（大干部）

隔子（山村）　　　　　　彩神（女人）

窨子（酒店）　　　　　　朵花子（姑娘）

公窨（馆子）　　　　　　拖汉（假药）

痞空子（假江湖客）　　　中拖（上当）

方子（钱包）　　　　　　放腥（露假、出事）

接地（走路）　　　　　　理大腥（全是假的）

挂线（打电话）　　　　　尖钢（全是真的）

抓飞点（抓过路人看病）　抿火山（喝酒）

掏老鼠洞（偷人衣兜的钱）抿串（喝醉）

骑马（偷自行车）　　　　合皮（嘴巴）

放血（骗钱）　　　　　　游魂（流氓）

作为一种社会方言，隐语并没有创造一套自己独有的语音体系和语法体系，使用的仍然是当地语言的语音系统和语法系统。隐语之所以晦涩难晓，是因为隐语的构成主体是一些特殊的词语，这些词语把日常语言符号的能指和所指关系割断，代之以另外的能指。这"另外的能指"有的是本有所指，而非隐语的所指，圈外的人按照原来的所指去理解，就产生了解码过程的干扰，解码所得的语义不合言语情景，就感到不知所云了。如说隐语的人说到"掏老鼠洞"，一般人还按字意义去理解，当然想不到指的是掏兜偷钱的意思。还有一些隐语是日常语言中并不存在的随意杜撰出来的名称和说法，外人听起来感到特别陌生，自然也就不知所云。如以"拖汉"指假药、"中拖"指上当，一般人头脑中的语言系统从未有过此类语码，偶尔听到自然就无从解码了。但是在说隐语的圈子内部，隐语的能指和所指的关系仍符合语言符号的规定性和约定俗成性。

隐语再隐晦，也要与现实发生联系，因此现实情景是圈外人破译隐语"密码"的门径。比如我们听到"抿星条"，初时不懂，但见到说话人递烟抽烟，就可猜到是指抽烟；听到"抿火山"，又见到说话人走向酒馆，就可以推测是指喝酒。再加以分析，可知"抿"指"吸、喝"一类行为，"星条"指烟卷儿，"火山"指酒。使用隐语的行帮和秘密团体，本身就是社会的一部分，不可能完全与社会隔绝，因此尽管有不得外传隐语的帮规，有些隐语还是流传了开来。隐语的构造，或形象生动，或奇特怪异，这本是隐语创造者为了使其便于记忆而有意为之的，但这种特点可以满足一般人追求新奇言辞的心理，因此隐语一旦传到圈外，往往流传迅速，甚至为全民语言所吸收。比如"挂彩"（受伤）、"休克"（晕厥）、"四梁八柱"（骨干成员）等都是旧时盗匪黑话，现已成为普通词语。又如"一张"（10元）、"一棵"（百元）、"一吨"（千元）、"一方"（万元）等本来带有隐语性质，现在作为生意场中的俗语已几乎无人不晓。有的隐语流传到社会上后改变了含义。如"下海"原指入贼道，又指票友正式从艺，但后来指在改革开放的经济潮流中弃行从商。"走穴"，旧时指无固定团体的艺人临时搭班子、拉场子或"撂地"演出，近些年指各种演艺人员脱离原来团体参加以赚取外快为目的的演出。"大哥大"原系港澳地区黑社会对团伙头目的敬称，20世纪90年代在中国大陆成为移动电话的俗称。"跳槽"本指嫖客疏弃甲妓另择乙妓，现指各类从业者脱离原单位另择新单位。有些隐语是通过文学作品而得到流传，成为通用词语的。隐语流入社会，就失去了保密作用，需要创造新的隐语来替换，所以隐语总在不断花样翻新。

行业隐语与行业语的共同特点是难以为外行的人所知晓。但是外行人之难以知晓的原因，隐语和行业语是不同的。外行人不懂某行的行业语是因为不了解该行的业务和知识，并不是该行的人故意隐瞒；而隐语则是该行的人为隐瞒情况、封锁技艺而故意采用的迂曲说法。比如长刨、短刨、平刨、圆刨、沟刨、剞刨等是木工的行业语，而旧时木匠把刨子称为"光子"，这"光子"就属于行业隐语了。由于旧时很多行业都有自己的一套隐语，因而隐语又被称为"行话"。"行话"这一名称作为语言学的术语，容易与"行业语"混淆，是一个不甚恰当的名称。侯精一《山西理发社群行话的研究报告》[1]收列了约200条"理发行话"，按意义分为理发、身体、亲属、人物、饮食、服装、居住、动作、性质九类。其中"理发"类仅30条，如磨茬儿（理发）、扯茬儿（剃光头）、偏圪亮（分头）、后圪亮（背头）、赶木耳（刮耳朵）、赶碟子（刮脸）、磨子（推子）、夹子（剪子）、隔山照（镜子）等。其余8类如沙包（肚子）、灰子（媳妇）、嚎天的（警察）、抓不住（鱼）、臭窑儿（厕所）、片板凳儿（生孩子）等，虽与理发业务无直接关系，却占了"理发行话"的绝大比例。关于这种"行话"的功用，文中说："旧时，理发社群的社会地位相当低……经常受到官府、黑势力的欺压，为保护自身，求得生存，需要一种社群外的人听不懂的话。""旧时的理发社群可以说是一个乡帮结合体，带有相当大的排外性。行话是入门的必修课，

---

[1]　收载于《语言·社会·文化》一书，语文出版社1991年。

是正规从师学艺的标志。……如果不会行话，手艺再好，同行还是不承认，被视为'柳生手'（半路学艺的人），为此还要拜师学艺，补学行话。"可见这种"行话"的功能不是用以传授技艺，而是用来保密和排外，而保密和排外正是隐语的功能。正因为传授技艺不必隐语，所以20世纪50年代中国大陆实行经济体制改造以后，行业之间、人与人之间的关系明朗化了，各种职业团体尽管依然存在，但作为隐语的那些"行话"已无存在的需要，就迅速萎缩并走向消亡。不过，局部残留的行业隐语偶尔尚在使用。比如文中述及，当有顾客来理发时，徒弟不知是否熟人或当地头面人物，不知该不该收钱，就会问师傅："卡把不卡把？"师傅如果回答"不卡把"，徒弟就会告诉顾客"不必掏钱了，下次再说吧。"像这类"行话"，还是称为"隐语"为好。

四、性别方言

顾名思义，性别方言似乎是指语言（或方言）中同标准系统相对而言的由性别差异造成的变体，并由此可以推断出存在男性的和女性的两种性别方言，但是实际上多数语言学家在谈到性别方言时所针对的都是女性语言的特点，并把具有这种特点的语体称为"女性语体"或"女性语言"。由于女性语言的特点是同男性语言相比较后概括出来的，这个比较似乎隐含着这样一个观念：男性语言可以作为标准的、中立的语言。于是语言学中的"性别方言"几乎成了"女性语言"的同义语。

诚然，由男女两性构成的社会文化可以划分为既相联系又有所区别的两性文化，有史以来的人类文化又几乎一直都是男权中心文化，男女两性的语言也确实存在不少明显的差异，然而如果在性别方言的研究中以为男性的语言具有中立的价值，把男性语言作为比较研究的标准，却不免要犯先入为主的偏见性错误。20世纪60年代，美国语言学家舒伊（Shuy）、沃尔弗勒姆（Wolfram）、赖利（Riley）、法索德（Fasold）、拉波夫（Labov）、勒文和克罗克特（Levine and Crockett）等人的研究都证明："如果把年龄、教育水平和社会阶层等变异因素都考虑在内，妇女使用的语言形式通常要比男子更接近于标准语，或是更接近于那些具有较高声望的形式"。勒文和克罗克特的研究还证明：在美国的一个地区，"社会的言语形式向全国的标准靠拢，是由青年，特别是中层阶级的中年妇女带头的"。英国语言学家彼得·特鲁杰（Peter Trudgill）在1972年发表的一项研究报告，用大量实证的材料说明诺里奇市的英国英语的性别差异，从而支持了上述美国语言学家的研究结论。特鲁杰的研究还证明，尽管标准英语具有公开的声望，而工人阶级的非标准英语则具有潜在的声望，诺里奇市的男子，甚至是一些地位较高、有文化的男子在自己的言语中宁愿放弃标准语的形式，采用非标准语的形式。①

　　至于导致上述男女两性语言差异的原因，看来比较合理的解释也是在文化方面。首先是地位感的问题。标准的语言有点像标致的容貌和讲究的服装，容易使拥有者获得社会的尊重和良好的评价。在以男子为中心的文化体制中，妇女的社会地位总的来说低于男子，也不如男子稳固；男子的地位可通过职业、收入或其他能力来衡量，而对大部分妇女却不能用职业或事业上的成就来衡量，主要还是看她们外在的其他标志，其中包括她们的语言。因此，与男子相比，

---

　　① 〔英〕彼得·特鲁杰《性别、潜在声望和诺里奇市英国英语的变化》，收载于祝畹瑾编《社会语言学译文集》，北京大学出版社1985年。

妇女可能更需要在语言上和别的方面（如容貌、服饰）来表明和保障他们的社会地位，她们也可能更强烈地意识到这类标志的重要性。第二是气质归属的问题。男人们普遍有一种"男子汉"意识，即使比较尊重女性并坚决主张男女平等的男子也未能免除这种意识。甚至还在少年时代，男女两性的语言就开始发生差异，其中有些歧异是故意坚持造成的，比如当有的说话方式、腔调、词语被女孩子们普遍使用，男孩子们就有意识地避免使用，以免被人笑为"女孩子家家"（女孩儿腔）；同样，女孩子也不大使用在男孩子群体中广泛流行的说话方式、腔调和词语，不然会被大人斥为"像个野小子"。在成人社会中如果一个男子说话"娘娘腔"，人们不过觉得滑稽有趣；如果一个妇女说话像男人，那就会遭到男人和妇女共同的侧目。男人说话无妨粗豪，而女子说话则必须文雅——这实际上已成为现代社会男女共同认可的双重标准。当"文雅–女人味儿–标准语特征"和"粗豪–男子气质–非标准语特征"这样两个心理链条在人们心目中形成时，男人们为了表现自己的男子气质，就宁可使用粗豪的工人阶级所说的非标准语。这就是为什么诺里奇市连那些地位较高的有文化的男子也宁愿放弃标准英语形式的原因。

　　造成男女性别方言差异的原因是复杂的，性别方言的表现特征也是多种多样的。美英等国部分地区的标准英语同女性语言、非标准英语同男性语言的联系，并不具有公式性。在我国20世纪30年代已被发现、80年代依然存在的北京"女国音"，即把［tɕi］［tɕʻi］［ɕi］分别念成［tsi］［tsʻi］［si］的现象，就是非标准的性别方言形式，但这种发音正是女孩子专用的，男孩子一般不用。形成的原因是女孩子在青春期追求发音上的娇美效果，觉得后一种发音比前一种尖细好听，为了求美而放弃了标准形式。另外笔者还曾发现，在北京和黑龙江，有一部分青少年女性把部分合口呼的零声母字音开头的 [w] 读成清化的 [v]，如把"王"读成 [vaŋ]、"外"读成 [vai]、"为"读成 [vei]、"问"读成 [vən] 等。这种偏离标准现象的原因尚未明。

　　大概正是由于男女两性之间存在着这种自发的语言差异有利于等级制度的维护，所以在古代封建制度下的许多国家，往往有意识地固化甚至扩大这种差异，用以巩固男子对女子的统治。中国古代的礼教有不少关于男女之别的规定，其中包括对男女语言教育的规定。如《礼记·内则》谓"能言，男唯女俞。"这是说在孩子刚会说话，教应对之辞时，要教男孩子说"唯"，教女孩子说"俞"，"唯之声直，俞之声婉，故以为男女之别。"（《礼记集解》）《礼记·内则》还特别强调："女子十年不出，姆教婉娩听从。"《礼记正义》谓："婉谓言语也，娩之言媚也。"女子言语必须柔婉，对男子必须听从，这是古代对女子教育的基本原则。作为封建妇德核心的"三从四德"，"三从"都是听从男子，既然要听从，在言语上自然不能不婉顺，而"四德"中又专有一德为"妇言"，要求妇女在言语上必须表现出谦卑。其结果是古代中国女子除了行动上要服从男子外，在自称时也须再降一等，一般均称"小女、小女子、妾、奴、奴家"。在中国南方有些乡村，至今仍通行一种妇女用的"从儿称谓"，即已嫁妇女在对称时取儿辈使用的称谓，如称丈夫的兄、弟为"大伯""叔叔"，其余均照此类推。不过尽管有这些现象，如果同日语相比，汉语中男女用语的差别不算十分突出。

　　日本的男女不平等有甚于中国，在把这种不平等保留至今这一点上更为世界所少见，因此日本男女言语差别之大也十分令人瞩目。其差别主要表现如下：

　　1. 人称代词。第一人称，男性用ぼく，女性用あたし；第二人称，男性用きみ，女性用あなた。2.终助词、感叹词。男性专用的终助词有ぜ、ぞ、な等，女性专用的终助词有わ、わよ、わね（わねえ）、て、てよ、こと、ことよ、の、な等；男性专用的感叹词有ほう、おい、なあ、いよう、やい、くそ等，女性专用的感叹词有あら、まあ、ちょいと等。3.汉语来源的词，男性使用较多，女性使用较少。这是因为历史上人们认为使用生硬、艰涩的"汉语"词的女性不像女性，从而促使日本女性喜欢使用风格较为柔和的"やまとことば"（日本固有的语言）。4.女性有专门的"女房ことば"（女房词），这种"女房词"起源于宫廷，是宫中女官为表现得文雅，故意把一些普通词语改变说法而形成的，如把"米"叫做うちまき、把"酒"叫做ささ、把"水"说成ひやし或"井の中"、称"便所"为"御不浄"（ごふじょう）等，用以回避那些她们认为粗野、庸俗、下流的语言。5.妇女比男性使用敬语多。同样的话，男性说"おもしろい話""どんな話"，女性则往往说成"おもしろいお話""どんなお話"；夫妻之间，妻子说话用"です"调，丈夫则用"だ"调。由于有以上这些差别，在日语的书面语的人物对话中，即便不标明哪一句是谁说的，读者也能正确判断出说话人的性别。如果男性说女性的话，或者女性说男性的话，就会使人莫名其妙。[1]而如果把日语中的人物对话译成汉语或其他语言，其中明显的男女差别则因无从表现而消失。日语中迥异于男性语言的女性用语被称为"女らしさ"（女性语）。美国语言学家Dwight Bolinger说："特征鲜明的女性言语很难保持下去，除非它能不间断地再创造出来；由于传统上妇

---

① 见刘德有著《现代日语趣谈》，辽宁人民出版社1983年，第113—142页。

女照看孩子，就把他们的言语特点传给了男性后代。"①这一说法似乎不适用于日语。不仅日语中的"女らしさ"至今仍然特征鲜明，而且这些特征显然是不能传给男性后代的。日语中男女两性的语言特点似乎是分别通过男性社会和女性社会而世代相承的。

如果说，性别方言尽管男女有别，毕竟还使用于男女之间的话，那么性别文字则因其使用于各自的性别范围而充分体现了性别文化的睽违。纯粹的性别文字极为少见，流传在湖南江永县上江圩乡一带的"女书"是有代表性的一种"女性文字"。由于历史上当地女性被剥夺了识字权利，方块汉字被妇女称为"男字"，为了适应妇女内部交际和娱乐的需要，当地妇女创制了一套"女书"。"女书"字符约1000个，单字呈斜菱形，代表当地土话的300多个单音节，可完整地记录话语、歌谣和故事。从现已发掘整理出的近20万字的"女书"作品看，其内容多系对当地妇女生活及思想感情的反映，而尤以表现妇女在男权为中心的社会中所承受的苦难生活为多。"女书"只在当地妇女中流传，当地男人既不认识，也不过问，可以说是一种地道的"性别文字"，其作品可称为"女性书面语"。这种"女书"和"女性书面语"是当地独有的女子"歌堂文化"的产物。②

第四节　语言的融合和文化的融合

语言的地域分化和语言融合尽管是方向相反的两种变化，但实

---

① 见 Dwight Bolinger《语言要略》（中译本），外语教学与研究出版社1993年，第507页。

② 参见邱璇《"女书"中蕴含的文化意义》，收载于陈建民、谭志明主编《语言与文化多学科研究》，北京语言学院出版社1993年。

际上往往是语言发展变化中正反相依、不可分割的两种表现形式。在本章第二节中我们已经看到，在中原汉语向周边地区扩布而分化成各种地域方言的同时，就伴有当地原住民语言融入汉语（方言）的情况；而汉语方言之间巨大差异形成的原因，除了来自中原汉语的年代和途径不同之外，还有一个重要原因，就是被融合而成为底层的原住民语言也是互不相同的。概而言之，语言分化的过程中有局部的融合，分化正是在这种局部融合的过程中得以实现的。周边地区的原住民语言之所以能被汉语融合，其主要原因在于汉语所代表的中原文化是一种具有强大同化力的优势文化，在语言融合的过程中伴有文化上的同化和融合。然而，尽管在历史过程上文化的融合与语言的融合具有时空上的一致性，在逻辑上语言的融合则势必以文化的融合为前提。

　　不过，上述这种由中原汉语向周边地区推移扩布发展的"分化-融合"模式，只能用于描述周秦以后汉语演变的历史过程。由于有文字可考，特别是有移民史料可据，按照这一模式对汉语发展史特别是汉语方言形成过程的解释具有一定的说服力。然而这一模式有两点不足：一是不能说明史前汉语发生的情况，二是对其他语种在汉语形成过程中的作用估计不够充分。关于史前原始汉语起源问题，借助于考古发现、体质人类学研究和历史比较语言学的研究成果，近几十年间学术界已经提出一些不同的看法。李葆嘉综合各家的研究成果，提出了一种"华夏汉语三元混成发生"的观点，其主要看法是：在新石器时代存在于中华大地上有三大考古文化系统——一为东南的湖泽水耕文化，考古学上称青莲岗文化，动物纹饰以鸟（凤）形为主，其创造者为原始夷越人，操太古夷越语即原始南岛语；二为西北的河谷旱耕文化，考古学上称仰韶文化，动物纹饰以鱼形为主，其创造者为原始氐羌人，操太古氐羌语即原始藏缅语；三是北方草原游牧文化，考古学上称北方细石器文化，动物纹饰以龙形为主，其创造者为原始胡狄人，操太古胡狄语即原始阿尔泰语。与这三大考古文化系统相互印证的是历史传说中的伏羲氏太皞（夷越人始祖）、神农氏炎帝（氐羌人始祖）、轩辕氏黄帝（胡狄人始祖）这三大氏族系统。以黄帝为最后胜利者的三次大规模的原始战争促成了三大文化系统的交融汇合，造成了三大语系的多种不同语言的混成聚合，奠定了原始华夏汉语和原始华夏民族的基础。就是说，原始华夏汉语是在多种来源的语言文化的混合交融中产生的。据此作者提出一种"混成发生·推移发展"的理论模式，认为：周秦以前中原地区的语言发展主流是因交替换用而出现的混成，与华夏民族的融合形成相一致；周秦以后汉语的发展主流是因北方民族进据中原，中原士族南迁而出现的推移，表现为中原北留汉语的阿尔泰化或阿尔泰语的汉化，和南迁汉语的南亚化或南亚语的汉化，与汉民族和汉文化的进一步发展延伸相一致。①。

　　李葆嘉提出的这个理论模式不仅对于汉语的起源和发展以及汉语方言的现状都具有较强的解释力，而且可以进一步印证我们关于语言融合与文化融合的关系的见解——语言融合是在文化融合的过程中实现的，而后者往往是前者的推动性因素。

　　当然，"三元混成"的理论还有不尽如人意之处，主要是作为依据的考古研究和历史比较语言学的研究成果还不够充实，因此这一

---

① 　参见李葆嘉《汉语起源与演化模式研究》第六章，黑龙江教育出版社2000年，第96—144页。

理论还有待于丰富完善。但是，"三元混成"理论的优长之处在于它可以促使我们在汉语方言的研究中改换一种视角和方法，从而揭示出"一元分化"理论模式的研究中被忽视、掩盖了的语言事实，并给这些语言事实以新的、更合理的解释。比如，在以往"一元分化"模式的研究中，人们往往过于强调汉语的统一性和汉语方言对于共同语的从属性，于是就产生了这样一些缺陷：1.偏重于语音描写研究而忽略词汇、语法的调查；2.方言语音研究主要是做方言与普通话语音对应规律的描述，用以验证南方方言作为中原汉语的分支的属性，而对于双方在语音上不能对应、难以用"一元分化"的理论解释的部分往往忽略不计、不做深究；3.南方方言与北方方言在词汇、语法、语义、风格等方面的丰富而深刻的差异既被轻描淡写，于是一方面南方方言中作为底层现象的古夷越语的异质特征未能得到应有的重视和揭示，更看不到其与南岛语系的同源性质，另一方面则是对北方方言的阿尔泰化估计不足，对其中的有些语音、词汇、语法现象的起源也未能做出合理的解释。这些缺陷都可望在"三元混合"观念指导下的研究中得到弥补。

　　文化融合、语言融合不同于文化接触、语言接触。融合必须通过接触，但接触不一定导致融合。历史上中印、中西、中日之间的文化和语言都曾有过程度相当深入的接触，但从未达到融合的程度。中国受印度文化的影响仅限于宗教、哲学和艺术层次，受西方文化的影响主要限于科技、文学和意识形态领域。就连古代日本受到汉唐文化全面而深刻的影响，也不能说已达到文化融合的程度。因为这种范围有限的文化接触，远未达到由文化思维决定的文化模式的全面整合和改换，而这种全面的整合和改换则是达到文化融合的关键步骤。要走到这一步，必须具备一个充分条件，这就是民族杂居局面的形成。正因为没能具备这一充分条件，所以文化融合和语言融合均未能实现。而中华大地上却从远古时代起就不断地通过战争、征服、迁徙而达到了民族或部族的混杂，并由这种混杂相处而调整改换了各自的部分文化要素，重新整合成了以杂有多种图腾动物的图腾龙为共同象征的华夏汉文化。因此尽管区域文化和区域方言异彩纷呈，但这种差异只能成为融合统一的汉文化和汉语言的地域特征，并作为汉文化和汉语言表现形态的多样性丰富性而存在下来。

然而，正是由于汉文化和汉语言起源于"三元"（甚至"多元"），其融合统一带有"混成"的性质，所以除了方块汉字真正具有融合统一的象征资格之外，南北之间、南方各区域之间在文化、语言上由历史传承而带来的天然差异，虽已经历数千年而犹未能被融合统一的大文化传统所消弭。汉语的方言差异远远超过了欧洲的许多民族语言的差异，以致常使西方语言学家感到惊奇。尽管国家有推行全民族共同语的标准语普通话的政策和措施，尽管全民普通话的普及程度可望随着文化教育水准的提高而提高，但是语言是文化的代码，是民族精神的体现，地域方言亦复如是，中国人自古以来根深蒂固的乡土观念使他们把地域方言作为文化认同的标志、乡情乡风的旗帜，认为只有本地土话才能充分表现他们与别地人不同的精神、气质、情趣和韵味，以致以异地方言为基础方言的普通话哪怕有再高的公开声望和通用价值，也难以在南方方言区扎根。所以，在可望的将来，在南方方言复杂地区推广普通话的最大可能和最好前途，只能是造成一种"地方普通话"和当地方言并行的"双言"局面。

在语言融合的问题上一种流行的观点是：两种语言发生融合，

只有一种语言能取得胜利，另一种语言趋于消亡，而不可能产生第三种语言。这一断言过于绝对化，不尽符合语言融合的实际情况。尽管语言融合中有不少一胜一负的例证，但是，正如游汝杰所言，"大量的调查研究表明，事实上世界上有许多这样的第三种语言，包括已经不用的和正在使用的。"①游氏把洋泾浜语（Pidgin）和混合语（Creole）都看作这种"第三种语言"，并举了许多语言实例。不过，即使把洋泾浜称为"第三种语言"，它也只能看作是语言接触的产物，而不是语言融合的产物。语言融合是语言接触的进一步发展。到了语言融合的阶段，所产生的"第三种语言"应该是混合语，而不是洋泾浜。尽管有的洋泾浜可能发展成混合语，但一定要在文化接触深化到文化融合阶段、洋泾浜被作为母语来学习时才能实现。洋泾浜语一般是殖民文化的产物，而混合语则不一定来自殖民文化，也可能由其他原因引起的民族杂居、文化融合而形成。如果上述关于华夏汉语"三元混成"的李氏观点能够成立，那么就是说连远古的"汉语"也是一种混合型语言。日本学者桥本万太郎认为，整个北方汉语都一直受到阿尔泰语系的影响，北京话也不例外②。这一论断是比较合乎汉语发展史的实际的。只是由于历史语言资料的缺乏，加上不表音的汉字和不记录口语的文言又掩盖了汉语变化的实际情形，以致我们今天要描述北方汉语在历史上受阿尔泰语影响的具体情形已十分困难。据陈炜的一项报告，现在尚存于甘肃省的河州话，是汉语和阿尔泰语混合而成的一个有代表性的实例。

---

① 见游汝杰著《中国文化语言学引论》，高等教育出版社1993年，第63页。
② 见桥本万太郎著《语言地理类型学》（中译本），北京大学出版社1985年。

河州是甘肃"河湟地区"回族文化中心，历史上有"中国麦加"之称，其地在兰州西约100公里处。河州人的祖先是中亚人。13世纪初成吉思汗西征，大批阿拉伯人、波斯人来到中国，当时他们所操语种为闪含诸语；在中国定居、繁衍成为回民后，其语言曾与蒙古语融合，大约与东乡语相似。河州人在长达数百年与汉族人的密切交往中被汉化，其语言变成"基本上是汉语但又不是完全意义上的汉语的混合语言"。与此同时河州话又影响了兰州话，使兰州话也带上了一定程度的混合语的性质。比如语序：

普通话	兰州话	河州话
你吃饭呀	你把饭吃吵	你饭（哈）吃
你喝不喝茶	你茶喝哩不	你茶（哈）喝哩不
我去广州	我广州去哩	我广州（哈）去哩

兰州话、河州话都与阿尔泰话语的语序SOV一致。但兰州话宾词前有时用"把"（可用可不用）。两地相比，河州话的阿尔泰化程度更深。如河州说"我大学生（哈）不是"，兰州话则与普通话一样说"我不是大学生"。又如河州话有后置词"拉"，相当于普通话的"用、拿、和、跟"等：

　　你冰水拉洗（你用冷水洗）

　　你兄弟拉睡（你和弟弟一起睡）

　　你他拉饭（哈）吃去（你跟他去吃饭）

把上列句子的后置词"拉"去掉，换上前置的介词"连"，就成了兰州话。陈炜论述了兰州话和河州话的关系后，认为二者都属于混合语，是定型的，有一个稳定的文化认同做基础，区别只在于混合成分的比重不同而已。[①]

　　两种或多种差异较大的方言通过居民混杂、长期接触，在文化融合的背景下，也能形成一种新的混合型方言。杭州话是北宋王朝南迁时带来的北方话与当地的吴语融合而成的，所以既不像北方话，又不像吴语，既有北方话的成分和特点，又有吴语的成分和特点，在吴语地区中别具一格。福建的郡武话是宋代江西人带来的赣语和当地当时的闽北方言"交配"成的一种"非驴非马的新方言"[②]。游汝杰（2016）提出：当代"新语言都是因语言接触产生的混合语。"并把混合语分成边界型、移民型、克里奥尔型和柯内因型4种。该文以语言/方言演变的事实否定了"谱系树说"，支持了"波浪说"，有一定的解释力。广东的潮州、汕头一带的方言属闽南方言系统。改革开放以来，由于广州、香港一带发达的经济、文化的影响，当地的潮汕话已受到粤方言的强烈冲击。笔者曾于1993年到汕头做调查，据当地人告知，当地青少年颇以会说粤方言为荣，潮汕话有向广州话靠拢的趋向。不过笔者以为，由于潮汕方言与粤方言有系属上的距离，同时潮汕与穗港又有空间上的距离，尽管受到粤方言的冲击，也不至于被"战败"。潮汕地区在方言区划上位于闽南方言区的南端，在行政区划上属广东省，粤方言容易建立较高的公开声望，随着粤方言势力的进一步渗入，未来的潮汕话也许可能变成一种新的

---

　　① 　陈炜《兰州话、河州话两种混合语及其关系——兼谈西北话的阿尔泰化》，收载于深圳教育学院深港语言研究所编《双语双方言》，中山大学版社1989年。

　　② 　见游汝杰著《中国文化语言学引论》，高等教育出版社1993年。

混合型方言。①

　　台湾在"二战"后推行"国语"，目前虽然已称"国语"普及全省，但是据台湾学者的研究报告，台湾广大民众说的"国语"也并不是标准的"国语"，而是一种混入了不少"台湾闽语"成分的新型"国语"，他们称之为"台北国语"。所谓"台湾闽语"指原来通行于台湾的由漳州、泉州、厦门三地土语混杂而成的台湾"闽南话"。受这种台湾闽语影响所致，"台北国语"在语音上卷舌音、儿化音与轻声已日趋退化，语法也有日渐台湾化的趋向（如把"他来过吗"说成"他有来过吗"）。至于词汇，"国语"和台湾闽语相互融合而产生的新生语汇就更多了，例如：（括号内为普通话词义）

A类：由台湾闽语"转读"（意译）而来的

　　漏气（泄气）　　　　　　菜鸟（新兵）

　　齿毛不爽（心情不好）　　牵拖（推诿过失）

　　摇摆（得意洋洋的样子）　按怎（怎么样）

　　铁齿（固执己见）　　　　鸡婆（多管闲事的人）

　　五四三（没有用）

B类：由台湾闽语"拟读"（音译）而来的

　　哈草（吸烟）　　　　　　赌烂（极度反感不快）

　　撇轮子（搭便车）　　　　憨憨（神志不清）

　　好羌（卑鄙无耻）　　　　阿达（头脑僵硬，不知变通）

　　鸡歪（做事不干脆）　　　无三小路用（没有用）

---

①　又据潘家懿研究报告，目前汕尾市已"由一个闽南方言区变成了一个道道地地的闽粤双方言区"。见《开放以来汕尾市语言的变化》，收载于深圳教育学院深港语言研究所编《双语双方言》，中山大学出版社1989年。

这些新生词语，据说多系因青少年追求语言的趣味而造成，故活跃于青少年的口语中，也有不少已进入书面语。①几十年中，台湾当局对台湾闽语采取禁制政策，尚且产生这些非闽非国的融合性语言成分，目前台湾当局对于本地闽南语已放宽限制，今后台湾闽语在台湾的语言生活中将更趋活跃。有鉴于此，可以预计"台湾国语"将进一步受到台湾闽语的渗透，双方将进一步混合成一种新型的汉语方言。

---

① 参见臧汀生《台湾地区"国台语"融合词汇浅探》，收载于深圳教育学院深港语言研究所编《双语双方言（二）》，彩虹出版社1992年。

参考文献

一、期刊论文

陈亚平　清人"因声求义"述评,《玉溪师范学院学报》, 2005（4）。

戴昭铭　"数"在中国传统文化中的符号功能,《学习与探索》, 1989（1）。

戴昭铭　"领导、南巡、农民工"的社情语义背景分析,《中国社会语言学》, 2014（1）。

戴昭铭　"满式汉语"和京腔口音,《满语研究》, 2016（2）。

董广才、冷慧、刘佳　吸纳、修正与重组——帕尔默文化语言学中的认知语言学体系,《辽宁师范大学学报》, 2010（3）。

郭菁　文化进化的meme理论及其难题,《哲学动态》, 2005（1）。

何自然、何雪林　模因论与社会语用,《现代外语》, 2003（2）。

纪玉华　帕尔默文化语言学理论的构建思路,《外国语》, 2002（2）。

李果红　Distin对模因论的新评定,《浙江工业大学学报》, 2007（4）。

李裕民　殷周金文中的"孝"和孔丘"孝道"的反动本质,《考古学报》, 1974（2）。

李玉平　郑玄的训诂方法新论,《海岱学刊》, 2018（1）。

刘亮　论文化的模因论解释,《知识经济》, 2011（2）。

刘叔新　论词汇体系性问题,《中国语文》, 1964（3）。

雒焕国　人类是谜米的主人,不是谜米的机器,《甘肃高师学报》, 2003（1）。

蒙培元　论中国传统思维方式的基本特征,《哲学研究》, 1988（7）。

潘蕾　语言与文化研究的又一力作——《文化语义学》,《解放军外国语学院学报》，2001（2）。

〔美〕屈承熹　怎样为"中国文化语言学定位"，《语言文字应用》，1994（1）。

申小龙　汉语言文化特征探析，《学习与探索》，1988（3）。

申小龙　文化语言学十年感言，《长沙水电师院社会科学学报》，1996（4）。

申小龙　四字格与中文句子建构的二重模式，《新疆师范大学学报》，2016（3）。

申小龙　中国文化语言学范畴系统析论，《杭州师范学院学报》，2004（3）。

申小龙　中文句法建构中的声象与意象——四字格功能研究，《北方论丛》，2016（2）。

石红梅　文化语言学认知模式的哲学阐释，《安顺学院学报》，2013（1）。

史有为　外来词研究的十个方面，《语文研究》，1991（1）。

孙良明　简述汉文佛典对梵文语法介绍及其对中国古代语法学发展的影响，《古汉语研究》，1999（4）。

孙雍长　音转研究述要，《河北师范学院学报》，1994（4）。

谭力海　大脑语言功能区的文化特异性，《教育家》，2018（28）。

王国珍　原型范畴理论视角下的声训，《汉语史学报》，2009。

王珏　语言与音乐之关系略说，《解放军外国语学院学报》，1995（4）。

王珏　语言与音乐之关系略说（续），《解放军外国语学院学报》，1995（5）。

王士元、柯津云　语言的起源及建模仿真初探，《中国语文》，2001（3）。

王帅、凯丽比奴　五年来（2011—2015）文化语言学研究综述，《现代语文》，2017（4）。

王天敏　一种特殊的修辞现象：别称，《修辞学习》，1998（3）。

王毓钧、张洪明　汉语四字格的语音表现及其韵律问题，《当代语言学》，2021（3）。

温端政　方言与民俗，《中国语文》，1988（3）。

肖峰　试论以语言符号为直接起点的认识，《哲学研究》，1988（6）。

尹丕安　模因论与隐喻的认知理据，《西安外国语学院学报》，2005（2）。

游汝杰、周振鹤　从语言学角度看栽培植物史，《农业考古》，1986（2）。

游汝杰　愿文化语言学走向成熟，《语文研究》，1998（3）。

游汝杰　语言接触和新语言的诞生，《华东师范大学学报》，2016（1）。

游汝杰　中国古代文化制度与语言演变，《语言战略研究》，2021（1）。

游汝杰　语言接触和新语言的诞生. Humanities and Sosial Sciences No. 1，2016。

袁毓林　为什么要给语言建造一座宫殿？——从符号系统的转喻本质看语言学的过度附魅，《语言战略研究》，2019（4）。

查叶娟　开辟文化语言学的新天地——评Farzad. Sharifian教授的《文化语言学》，《教育教学论坛》，2019/3（10）。

张洪明　汉语近体诗声律模式的物质基础，《中国社会科学》，1987（4）。

赵明　汉语文化词语研究综述，《海外华文教育》，2012（3）。

赵明　近十年文化语言学研究：回顾与反思，《云南师范大学学报》，2015（3）。

周光庆　古汉语词源结构中的文化心理，《华中师范大学学报》，（1989）（4）。

周振鹤　中国历代移民大势及其对汉语方言地理的影响，《国外人文地理》，1988（1）。

周振鹤、游汝杰　人口变迁和语言演化的关系，《上海社会科学院学术季刊》，1986（4）。

朱惠仙　《说文》声训扩大化现象分析，《古汉语研究》，2006（3）。

二、专著及文集

〔美〕Dwight Bolinger著，方立等译，语言要略，北京：外语教学与研究出版社，1993。

〔英〕R. 道金斯著，卢允中、张岱云译，自私的基因，北京：科学出版社，1981。

〔德〕W. 施密特著，萧师毅、陈祥春译，原始宗教与神话（影印本），上海：上海文艺出版社，1987。

〔美〕爱德华·萨丕尔著，陆卓元译，语言论，北京：商务印书馆，2008。

〔古希腊〕柏拉图著，朱光潜译，文艺对话集，北京：人民文学出版社，1963。

〔美〕本杰明·李·沃尔夫著，高一虹等译，论语言、思维和现实，长沙：湖南教育出版社，2001。

才清华，言意之辨与语言哲学的基本问题，上海：上海人民出版社，2013。

〔德〕恩斯特·卡西尔著，甘阳译，人论，上海：上海译文出版社，1985。

〔德〕恩斯特·卡西尔著，于晓等译，语言与神话，北京：生活·读书·新知三联书店，1988。

冯天瑜、〔日〕刘建辉、聂长顺，语义的文化变迁，武汉：武汉大学出版社，2007。

〔法〕弗朗索瓦·瓦克著，陈启文译，拉丁文帝国，北京：生活·读书·新知三联书店，2016。

葛剑雄，历史上的中国，上海：上海锦绣文章出版社，2007。

顾江萍，汉语中的日语借词研究，上海：上海辞书出版社，2011。

郭锦桴，汉语与中国传统文化（修订本），北京：商务印书馆，2010。

郭良鋆等译，佛本生故事选，北京：人民文学出版社，1985。

郭沫若，十批判书，北京：科学出版社，1956。

黄金贵，古代文化词义集类辨考（新一版），北京：商务印书馆，2016。

黄金贵，古代文化词语考论，杭州：浙江大学出版社2001。

黄金贵，解物释名，上海：上海人民出版社，2008。

〔美〕加兰·坎农著，尹敬勋译，英语史，北京：中国对外翻译出版公司，1987。

〔英〕简·爱切生著，徐家桢译，语言的变化：进步还是退化？北京：语文出版社，1997。

〔日〕金田一春彦著，李德、陶振孝译，日语的特点，北京：外语教学与研究出版社，1985。

〔英〕凯特·迪斯汀著，李冬梅、谢朝群译，自私的模因，北京：世界图书出版公司，2014。

〔法〕莱昂·罗斑著，陈修斋译，希腊思想和科学精神的起源，桂林：广西师范大学出版社，2003。

〔英〕雷蒙·威廉士（Raymond Williams）著，刘建基译，关键词：文化与社会的词汇，台北：台湾巨流图书公司，2003。

李葆嘉，汉语起源与演化模式研究，哈尔滨：黑龙江教育出版社，2000。

李视岐，日语外来词，太原：山西人民出版社，1985。

梁晓虹，佛教词语的构造与汉语词汇的发展，北京：北京语言学院出版社，1994。

〔俄〕列夫·维果茨基著，李维译，思维与语言，北京：北京大学出版社，2010。

〔法〕列维－布留尔著，丁由译，原始思维，北京：商务印书馆，1981。

〔日〕绫部恒雄编，中国社会科学院日本研究所社会文化室译，文化人类学的十五种理论，北京：国际文化出版公司，1988。

刘德有，现代日语趣谈，沈阳：辽宁人民出版社，1983。

刘静，文化语言学研究，北京：中华书局，2006。

刘叔新，词汇学和词典学问题研究，天津：天津人民出版社，1984。

刘叔新，汉语描写词汇学，北京：商务印书馆，1990。

〔英〕路德维希·维特根斯坦著，黄正东、唐少杰译，文化和价值，北京：清华大学出版社，1987。

〔英〕路德维希·维特根斯坦著，汤潮、范光棣译，哲学研究，北京：生活·读书·新知三联书店，1992。

〔美〕露丝·本尼迪克著，何锡章、黄欢译，文化模式，北京：华夏出版社1987。

〔奥〕露丝·沃达克著，杨敏等译，恐惧的政治：欧洲右翼民粹主义话语分析，上海：格致出版社，2020。

罗常培，语言与文化，北京：语文出版社，1989。

〔英〕马林诺夫斯基著，费孝通译，《文化论》，北京：中国民间文艺出版社，1987。

〔英〕马林诺夫斯基著，李安宅译，巫术科学宗教与神话，北京：中国民间文艺出版社，1986。

〔英〕奈杰尔·拉波特、乔安娜·奥弗林（Nigel Rapport and Joanna Overing）著，鲍雯妍、张亚辉译，社会文化人类学的关键概念，北京：华夏出版社，2009。

〔法〕欧内斯特·勒南著，梁工译，耶稣传，北京：商务印书馆，2010。

庞朴，稂莠集——中国文化与哲学论集，上海：上海人民出版社，1988。

〔英〕培根著，许宝骙译，新工具，北京：商务印书馆，1984。

〔瑞士〕皮亚杰著，王宪钿等译，发生认识论原理，北京：商务印书馆，1986。

〔美〕乔姆斯基著，徐烈炯等译，乔姆斯基语言哲学文选，北京：商务印书馆，1992。

尚会鹏，闹洞房，北京：中央民族大学出版社，2000。

邵敬敏，文化语言学中国潮，北京：语文出版社，1995。

沈小仙，古汉语职官词训释与研究，杭州：浙江大学出版社，2017。

史有为，异文化的使者——外来词，长春：吉林教育出版社，1991。

汪维辉，汉语核心词的历史与现状研究，北京：商务印书馆，2018。

王力，中国语法理论，北京：中华书局，1954。

〔美〕王士元主编，李葆嘉主译，汉语的祖先，北京：中华书局，2005。

王先谦，释名疏证补，上海：上海古籍出版社，1984。

王岳川，艺术本体论，上海：上海三联书店，1994。

〔法〕维克多·埃尔（Victor Hell）著，康新文、晓文译，文化概念，上海：上海人民出版社，1988。

〔德〕维克多·克莱普勒著，印芝虹译，第三帝国的语言——一个语文学者的笔记，北京：商务印书馆，2014。

肖峰，科学精神与人文精神，北京：中国人民大学出版社，1994。

谢松龄，天人象：阴阳五行学说史导论，济南：山东文艺出版社，1989。

徐国庆，汉语词汇系统论，北京：北京大学出版社，1999。

徐通锵，语言论，北京：商务印书馆，2019。

叶维廉，中国诗学，北京：生活·读书·新知三联书店，1992。

殷寄明，语源学概论，上海：上海教育出版社，2000。

游汝杰，汉语的文化透视，沈阳：沈阳出版社，1997。

游汝杰，中国文化语言学引论（修订本），上海：上海辞书出版社，2003。

于维雅，东方语言文字与文化，北京：北京大学出版社，1999。

余祖政等，古希腊和古罗马神话故事，北京：北京联合出版公司，2015。

俞理明，佛经文献语言，成都：巴蜀书社，1993。

〔英〕约翰·约瑟夫著，林元彪译，语言与政治，北京：外语教学与研究出版社，2017。

张博，汉语同族词的系统性与验证方法，北京：商务印书馆，2003。

张晨霞，帝尧传说和地域文化，北京：学苑出版社，2013。

张岱年、成中英等，中国思维偏向，北京：中国社会科学出版社，1991。

张敏，认知语言学和汉语名词短语，北京：中国社会科学出版社，1998。

张祥平，人的文化指令，上海：上海人民出版社，1987。

郑振铎，希腊罗马神话与传说中的恋爱故事，北京：作家出版社，1958。

〔日〕中村元著，林太、马小鹤译，东方民族的思维方法，杭州：浙江人民出版社，1989。

周昌忠，西方现代语言哲学，上海：上海人民出版社，1992。

朱狄，原始文化研究，北京：生活·读书·新知三联书店，1988。

朱智贤、林崇德，思维发展心理学，北京：北京师范大学出版社，1986。

邹昌林，中国礼文化，北京：社会科学文献出版社，2000。

三、学位论文

管春梅，佛本生故事的叙事特征，青岛大学硕士论文，2016。

李曼曌，帕尔默文化语言学理论对国际汉语教育的启示，重庆师范大学硕士论文，2017。

四、报纸文章

葛静深，当代西方文化语言学的源流、演变、趋势，中国社会科学报，2020/03/03。

申小龙，在文化认同中重建汉语功能句型理论，社会科学报，2019/07/25。

五、辞书

龚延明，中国历代职官别名大辞典（增订本），北京：中华书局，2019。

黄丽丽，周澎民，钱莲琴，港台语词词典，合肥：黄山书社，1997。

吕宗力、张政烺，中国历代官制大辞典，北京：商务印书馆，2015。

宋永培、端木黎明，中国文化语言学辞典，成都：四川人民出版社，1993。

宋子然，100年汉语新词新语大辞典，上海：上海辞书出版社，2014。

初版后记

作为一名语言研究者，我向来视语言文字为工具，即所谓形而下之"器"。尽管不敢认为其中没有学问，但总觉得是一种"雕虫"式的学问，孔老夫子所谓"辩言"者是也。而我从事于兹，却因未得门径，连"不下席"之乐也未尝到，以致时有去之之意。20世纪80年代中期国内"文化热"之际，我开始思考语言与文化的关系，涉猎了一些文化学和哲学著作，一方面改变了以往自画雷池、自我封闭的状况，另一方面又改变了对语言文字的器具观——原来语言文字不仅其中亦有道，而且本身简直就是道（逻各斯）呢。这一心得提高了语言研究在我心目中的意义和价值，也增强了我的研究兴趣。此时文化语言学在国内已成沸沸扬扬之势，于是从1988年起我也凑了个热闹，尝试着把有得于心的一点儿东西陆续写成了几篇文章，居然有些好评。但总的来说，我在文化语言学这一领域着手既迟，创获也不多。

1990年春，我开始给本校中文系高年级学生讲文化语言学专题课，学生的反应是"大开眼界""语言研究居然可以这样搞"。由于受到鼓励，这门课就坚持开设下来了。又曾给来此就读的日本留学生讲授，反应也不错。现在呈献给读者的这本书，就是在上述课程讲义的基础上修改而成的。

本书既然名之为"导论"，就有一个理论立足点问题。文化语言学一兴起，理论见解便有了分歧。如前所述，我一开始便把自己的思考角度定在语言与文化的关系上，所以当以申小龙为代表的本体论派的理论提出后，我一方面觉得申氏提出了许多可给人以启迪的深刻见解，不宜轻易否定，应当给予支持，同时也对他的一些偏颇提法和粗疏失当之处提出了批评。但我本人仍持关系论的立场。对于语言学界对申氏理论的许多非议，我总觉得既然谁都不可能穷尽真理，世上也没有颠扑不破的理论，我们也就不必苛求申小龙。况且申小龙提出的不少理论见解不仅无损关系论派的立场，还可以丰富充实关系论派的理论体系。我对于文化语言学内部发生的理论分歧的性质不仅看得并不严重，而且对于双方融合的前景比较乐观。在书稿修改过程中，我也酌量吸收了申氏的不少见解。至于这样的立场和做法是否恰当，当然还要靠大家来评鉴。此外，本书还参考和援引了不少前辈和时贤的论著，皆随文以脚注标出，既以表示谢意，又以表示未敢掠美之意。

回想1982年秋离开复旦，告别导师之际，胡裕树先生对我的殷切期望和嘱咐，现在面对这本书稿，内心真有愧对先生之憾。我不知先生会否有收获跳蚤之感，仍然惴惴而又冒昧地求先生赐序。感谢先生的宽厚仁慈，不仅没有批评，而且不辞高龄多病之躯欣然垂允，更给予许多的肯定和慰勉。我在愧领之余，只得在内心祈望老人家对我这不肖子弟的原谅。本课题立项研究时，得到黑龙江大学科研处的支持和黑龙江省教委八五规划科研基金的项目资助；当学术著作出版如此艰难之际，语文出版社李行健先生、李守业先生、顾士熙先生和陈红玉女士不避亏损风险，使此书得以顺利面世。在此一并致以衷心的谢忱。

作者1995年3月于黑龙江大学

再版后记

　　光阴荏苒、时不我待云云，都是对时间飞逝的感慨。然而当本书再版之际回首当年，除了此类感受，还得加上物是人非，才能贴切地表达我此时的心情。26年过去，似乎就在弹指一挥间。然而其间首版先后共计印刷达6次，赐序的恩师胡裕树先生及荐评的俞约法教授均已仙逝多年，作者本人亦将荣登耄耋，则又分明提醒我此书确然有点儿"版龄"了。可惜的是学问不一定伴随年岁增长。此次修订所增补内容，尚然不知是否可告慰先辈的在天之灵，至于能否获得方家时贤们的首肯，就更是个未知之数。所幸者商务印书馆不弃，于是这本小书终得以新版形式与读者见面了。

　　新版的成功面世，我首先应该感谢余桂林副总编。我们是在商讨其他事情时议及本书的修订再版问题的。没有他的主动提出并承诺，此书的修订不会如此快速列入我的日程，修订稿也不可能如此顺利进入编辑程序。令人称奇的是，他做事拍板爽快的程度毫不差于当年的李行健先生，令人不免为中国出版界"后浪"之强劲而倍感欣慰。

　　同时，我还应当感谢此书的责任编辑文学春先生。文先生此前刚为我完成《改革开放40年汉语的变化和发展》一书的责编工作，还有不少其他编务在身，又接手为我编辑此书，不仅其辛劳付出令人感动，其敬业精神和工作效率尤令人钦佩。我与文先生未尝谋面，但合作中常能感到因他的真诚而发生的愉快。朱俊玄先生在图书出版协调中尽职尽责，于此并致谢忱！

作者2022年1月9日

于威海国际海景城